My rising curve with
김앤북
KIM & BOOK

합격

목표 달성

실전 감각 극대화

실전 적용

출제 패턴 파악

문제 풀이

탄탄한 기초

기초 학습

편입 도전

김앤북과 함께
나만의 합격 곡선을 그리다!

완벽한 기초, 전략적 학습, 확실한 실전
김앤북은 합격까지 책임집니다.

#편입   #자격증   #IT

www.kimnbook.co.kr

김앤북의 체계적인
합격 알고리즘

기초 학습 → 문제 풀이 → 실전 적용 → 합격

김영편입 영어

MVP Vocabulary 시리즈

MVP Vol.1   MVP Vol.1 워크북   MVP Vol.2   MVP Vol.2 워크북   MVP Starter

기초 이론 단계

문법 이론   구문독해

기초 실력 완성 단계

어휘 기출 1단계   문법 기출 1단계   독해 기출 1단계   논리 기출 1단계   문법 워크북 1단계   독해 워크북 1단계   논리 워크북 1단계

심화 학습 단계

어휘 기출 2단계   문법 기출 2단계   독해 기출 2단계   논리 기출 2단계   문법 워크북 2단계   독해 워크북 2단계   논리 워크북 2단계

교육서비스 브랜드
3년 연속 대상

2021 대한민국 우수브랜드 대상
2024, 2023, 2022 대한민국 브랜드 어워즈 대학편입교육 대상 (한경비즈니스)

실전 단계

연도별 기출문제 해설집　　　　　　　　　　TOP7 대학 기출문제 해설집

김영편입 수학

편입 수학 이론 & 문제 적용 단계

미분법　　적분법　　선형대수　　다변수미적분　　공학수학

편입 수학 필수 공식 한 권 정리

공식집

편입 수학 핵심 유형 정리 & 실전 연습 단계

미분법 워크북　적분법 워크북　선형대수 워크북　다변수미적분 워크북　공학수학 워크북

실전 단계

연도별 기출문제 해설집　　TOP6 대학 기출문제 해설집

김앤북의 완벽한
단기 합격 로드맵

핵심 이론 → 최신 기출 → 실전 적용 → 단기 합격

자격증 수험서

| 전기기능사 필기 | 지게차운전기능사 필기 | 위험물산업기사 필기 | 산업안전기사 필기 | 전기기사 필기 필수기출 / 전기기사 실기 봉투모의고사 | 소방설비기사 필기 필수기출 시리즈 |

컴퓨터 IT 실용서

SQL · 코딩테스트 · 파이썬 · C언어 · 플러터 · 자바 · 코틀린 · 유니티

컴퓨터 IT 수험서

컴퓨터활용능력 1급실기 · 컴퓨터활용능력 2급실기 · 데이터분석준전문가(ADsP) · GTQ 포토샵 · GTQi 일러스트 · 리눅스마스터 2급 · SQL 개발자(SQLD)

2026학년도 대비

수학

서강대 · 성균관대 · 한양대

기출문제 해설집 문제편

서강대·성균관대·한양대 최신 5개년 기출 수록! 고난도 문제 해결력 강화!

PREFACE

김영편입 수학 2026학년도 대비 서·성·한 기출문제 해설집

기출로 완성하는 합격 전략

편입수학 시험은 단순한 계산 능력뿐 아니라, 제한된 시간 안에 복잡한 문제를 정확하게 해결할 수 있는 고도의 문제 해결력과 응용력을 요구합니다. 특히 서강대·성균관대·한양대는 해마다 신유형 문항이나 고난도 응용문제를 다수 출제하고 있어, 해당 대학을 목표로 하는 수험생에게는 심화된 실전 대비가 필수적입니다.

더욱이 2026학년도 한양대학교 일반·학사 자연계열 전형에서 편입영어가 제외되고, 수학이 1단계 총점 100%를 차지하게 되면서 수학 시험의 중요성이 어느 때보다 커졌습니다. 이에 따라 보다 정교한 기출 분석과 실전 대비가 절실한 상황입니다.

『김영편입 수학 2026학년도 대비 서강대·성균관대·한양대 기출문제 해설집』은 최근 5개년 기출문제를 바탕으로 실제 시험과 유사한 난이도와 유형을 반복적으로 연습할 수 있도록 구성한 실전 대비용 해설서입니다.

해마다 새롭게 출제되는 신유형이나 고난도 문항에 대해 단계별로 상세한 풀이 과정을 제공하며, 문제 해결에 핵심이 되는 개념을 함께 제시함으로써 관련 개념과 유형을 더욱 공고히 할 수 있도록 구성하였습니다.

또한, 한 가지 풀이에 국한되지 않고, 다른 풀이 방법도 함께 수록하여 한 문제를 여러 각도에서 접근할 수 있도록 하였습니다. 이를 통해 수험생이 문제 해결력은 물론 사고의 유연성까지 함께 키울 수 있도록 돕고자 하였습니다.

아울러, 문항별로 출제 영역도 명시하여, 각 영역에서 자주 출제되는 유형에 대한 전략적 대비가 가능하도록 구성한 점도 본 교재의 강점입니다.

『김영편입 수학 2026학년도 대비 서강대·성균관대·한양대 기출문제 해설집』이 수험생 여러분의 실전 감각을 끌어올리고, 목표 대학 진학이라는 꿈에 한 걸음 더 가까이 다가가는 데 도움이 되길 진심으로 바랍니다.

김영편입 컨텐츠평가연구소

HOW TO STUDY

2021~2025학년도 서·성·한 기출문제 분석

최근 5년간 서강대·성균관대·한양대의 편입수학은 개념 이해 중심의 문제와 기출 유형 변형 문제가 꾸준히 출제되었으며, 특히 선형대수, 다변수 미적분, 공학수학의 비중이 높았다. 서강대는 계산력과 개념 응용력, 성균관대는 공학수학 중심, 한양대는 다양한 영역에서 복합 사고형 문제를 출제하는 경향이 두드러졌다. 이에 기출문제 반복 학습과 개념 정의의 정확한 이해, 풀이법의 다양화 훈련, 빠른 계산력과 시간 관리가 필수이다.

추천 학습법

1. 최근 5개년 기출문제로 신유형과 고난도 문제를 집중 학습하자.

본 교재에는 매해 새롭게 출제되는 신유형과 고난도 문항에 대해 단계별 해설과 함께 관련 개념 및 새로운 개념을 체계적으로 정리해 두었다. 이를 활용하여 목표 대학별로 자주 출제되는 유형과 핵심 개념을 정확히 파악하고, 반복 연습을 통해 문제 해결력과 응용력을 동시에 키우는 것이 가장 효과적이다.

2. 실제 시험과 동일한 환경에서 풀어보자.

편입시험에서는 시간 관리가 매우 중요하다. 실제 시험과 유사한 조건에서 기출문제를 풀며 빠르게 해결할 수 있는 문제부터 먼저 푸는 전략을 익혀야 한다. 또한, 다양한 접근법이 가능한 문제는 교재에 수록된 여러 풀이 방법을 비교하며 자신에게 맞는 방법을 선택하고 응용하는 연습을 해야 한다.

3. 풀이 노트에 단계별 해설과 관련 개념을 꼼꼼히 정리해 사고의 유연성을 높이자.

정답을 맞힌 후에도 다양한 풀이 과정을 노트에 기록하며 복습하자. 각 문제의 핵심 개념과 유형별 출제 영역을 함께 정리하면, 실전에서 빠르고 정확한 문제 해결 능력과 더불어 사고의 유연성까지 크게 향상될 것이다.

ZOOM IN 교재 활용법

문제편

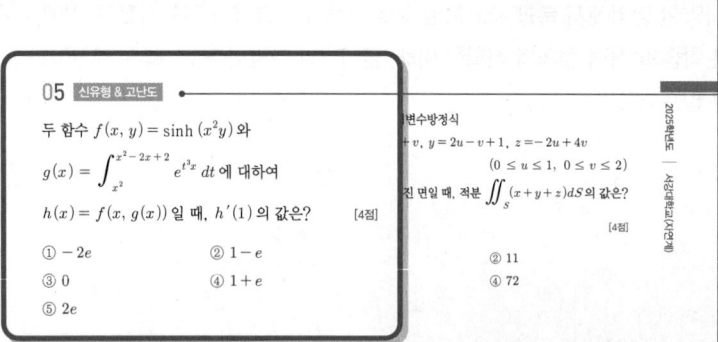

신유형&고난도 문항 표시

당해 연도 신유형 및 고난도 문항을 통해 관련 개념과 이론을 다시 점검할 수 있습니다.

학교별 5개년 출제 트렌드 및 학습전략

학교별 출제 경향은 아래의 그래프 및 표를 통해 직관적으로 확인할 수 있습니다.

5개년 서강대학교 트렌드 및 학습전략

서강대학교 편입수학 시험은 매년 주관식 4문항을 포함한 20문항 체제로 시행되며, 과거에는 공학수학과 다변수 미적분의 비중이 높았으나 최근에는 전 영역에서 고르게 출제되는 경향을 보이고 있다. 매년 개념 응용형 문제와 정의 기반 문제가 꾸준히 출제되며, 난이도는 전반적으로 중~상 수준을 유지하고 있다. 일부 문항은 복잡한 계산이나 응용력이 요구되어 고난도 문항으로 작용하기도 한다.

학습전략은 기본 개념의 명확한 이해와 정확한 계산 연습, 기출문제 유형의 반복 풀이가 핵심이다. 특히 정의와 정리의 철저한 이해, 문제 해석력, 실전 시간 배분 능력을 고루 갖추는 것이 고득점의 열쇠이다.

ANALYSIS | 영역별 출제 비중 비교

구분		미분법	적분법	선형대수	다변수 미적분	공학수학	일반수학	합계
2021	문항수	3	1	3	6	7	-	20
	백분율	15%	5%	15%	30%	35%	-	100%
2022	문항수	2	2	4	7	5	-	20
	백분율	10%	10%	20%	35%	25%	-	100%
2023	문항수	3	2	4	6	5	-	20
	백분율	15%	10%	20%	30%	25%	-	100%
2024	문항수	3	1	5	6	5	-	20
	백분율	15%	5%	25%	30%	25%	-	100%
2025	문항수	2	3	5	4	6	-	20
	백분율	10%	15%	25%	20%	30%	-	100%

해설편

SPEED 정답 체크표
정답을 빠르고 직관적으로 파악할 수 있습니다.

출제범위 제시
어떤 영역에서 어떤 유형의 문제가 자주 출제되는지를 시각적으로 파악할 수 있습니다.

단계별 문제 풀이, 고득점 KEY
단계별 해설을 통해 신유형 및 고난도 문항의 풀이 과정을 이해하고 핵심 개념을 다시 떠올릴 수 있습니다.

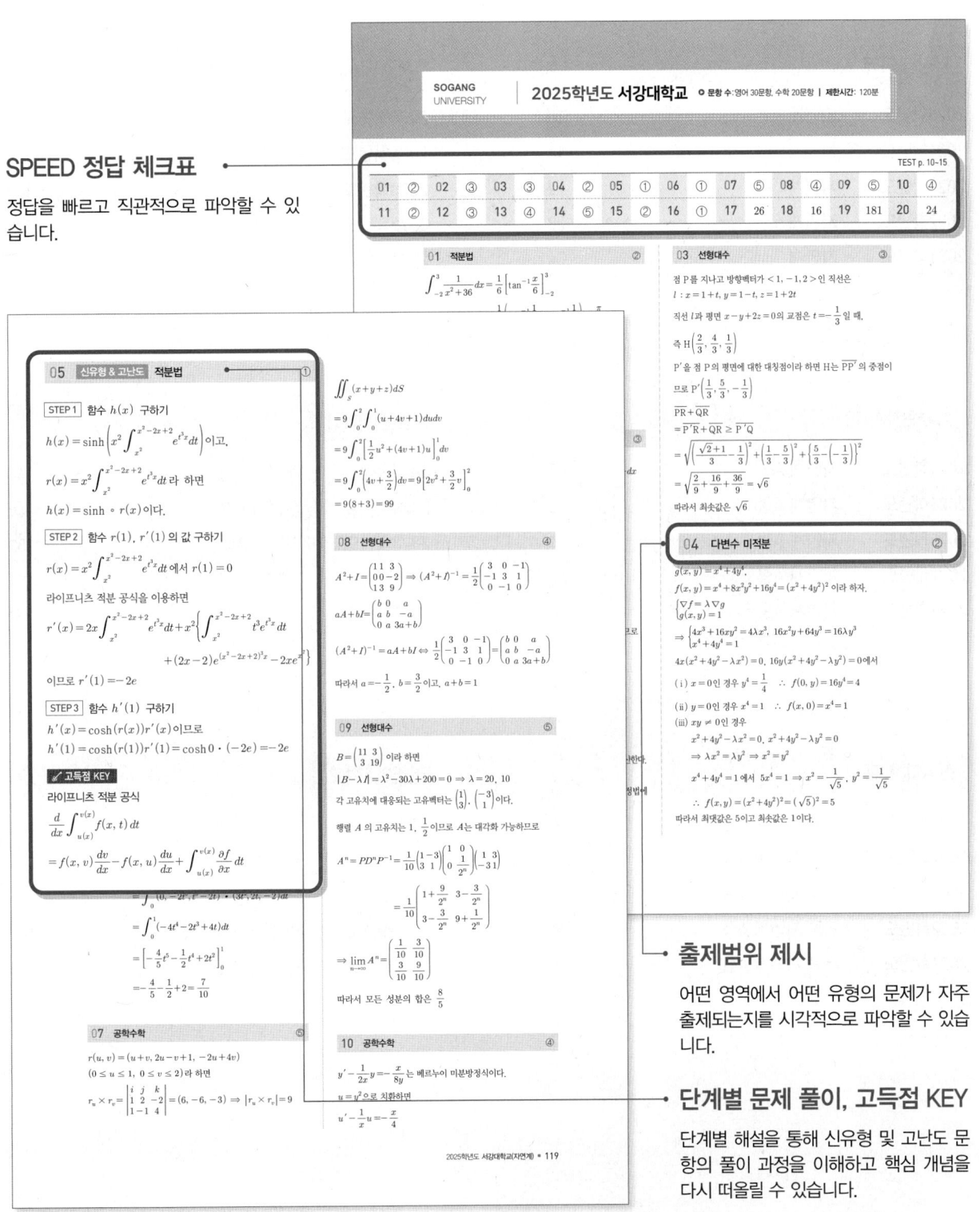

CONTENTS

문제편

서강대학교

2025학년도	자연계	10
2024학년도	자연계	16
2023학년도	자연계	22
2022학년도	자연계	28
2021학년도	자연계	34

성균관대학교

2025학년도	자연계 A형	42
2024학년도	자연계 A형	48
2023학년도	자연계 A형	54
2022학년도	자연계 A형	60
2021학년도	자연계 A형	66

한양대학교

2025학년도	서울 자연계 A형	74
2024학년도	서울 자연계 A형	82
2023학년도	서울 자연계 A형	90
2022학년도	서울 자연계 A형	98
2021학년도	서울 자연계 A형	106

해설편

서강대학교

2025학년도	자연계	118
2024학년도	자연계	122
2023학년도	자연계	127
2022학년도	자연계	132
2021학년도	자연계	137

성균관대학교

2025학년도	자연계 A형	144
2024학년도	자연계 A형	148
2023학년도	자연계 A형	153
2022학년도	자연계 A형	157
2021학년도	자연계 A형	162

한양대학교

2025학년도	서울 자연계 A형	168
2024학년도	서울 자연계 A형	175
2023학년도	서울 자연계 A형	181
2022학년도	서울 자연계 A형	187
2021학년도	서울 자연계 A형	193

김영편입

수학 2026학년도 대비
서강대·성균관대·한양대
기출문제 해설집

SOGANG UNIVERSITY

서강대학교

KIM & BOOK

5개년 서강대학교 트렌드 및 학습전략

서강대학교 편입수학 시험은 매년 주관식 4문항을 포함한 20문항 체제로 시행되며, 과거에는 공학수학과 다변수 미적분의 비중이 높았으나 최근에는 전 영역에서 고르게 출제되는 경향을 보이고 있다. 매년 개념 응용형 문제와 정의 기반 문제가 꾸준히 출제되며, 난이도는 전반적으로 중~상 수준을 유지하고 있다. 일부 문항은 복잡한 계산이나 응용력이 요구되어 고난도 문항으로 작용하기도 한다.

학습전략은 기본 개념의 명확한 이해와 정확한 계산 연습, 기출문제 유형의 반복 풀이가 핵심이다. 특히 정의와 정리의 철저한 이해, 문제 해석력, 실전 시간 배분 능력을 고루 갖추는 것이 고득점의 열쇠이다.

ANALYSIS | 영역별 출제 비중 비교

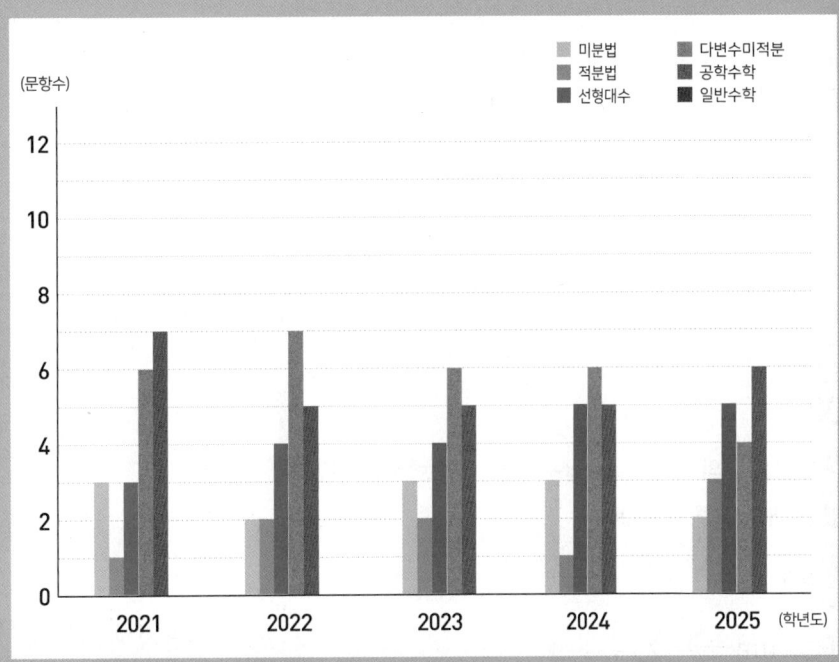

구분		미분법	적분법	선형대수	다변수미적분	공학수학	일반수학	합계
2021	문항수	3	1	3	6	7	-	20
	백분율	15%	5%	15%	30%	35%	-	100%
2022	문항수	2	2	4	7	5	-	20
	백분율	10%	10%	20%	35%	25%	-	100%
2023	문항수	3	2	4	6	5	-	20
	백분율	15%	10%	20%	30%	25%	-	100%
2024	문항수	3	1	5	6	5	-	20
	백분율	15%	5%	25%	30%	25%	-	100%
2025	문항수	2	3	5	4	6	-	20
	백분율	10%	15%	25%	20%	30%	-	100%

2025학년도 서강대학교

자연계

문항 수: 영어 30문항, 수학 20문항 | 제한시간: 120분

01

적분 $\int_{-2}^{3} \dfrac{1}{x^2+36} dx$의 값은? [4점]

① $\dfrac{\pi}{36}$ ② $\dfrac{\pi}{24}$

③ $\dfrac{\pi}{12}$ ④ $\dfrac{\pi}{6}$

⑤ $\dfrac{\pi}{4}$

02

다음 |보기|의 수열 또는 급수 중에서 수렴하는 것만을 있는 대로 고른 것은? [4점]

―|보기|―

ㄱ. $\displaystyle\lim_{n\to\infty} \dfrac{1}{\sqrt{n}} \sum_{k=1}^{2n} \dfrac{1}{k}$

ㄴ. $\displaystyle\sum_{n=3}^{\infty} \dfrac{1}{n(\ln n)\ln(\ln n)}$

ㄷ. $\displaystyle\sum_{n=2}^{\infty} \left(1-\dfrac{1}{\sqrt{n}}\right)^{n^2}$

① ㄱ ② ㄱ, ㄴ

③ ㄱ, ㄷ ④ ㄴ, ㄷ

⑤ ㄱ, ㄴ, ㄷ

03

공간에 두 점 $P(1, 1, 1)$와 $Q\left(\dfrac{\sqrt{2}+1}{3}, \dfrac{1}{3}, \dfrac{5}{3}\right)$가 있다. 점 R이 평면 $x-y+2z=0$ 위를 움직일 때, $\overline{PR}+\overline{QR}$의 최솟값은? [4점]

① $\sqrt{2}$ ② $\sqrt{3}$

③ $\sqrt{6}$ ④ $2\sqrt{2}$

⑤ $2\sqrt{3}$

04

집합 $\{(x, y)\in \mathbb{R}^2 \mid x^4+4y^4=1\}$에서 정의된 함수 $f(x, y)=x^4+8x^2y^2+16y^4$의 최댓값과 최솟값의 합은? [4점]

① 5 ② 6

③ 7 ④ 8

⑤ 9

05 신유형 & 고난도

두 함수 $f(x, y) = \sinh(x^2 y)$ 와
$g(x) = \int_{x^2}^{x^2 - 2x + 2} e^{t^3 x} dt$ 에 대하여
$h(x) = f(x, g(x))$ 일 때, $h'(1)$ 의 값은? [4점]

① $-2e$ ② $1 - e$
③ 0 ④ $1 + e$
⑤ $2e$

06

곡선 C는 $r(t) = t^3 \vec{i} + t^2 \vec{j} - 2t \vec{k}$ $(0 \leq t \leq 1)$로 주어지고 $(0, 0, 0)$에서 출발하여 $(1, 1, -2)$에서 끝난다. 벡터장
$$F(x, y, z) = (x^2 - y^3)\vec{i} + yz\vec{j} + (x + z)\vec{k}$$
에 대하여, 적분 $\int_C F \cdot dr$의 값은? [4점]

① $\dfrac{7}{10}$ ② $\dfrac{4}{5}$
③ $\dfrac{9}{10}$ ④ 1
⑤ $\dfrac{11}{10}$

07

S가 매개변수방정식
$$x = u + v,\ y = 2u - v + 1,\ z = -2u + 4v$$
$$(0 \leq u \leq 1,\ 0 \leq v \leq 2)$$
으로 주어진 면일 때, 적분 $\iint_S (x + y + z) dS$의 값은? [4점]

① 8 ② 11
③ 24 ④ 72
⑤ 99

08

행렬 $A = \begin{pmatrix} 0 & 0 & 1 \\ 1 & 0 & -1 \\ 0 & 1 & 3 \end{pmatrix}$에 대하여
$(A^2 + I)^{-1} = aA + bI$ 일 때, $a + b$의 값은?
(단, a와 b는 실수이고 I는 3×3 단위행렬이다.) [4점]

① $-\dfrac{1}{2}$ ② -1
③ 0 ④ 1
⑤ $\dfrac{1}{2}$

09

행렬 $A = \begin{pmatrix} \frac{11}{20} & \frac{3}{20} \\ \frac{3}{20} & \frac{19}{20} \end{pmatrix}$에 대하여 $\lim_{n \to \infty} A^n$의 모든 성분의 합은? [4점]

① $\frac{2}{5}$ ② $\frac{7}{10}$
③ 1 ④ $\frac{13}{10}$
⑤ $\frac{8}{5}$

10

$y(x)$가 초깃값 문제
$$x^2 + 8xyy' - 4y^2 = 0, \ y(4) = 2$$
의 해일 때, $y(2)$의 값은? [4점]

① 0 ② 1
③ $\sqrt{2}$ ④ $\sqrt{3}$
⑤ 2

11

구간 $(-1, \infty)$에서 정의된 함수 $f(x) = (x+1)e^{2x}$의 역함수를 $g(x)$라고 할 때, $g'(1) + g''(1)$의 값은? [5점]

① $\frac{1}{81}$ ② $\frac{1}{27}$
③ $\frac{1}{9}$ ④ $\frac{1}{3}$
⑤ 1

12

극방정식 $r = 1 + \sin\theta \ (0 \leq \theta < 2\pi)$로 주어진 곡선에서 $r \leq 1$인 부분의 길이가 $a + b\sqrt{2}$일 때, $a + b$의 값은? (단 a와 b는 유리수이다.) [5점]

① 3 ② $\frac{7}{2}$
③ 4 ④ $\frac{9}{2}$
⑤ 5

13 신유형 & 고난도

임의의 양수 t에 대하여 $f(t) = \iint_{T(t)} e^{2y-x^2} dA$ 라고 하자. 여기서 $T(t)$는 꼭짓점이 $(-t, -t)$, $(t, -t)$, (t, t)인 삼각형으로 둘러싸인 영역이다. 극한 $\lim_{t \to \infty} f(t)$의 값은? [5점]

① $\dfrac{\sqrt{\pi}}{2e}$ ② $\dfrac{\sqrt{\pi}}{e}$

③ $\sqrt{\pi}$ ④ $\dfrac{e\sqrt{\pi}}{2}$

⑤ $e\sqrt{\pi}$

14

적분 $\int_0^9 \int_{\sqrt{x}}^3 \int_0^{3-y} \cos(3-z)^4 \, dz\,dy\,dx$의 값은? [5점]

① $\dfrac{\sin 81}{2}$ ② $\dfrac{\sin 81}{3}$

③ $\dfrac{\sin 81}{4}$ ④ $\dfrac{\sin 81}{6}$

⑤ $\dfrac{\sin 81}{12}$

15

A가 $n \times n$ 행렬일 때, 다음 |보기|에서 옳은 것만을 있는 대로 고른 것은?
(단, n은 자연수, A^T는 A의 전치행렬(transpose), 그리고 I는 $n \times n$ 단위행렬이다.) [5점]

|보기|

ㄱ. $A^T A$의 계급수(rank)는 A의 계급수와 같다.
ㄴ. A가 대각화 가능하면 A^T도 대각화 가능하다.
ㄷ. $AX - XA = I$인 $n \times n$ 행렬 X가 존재한다.

① ㄱ ② ㄱ, ㄴ
③ ㄱ, ㄷ ④ ㄴ, ㄷ
⑤ ㄱ, ㄴ, ㄷ

16

$\mathcal{L}$을 라플라스 변환이라고 하고, $\mathcal{L}^{-1}$를 $\mathcal{L}$의 역변환이라고 하자.

$$f(t) = \mathcal{L}^{-1}\left\{ \frac{4s}{(s+1)(s^2+4s+5)} \right\}(t)$$

일 때, $f(\pi)$의 값은? [5점]

① $-2e^{-\pi} - 2e^{-2\pi}$ ② $-2e^{-\pi} + 2e^{-2\pi}$
③ $-2e^{-\pi} + e^{-2\pi}$ ④ $-e^{-\pi} - e^{-2\pi}$
⑤ $-e^{-\pi} + e^{-2\pi}$

17

연속함수 $f(x)$가 모든 실수 x에 대하여
$$x^2 = (1-x-e^{-x})f(x)$$
를 만족시킨다고 하자. $f''(0) - f(0) = \dfrac{q}{p}$일 때, $p+q$의 값은?
(단, p와 q는 서로소인 자연수이다.) [7점]

18

S를 영역
$$\{(x, y, z) \in \mathbb{R}^3 \mid x^2 + y^2 + (z-1)^2 \leq 1 \text{이고}$$
$$z \geq \sqrt{x^2+y^2}\}$$
의 경계곡면이라고 하자.

벡터장 $F(x, y, z) = 2xz\vec{i} + 2y\vec{j} + x\vec{k}$에 대하여 적분 $\iint F \cdot dS$의 값이 $\dfrac{q}{p}\pi$일 때, $p+q$의 값은?

(단, S는 바깥으로 향하는 방향을 갖는 곡면이고 p와 q는 서로소인 자연수이다.) [7점]

19

3차원 공간에 있는 임의의 벡터 $<x_1, x_2, x_3>$에 대하여

$$<y_1, y_2, y_3> = <x_1, x_2, x_3> \times <1, 1, 1>$$

라고 하자. 여기서 $\times$는 두 벡터의 외적(cross product)을 나타낸다.

$\begin{pmatrix} y_1 \\ y_2 \\ y_3 \end{pmatrix} = A \begin{pmatrix} x_1 \\ x_2 \\ x_3 \end{pmatrix}$을 만족하는 3×3 행렬 A에 대하여 $(A^T)^9$의 $(3, 2)$ 성분을 a라고 할 때, $a + 100$의 값은? (단, A^T는 A의 전치행렬이다.) [7점]

20

$y(x)$가 초깃값 문제

$$y'' - y = 4xe^x,$$
$$y(0) = -1, \ y'(1) = 13(e + e^{-1})$$

의 해일 때, $y'(0)$의 값은? [7점]

SOGANG UNIVERSITY

2024학년도 서강대학교

- 자연계
- 문항 수: 영어 30문항, 수학 20문항 | 제한시간: 120분

01

함수 $f(x) = x^2 + e^{2x} - 1$의 역함수를 $g(x)$라고 할 때, 극한 $\lim_{x \to 0} \dfrac{g(x)}{xg'(x)}$의 값은?

① -2 ② -1
③ 0 ④ 1
⑤ 2

02

구간 $(-1, 1)$에서 정의된 함수
$$f(x) = \begin{cases} \dfrac{(1-x)\ln(1-x)}{x} & (x \neq 0) \\ 1 & (x = 0) \end{cases}$$
에 대하여 $f''(0)$의 값은?

① $\dfrac{1}{3}$ ② $-\dfrac{1}{3}$
③ $-\dfrac{1}{6}$ ④ $\dfrac{1}{2}$
⑤ 1

03

극한 $\lim_{x \to 0} \dfrac{1}{x^2} \ln\left(\dfrac{\tan x}{x}\right)$의 값은?

① $\dfrac{1}{2}$ ② 0
③ $\dfrac{1}{6}$ ④ 1
⑤ $\dfrac{1}{3}$

04

한 점에서 만나는 두 직선
$$\dfrac{x-2}{3} = \dfrac{y-6}{-2} = \dfrac{z+1}{4},$$
$$\dfrac{x-1}{2} = \dfrac{y+2}{3} = \dfrac{z-7}{-2}$$
을 포함하는 평면의 방정식이 $ax + by + cz + 55 = 0$ 이라고 할 때, $a + b + c$의 값은? (단, a, b, c는 상수)

① -19 ② 19
③ -9 ④ 9
⑤ 35

05

다음 |보기|에서 옳은 것만을 있는 대로 고른 것은?

|보기|
ㄱ. $\lim_{(x,y)\to(0,0)} \dfrac{x^2 y}{x^2+y^2} = 0$

ㄴ. $\lim_{(x,y)\to(0,0)} \dfrac{xy}{x^2+4y^2} = 0$

ㄷ. $\lim_{(x,y)\to(0,0)} \dfrac{x^2 y}{x^4+y^2} = 0$

ㄹ. $\lim_{(x,y)\to(0,0)} \dfrac{xy^2}{x^4+y^2} = 0$

① ㄱ, ㄴ
② ㄱ, ㄷ
③ ㄱ, ㄹ
④ ㄴ, ㄹ
⑤ ㄱ, ㄷ, ㄹ

06 신유형 & 고난도

두 함수 $f(x, y) = \int_0^y e^{t^2 x} dt$, $g(x) = \int_0^{x^2} e^{t^2 x} dt$에 대하여 $(\alpha, \beta) = \nabla f(1, 1)$, $\gamma = g'(1)$이라고 할 때, $\alpha + \beta - \gamma$의 값은?

① e
② $-e$
③ 0
④ $2e$
⑤ $-2e$

07

자연수 n에 대하여
$$a_n = \int_{-n}^{n} e^{-x^2} dx, \quad b_n = \int_{-n}^{n} \int_{x}^{n} e^{x-y^2} dy\, dx$$
라고 할 때, 극한 $\lim_{n\to\infty} \dfrac{b_n}{a_n}$의 값은?

① e
② $e^{\frac{1}{4}}$
③ $e^{\frac{1}{2}}$
④ 1
⑤ ∞

08

S가 벡터방정식
$$r(u, v) = u\vec{i} + u^3 \vec{j} + v\vec{k}$$
$$(0 \le u \le 2,\ 0 \le v \le 3)$$
로 주어진 곡면이라고 하자.
S 위에서 벡터장 $F(x, y, z) = z\vec{i} + 3\vec{j} + xz\vec{k}$의 면적분의 값은?

① 6
② 9
③ 18
④ 21
⑤ 24

09

$y(x)$가 초깃값 문제
$$y'' + y = 2\cos x, \quad y(0) = 1, \quad y'(0) = -1$$
의 해일 때, $y(\pi)$의 값은?

① -1 ② 0
③ 1 ④ -2
⑤ 2

10

행렬 $A = \begin{pmatrix} a & -3 & 4 \\ 3 & 1 & -1 \\ -4 & 2 & 3 \end{pmatrix}$의 행렬식이 65라고 하자. $\begin{pmatrix} x \\ y \\ z \end{pmatrix}$가 행렬방정식 $A\begin{pmatrix} x \\ y \\ z \end{pmatrix} = \begin{pmatrix} 17 \\ 2 \\ -11 \end{pmatrix}$의 해라고 할 때, y의 값은?

① 2 ② -2
③ 3 ④ -3
⑤ 1

11

원 $x^2 + (y-2)^2 = 1$을 x축을 중심으로 회전하여 얻은 회전체의 겉넓이는?

① $2\pi^2$ ② $4\pi^2$
③ $8\pi^2$ ④ $10\pi^2$
⑤ $12\pi^2$

12

영역 $D = \{(x, y) \in R^2 \mid x^2 + y^2 \leq 1\}$에서 정의된 함수 $f(x, y) = x^2 + y^2 + x + y$의 최댓값과 최솟값의 합은?

① $1 + \sqrt{2}$ ② $2\sqrt{2}$
③ $\dfrac{1}{2} - \sqrt{2}$ ④ $\dfrac{1}{2} + \sqrt{2}$
⑤ 2

13

공간에서 평면 $y+z=3$과 곡면 $x^2+y^2=5$가 만나는 곡선을 C라고 하자. 곡선 C 위의 점 $(1, 2, 1)$에서의 접선의 방정식은?

① $\dfrac{x-1}{2} = \dfrac{y-2}{1} = \dfrac{z-1}{1}$

② $\dfrac{x-1}{2} = \dfrac{y-2}{-1} = \dfrac{z-1}{-1}$

③ $\dfrac{x-1}{-2} = \dfrac{y-2}{-1} = \dfrac{z-1}{2}$

④ $\dfrac{x-1}{2} = \dfrac{y-2}{1} = \dfrac{z-1}{2}$

⑤ $\dfrac{x-1}{2} = \dfrac{y-2}{-1} = \dfrac{z-1}{1}$

14

공간에서 평면 $x=2$와 곡면 $x=\sqrt{y^2+z^2}$으로 둘러싸인 영역을 E라고 할 때, 적분 $\iiint_E (y^2+z^2)\,dV$의 값은?

① $\dfrac{8}{5}\pi$

② $\dfrac{16}{5}\pi$

③ $\dfrac{16}{9}(9-4\sqrt{2})\pi$

④ $\dfrac{8}{9}(9-4\sqrt{2})\pi$

⑤ $\dfrac{18}{5}\pi$

15

$y(x)$가 초깃값 문제
$$(3xy-2y^2)dx+(x^2-2xy)dy=0,$$
$$y(2)=\dfrac{2+\sqrt{3}}{2}$$
의 해일 때, $y(\sqrt{2})$의 값은?

① $-\dfrac{1}{2}$

② -2

③ 0

④ $\sqrt{2}$

⑤ $\dfrac{1}{\sqrt{2}}$

16

행렬 $A = \begin{pmatrix} a & b & b & b \\ b & a & b & b \\ b & b & a & b \\ b & b & b & a \end{pmatrix}$의 행렬식을 계산하면?

① $(a-b)^3(a+3b)$

② $(a-b)^3(a+b)$

③ $(a-b)^3(a+2b)$

④ $(b-a)^3(a+3b)$

⑤ $(b-a)^3(a+2b)$

17

네 점 $(0, 3, 6)$, $\left(\dfrac{x}{3}, 7, 7\right)$, $(0, x, 5)$, $(0, 9, x)$를 꼭짓점으로 갖는 사면체의 부피의 최댓값과 최솟값의 합은? (단, $1 \leq x \leq 5$)

18

중심이 $(1, 1, 1)$이고 반지름이 a인 구면 $(x-1)^2 + (y-1)^2 + (z-1)^2 = a^2$과 평면 $x+y+z = 3$이 만나는 곡선을 C_a라고 하자. 벡터장 $F(x, y, z) = (x^2 - y^2)\vec{i} + x^2\vec{j} + yz\vec{k}$에 대하여 극한 $\lim\limits_{a \to 0} \dfrac{1}{\pi a^2} \int_{C_a} F \cdot dr$의 값은?

(단, C_a는 위에서 볼 때 시계 반대 방향을 가진다.)

19

$y(x) = \sum_{n=0}^{\infty} c_n x^n$이 초깃값 문제
$$y'' + xy = 0,\ y(0)=2,\ y'(0)=-1$$
의 해일 때, $110c_{11}$의 값은?

20 신유형 & 고난도

선형변환 $T : \mathbb{R}^3 \to \mathbb{R}^3$의 특성다항식 (characteristic polynomial)을 $\Delta_T(\lambda)$라고 하자. $T(x,y,z) = (0, x, y)$로 정의된 선형변환 T에 대하여 극한 $\displaystyle\lim_{\lambda \to 0} \left| \dfrac{\Delta_T(\lambda) + \Delta_{T^2}\lambda + \Delta_{T^3}\lambda}{\lambda^3} \right|$의 값은?
(단, $T^2 = T \circ T,\ T^3 = T^2 \circ T$)

2023학년도 서강대학교

● 자연계
● 문항 수: 영어 30문항, 수학 20문항 | 제한시간: 120분

01

방정식 $\dfrac{x-1}{2} = \dfrac{y-2}{2} = z-3$ 으로 주어진 직선을 L_1이라고 하고 두 점 $(1, 0, 2)$와 $(2, 2, 2)$를 지나는 직선 L_2라고 할 때, 두 직선 L_1과 L_2 사이의 거리는?

① $\dfrac{1}{3}$ ② $\dfrac{2}{3}$

③ 1 ④ $\dfrac{4}{3}$

⑤ $\dfrac{5}{3}$

02

함수 $f(x) = \sinh x \cosh x$의 역함수를 $g(x)$라고 할 때, $g'\left(\dfrac{15}{16}\right)$의 값은?

① $\dfrac{8}{17}$ ② $\dfrac{8}{15}$

③ $\dfrac{4}{5}$ ④ $\dfrac{32}{17}$

⑤ $\dfrac{32}{15}$

03

함수 $f(x) = \begin{cases} \dfrac{\cos x^2 - 1}{x^3} & (x \neq 0) \\ 0 & (x = 0) \end{cases}$ 에 대하여 $f^{(9)}(0)$의 값은?

① -504 ② $-\dfrac{1}{720}$

③ 0 ④ $\dfrac{1}{720}$

⑤ 504

04

$\displaystyle\int_0^1 \dfrac{\ln x}{\sqrt{x}}\,dx + \int_e^\infty \dfrac{1}{x(\ln x)^2}\,dx$의 값은?

① -5 ② -3

③ 0 ④ 3

⑤ 5

05

함수 $f(x,y) = \begin{cases} \dfrac{x^3 + y|y|}{\sqrt{x^2+y^2}} & (x,y) \neq (0,0) \\ 0 & (x,y) = (0,0) \end{cases}$ 와

평면 벡터 $\vec{u} = \left(\dfrac{1}{\sqrt{2}}, \dfrac{1}{\sqrt{2}}\right)$ 에 대하여

$\nabla f(0,0) = (a,b)$, $D_{\vec{u}} f(0,0) = c$ 라고 할 때, $a+b+c$ 의 값은?

① 0   ② 1
③ $\dfrac{3}{2}$ ④ $1 + \dfrac{1}{\sqrt{2}}$
⑤ 2

06

함수 $f(x,y) = (x^2 - y^2 - 3y - 3)e^{-y}$ 의 안장점은?

① $(0,0)$ ② $(1,0)$
③ $(-1,0)$ ④ $(0,1)$
⑤ $(0,-1)$

07

영역 $D = \{(x,y) \in \mathbb{R}^2 \mid x^2 + y^2 \leq 1, y \leq x, y \geq 0\}$ 에 대하여 적분 $\iint_D \sqrt{1-x^2-y^2}\, dA$ 의 값은?

① $\dfrac{\pi}{24}$ ② $\dfrac{\pi}{12}$
③ $\dfrac{\pi}{6}$ ④ $\dfrac{\pi}{3}$
⑤ $\dfrac{\pi}{2}$

08

영역 $D = \{(x,y) \in \mathbb{R}^2 \mid 1 \leq x \leq 2, 1 \leq y \leq 2\}$ 에 대하여 곡면 $z = \dfrac{2}{3}(x\sqrt{x} + y\sqrt{y})$, $(x,y) \in D$ 의 넓이는?

① $\dfrac{50\sqrt{5}}{3} + 6\sqrt{3} - \dfrac{128}{3}$
② $25\sqrt{5} + 9\sqrt{3} - 64$
③ $10\sqrt{5} + \dfrac{18\sqrt{3}}{5} - \dfrac{128}{5}$
④ $\dfrac{20\sqrt{5}}{3} + \dfrac{12\sqrt{3}}{5} - \dfrac{256}{15}$
⑤ $\dfrac{20\sqrt{5}}{3} - \dfrac{12\sqrt{3}}{5}$

09

$y_1(t)$와 $y_2(t)$가 초깃값 문제
$$y_1' = 4y_1 - y_2,\ y_2' = -2y_1 + 3y_2,$$
$$y_1(0) = 5,\ y_2(0) = 2$$
의 해일 때, $y_1(1)$의 값은?

① $-8e + 13e^2$
② $e^2 + \dfrac{8}{3}e^5$
③ $\dfrac{7}{4}e + \dfrac{13}{4}e^5$
④ $-\dfrac{3}{2}e + \dfrac{13}{2}e^2$
⑤ $\dfrac{7}{3}e^2 + \dfrac{8}{3}e^5$

10

행렬 A가 $A\begin{pmatrix}1\\0\\0\end{pmatrix} = \begin{pmatrix}1\\1\\1\end{pmatrix}$, $A\begin{pmatrix}0\\2\\0\end{pmatrix} = \begin{pmatrix}1\\2\\3\end{pmatrix}$, $A\begin{pmatrix}0\\0\\3\end{pmatrix} = \begin{pmatrix}1\\-1\\1\end{pmatrix}$

을 만족할 때, A^{-1}의 $(2,3)$성분은?

① -1
② $\dfrac{4}{9}$
③ $\dfrac{2}{3}$
④ 1
⑤ $\dfrac{4}{3}$

11 신유형 & 고난도

함수 $f(x) = \begin{cases} (1+x)^{1/x} + ax + b & (x > 0) \\ |x|^{3/2} \sin \dfrac{1}{x} & (x < 0) \\ c & (x = 0) \end{cases}$ 가

모든 실수에서 미분가능할 때, $a + b + c$의 값은?

① $-e$
② $-\dfrac{e}{2}$
③ 0
④ $\dfrac{e}{2}$
⑤ e

12

네 평면 $y = 0$, $z = 0$, $y = x$, $x + y + z = 2$로 둘러싸인 사면체 T에 대하여 적분 $\iiint_T y\, dV$의 값은?

① $\dfrac{1}{6}$
② $\dfrac{1}{3}$
③ $\dfrac{1}{2}$
④ 1
⑤ $\dfrac{3}{2}$

13

S가 원뿔면 $z = \sqrt{3(x^2+y^2)}$ 위와 구면 $x^2+y^2+z^2 = 1$ 아래에 놓인 입체의 경계곡면일 때, S 위에서 벡터장 $F(\vec{r}) = \|\vec{r}\|\vec{r}$의 면적분의 값은? (단, $\vec{r} = x\vec{i} + y\vec{j} + z\vec{k}$이고 S는 바깥으로 향하는 방향을 갖는 곡면)

① $\left(\dfrac{3-\sqrt{3}}{4}\right)\pi$
② $\left(\dfrac{3-\sqrt{3}}{2}\right)\pi$
③ $\left(1-\dfrac{\sqrt{3}}{2}\right)\pi$
④ $(2-\sqrt{3})\pi$
⑤ $(3-\sqrt{3})\pi$

14

$y(x)$가 경곗값 문제
$$y'' + 4y' + 4y = e^{-2x} + 2x,$$
$$y(0) = \dfrac{1}{2},\ y(1) = 2e^{-2}$$
의 해일 때, $y(-1)$의 값은?

① $-e^2 - 1$
② $-e^2$
③ $e^2 - 1$
④ e^2
⑤ $2e^2$

15 신유형 & 고난도

4×4 직교행렬(orthogonal matrix)
$$A = \begin{pmatrix} 1/2 & -1/\sqrt{6} & 3/\sqrt{20} & a_1 \\ 1/2 & 2/\sqrt{6} & 1/\sqrt{20} & a_2 \\ 1/2 & -1/\sqrt{6} & -1/\sqrt{20} & a_3 \\ 1/2 & 0 & -3/\sqrt{20} & a_4 \end{pmatrix}$$
에 대하여 벡터 $\vec{b} = (1, 2, 1, 3)$의 벡터 $\vec{a} = (a_1, a_2, a_3, a_4)$ 위로의 정사영(orthogonal projection)을 $\vec{p} = (p_1, p_2, p_3, p_4)$라고 할 때, p_1의 값은?

① $\dfrac{5}{\sqrt{30}}$
② $\dfrac{1}{3}$
③ $\dfrac{2}{\sqrt{30}}$
④ $\dfrac{5}{\sqrt{15}}$
⑤ $\dfrac{1}{2}$

16

3×3 행렬 A와 $\vec{0}$이 아닌 벡터 $\vec{v}_1,\ \vec{v}_2,\ \vec{v}_3$에 대하여
$$A\vec{v}_1 = \vec{v}_2,\ A\vec{v}_2 = \vec{v}_1,\ A\vec{v}_3 = 2\vec{v}_3$$
일 때, 다음 |보기|에서 옳은 것을 있는 대로 고른 것은? (단, $\vec{v}_1$과 $\vec{v}_2$는 일차독립)

보기
ㄱ. A의 역행렬이 존재한다.
ㄴ. A^2은 대각화 가능하다.
ㄷ. A^2의 대각합(trace)은 6이다.

① ㄱ
② ㄷ
③ ㄱ, ㄷ
④ ㄴ, ㄷ
⑤ ㄱ, ㄴ, ㄷ

17

좌표평면에서 x축, y축, $y = \cos 2x - \sin x$의 그래프로 둘러싸인 부분 중 1사분면에 있는 영역을 x축 중심으로 회전하여 생기는 입체의 부피가 $\pi(a\pi + b\sqrt{3} + c)$일 때, $96(a+b+c)$의 값은?
(단, a, b, c는 유리수)

18

삼차원 공간에서 원점과 곡면 $xy^2z = 8$ 위의 점 사이의 거리의 최솟값이 d일 때, d^2의 값은?

19

C가 벡터방정식 $r(t) = t\vec{i} - \sin t\vec{j}$, $0 \leq t \leq \pi$로 주어진 곡선이라고 하자. C위에서 벡터장
$$F(x,y) = \left(\frac{1}{\pi^2}x - y\sin x\right)\vec{i} + (x - \sin y^2 + \cos x)\vec{j}$$
의 선적분의 값이 $\frac{q}{p}$일 때, $p+q$의 값은?
(단, p와 q는 서로소인 자연수)

20

$\mathcal{L}$을 라플라스 변환이라고 하고 $\mathcal{L}^{-1}$를 $\mathcal{L}$의 역변환이라고 하자.
$$f(t) = \mathcal{L}^{-1}\left\{\frac{s+2}{s^2+1} + \frac{3se^{-\pi s}}{(s^2+4)(s^2+1)}\right\}(t)$$
일 때, $5f\left(\frac{\pi}{2}\right) - f(2\pi)$의 값은?

2022학년도 서강대학교

자연계
문항 수: 20문항 | 제한시간: 60분

01

함수 $f(x) = x - \cos x + 1$의 역함수를 $g(x)$라고 할 때, 극한 $\lim_{x \to 0} \dfrac{\{g(x)\}^2}{x - g(x)}$의 값은? [4점]

① -2 ② -1
③ 0 ④ 1
⑤ 2

02

함수 $f(x) = \begin{cases} (1-x)^{1/x} & (x \neq 0) \\ a & (x = 0) \end{cases}$가 구간 $(-\infty, 1]$에서 연속이고 $\lim_{x \to -\infty} f(x) = b$라고 할 때, $\dfrac{b}{a}$의 값은? [4점]

① 0 ② $\dfrac{1}{e}$
③ 1 ④ e
⑤ ∞

03

다음 |보기|의 급수 중에서 수렴하는 것만을 있는 대로 고른 것은? [4점]

| 보기 |

ㄱ. $\displaystyle\sum_{n=2}^{\infty} \left(\dfrac{n}{n-1}\right)^{n^2}$ ㄴ. $\displaystyle\sum_{n=1}^{\infty} \dfrac{1}{n} \sin \dfrac{1}{\sqrt{n}}$

ㄷ. $\displaystyle\sum_{n=1}^{\infty} (-1)^n \dfrac{\ln n}{n}$

① ㄱ   ② ㄷ
③ ㄱ, ㄷ   ④ ㄴ, ㄷ
⑤ ㄱ, ㄴ, ㄷ

04

멱급수 $\displaystyle\sum_{n=1}^{\infty} \dfrac{(-1)^n}{3^n \sqrt{3n-1}} (x-2)^n$의 수렴구간은? [4점]

① $(-1, 5)$ ② $(-1, 5]$
③ $(-\infty, \infty)$ ④ $\left(\dfrac{5}{3}, \dfrac{7}{3}\right)$
⑤ $\left(\dfrac{5}{3}, \dfrac{7}{3}\right]$

05

함수 $f(x,y) = \begin{cases} x^2 + y - xe^y & (x \neq 0) \\ 0 & (x = 0) \end{cases}$ 에 대하여 $\nabla f(0, 0) = (\alpha, \beta)$라고 할 때, $\alpha + \beta$의 값은? [4점]

① -2
② -1
③ 0
④ 1
⑤ 2

06

다음 |보기|에서 옳은 것만을 있는 대로 고른 것은? [4점]

|보기|

ㄱ. $\lim_{(x,y) \to (0,0)} \dfrac{xy}{\sqrt{x^2+y^2}} = 0$

ㄴ. $\lim_{(x,y) \to (0,0)} \dfrac{xy^2}{x^2+y^4} = 0$

ㄷ. $\lim_{(x,y) \to (0,0)} \dfrac{\sin(xy)}{|x|+|y|} = 0$

① ㄱ
② ㄷ
③ ㄱ, ㄷ
④ ㄴ, ㄷ
⑤ ㄱ, ㄴ, ㄷ

07

곡면 $x^2 + 4y^2 + 4z^2 = 9$ 위의 점 $(1, -1, 1)$에서의 접평면의 방정식을 $ax + by + cz = 1$이라고 할 때, $a + b + c$의 값은? [4점]

① $-\dfrac{1}{9}$
② 0
③ $\dfrac{1}{9}$
④ -1
⑤ 1

08

영역 $D = \{(x, y) \in \mathbb{R}^2 \mid x \geq 0,\ x^2 + y^2 \leq 4\}$에서 정의된 함수 $f(x, y) = x^2 - y^2 - 2x$의 최댓값과 최솟값의 합은? [4점]

① $-\dfrac{9}{2}$
② -4
③ -1
④ 0
⑤ $\dfrac{1}{2}$

09

$y(x)$가 초깃값 문제
$$y'' + 2y' + \left(\frac{\pi^2}{4} + 1\right)y = 0,$$
$$y(1) = 1, \ y'(1) = -1$$
의 해일 때, $y(-1)$의 값은? [4점]

① 0 ② e
③ $-e$ ④ e^2
⑤ $-e^2$

10

벡터 (x, y, z)가 행렬 $A = \begin{pmatrix} 1 & 0 & 0 \\ 2 & 3 & -1 \\ 0 & 2 & 0 \end{pmatrix}$의 가장 큰 고윳값에 대응하는 고유벡터라고 할 때, $\dfrac{y}{z}$의 값은? [4점]

① -2 ② -1
③ 0 ④ 1
⑤ 2

11

이상적분 $\displaystyle\int_0^\infty \frac{1}{\sqrt{x}(1+2x)}dx$의 값은? [5점]

① 1 ② $\dfrac{\pi}{2}$
③ $\dfrac{\pi}{\sqrt{2}}$ ④ π
⑤ ∞

12

$O(0, 0, 0)$, $A(x, 1, 0)$, $B(0, x, 3)$, $C(-1, 1, x)$를 꼭짓점으로 갖는 사면체의 부피의 최댓값은? (단, $-2 \leq x \leq 2$) [4점]

① $\dfrac{1}{6}$ ② $\dfrac{1}{3}$
③ $\dfrac{5}{6}$ ④ 1
⑤ $\dfrac{5}{3}$

13

직선 $x=1$, $x=2$와 곡선 $y=x^2$, $y=2x^2$으로 둘러싸인 영역 R에 대하여 $\iint_R \dfrac{x^4}{y^3} exp\left(\dfrac{x^2}{y}\right) dxdy$의 값은? (단, $\exp(x) = e^x$) [5점]

① $\dfrac{1}{2} e^{\frac{1}{2}}$ ② e^2

③ $e - \dfrac{1}{2} e^{\frac{1}{2}}$ ④ $e - e^{\frac{1}{2}}$

⑤ $\dfrac{3}{2}\left(e - e^{\frac{1}{2}}\right)$

14 신유형 & 고난도

그림과 같이 C가 P$(1, 0)$에서 Q$(0, 1)$까지의 선분, Q에서 R$(-1, 0)$까지의 선분, R에서 P까지의 선분으로 이루어진 곡선일 때, C 위에서 벡터장

$$F(x, y) = -\dfrac{y}{x^2+y^2}\vec{i} + \dfrac{x}{x^2+y^2}\vec{j}$$

의 선적분 값은? [5점]

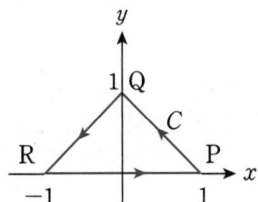

① $-\pi$ ② $-\dfrac{\pi}{2}$

③ 0 ④ $\dfrac{\pi}{2}$

⑤ π

15 신유형 & 고난도

$y(x)$가 초깃값 문제

$$y' = (x - y + 1)^2,\ y(0) = 1$$

의 해일 때, $y(1)$의 값은? [5점]

① $\dfrac{e^2}{e^2+1}$ ② $\dfrac{e^2+3}{e^2+1}$

③ $\dfrac{e^2-1}{e^2+1}$ ④ $\dfrac{e^2+1}{e^2-1}$

⑤ $\dfrac{e^2+1}{e^2}$

16

행렬 $A = \begin{pmatrix} 1 & 2 & 0 & -2 \\ 0 & 4 & 3 & 0 \\ 0 & 3 & 0 & 0 \\ -2 & 1 & -1 & 3 \end{pmatrix}$의 역행렬 A^{-1}의 $(4, 1)$성분은? [5점]

① -2 ② -1

③ 0 ④ 1

⑤ 2

17

극좌표로 표현된 곡선 $r = 1 + \cos\theta$에서
원 $r = \sqrt{3}\sin\theta$ 안에 있는 부분의 길이를 L이라 할
때, $6L$의 값은? [7.5점]

18

바깥으로 향하는 방향을 갖는 곡면 $x^2 + 2y^2 + 3z^2 = 6$
을 S라고 하자. 곡면 S위에서 벡터장
$$\vec{F}(x, y, z) = (x^3 - xy^2)\vec{i} - 2x^2y\vec{j} + (3y^2z + z^3)\vec{k}$$
의 면적분의 값을 $\dfrac{q}{p}\pi$라고 할 때, $p + q$의 값은?

(단, p, q는 서로소인 자연수) [7.5점]

19

$\mathcal{L}$을 라플라스 변환이라고 하고 $\mathcal{L}^{-1}$를 $\mathcal{L}$의 역변환이라고 하자. $f(t)=\mathcal{L}^{-1}\left\{\dfrac{1}{s^4+5s^2+4}\right\}(t)$에 대하여 $f\left(\dfrac{\pi}{2}\right)=\dfrac{q}{p}$라고 할 때, $p+q$의 값은?
(단, p, q는 서로소인 자연수) [7.5점]

20

R^4의 부분공간
$$V=\{(x_1, x_2, x_3, x_4)\in \mathbb{R}^4 \mid x_1+x_2-x_4=0\}$$
에 대하여 벡터 $(3, -4, 1, 5)$의 V위로의 정사영을 (a, b, c, d)라고 할 때, $a+b+c+d$의 값은? [7.5점]

2021학년도 서강대학교

● 자연계
● 문항 수: 20문항 | 제한시간: 60분

01
함수 $f(x) = x - \sin x$의 역함수를 $g(x)$라고 할 때, 극한 $\lim\limits_{x \to 0} \dfrac{\{g(x)\}^3}{3x}$의 값은?

① 0　　　　② 1
③ 2　　　　④ 6
⑤ ∞

02
$f(x) = \int_0^x \cos^{-1} t\, dt$, $g(x) = \int_0^x \sin^{-1} t\, dt$
$(-1 \leq x \leq 1)$일 때, $f\left(\dfrac{1}{3}\right) + g\left(-\dfrac{1}{3}\right)$의 값은?
(단, 모든 $t \in [-1, 1]$에 대하여
$-\dfrac{\pi}{2} \leq \sin^{-1} t \leq \dfrac{\pi}{2}$, $0 \leq \cos^{-1} t \leq \pi$)

① $-\dfrac{\pi}{3}$　　　　② $-\dfrac{\pi}{6}$
③ 0　　　　④ $\dfrac{\pi}{6}$
⑤ $\dfrac{\pi}{3}$

03
급수 $\sum\limits_{n=1}^{\infty} \sqrt{4n + n^2}\, \tan\left(\dfrac{1}{n^p}\right)$이 수렴하는 양의 실수 p의 범위는?

① $p > \dfrac{1}{2}$　　　　② $p > 1$
③ $p > \dfrac{3}{2}$　　　　④ $p > 2$
⑤ $p > \dfrac{5}{2}$

04
$x = 2\rho \sin\phi \cos\theta$, $y = 2\rho \sin\phi \sin\theta$,
$z = \rho \cos\phi$일 때, 다음 행렬식을 계산하면?

$$\begin{vmatrix} \dfrac{\partial x}{\partial \rho} & \dfrac{\partial x}{\partial \theta} & \dfrac{\partial x}{\partial \phi} \\ \dfrac{\partial y}{\partial \rho} & \dfrac{\partial y}{\partial \theta} & \dfrac{\partial y}{\partial \phi} \\ \dfrac{\partial z}{\partial \rho} & \dfrac{\partial z}{\partial \theta} & \dfrac{\partial z}{\partial \phi} \end{vmatrix}$$

① $-2\rho^2 \sin\phi$　　　　② $-4\rho^2 \sin\phi$
③ $4\rho^2 \sin\phi$　　　　④ $2\rho^2 \sin\theta$
⑤ $4\rho^2 \sin\theta$

05

음이 아닌 세 실수 p, q, r 가 $p+2q+3r=1$을 만족할 때, $A=p^{1/6}q^{1/3}r^{1/2}$의 최댓값은?

① $\dfrac{1}{6}$ ② $\dfrac{1}{3}$

③ $\dfrac{1}{2}$ ④ 1

⑤ 2

06

곡선 C가 매개변수방정식 $x=4\cos t$, $y=3t$, $z=4\sin t$ $(0 \leq t \leq 2\pi)$로 정의될 때, C 위에서 벡터장 $F(x,y,z)=(x-y)i+(y-z)j+(z-x)k$의 선적분의 값은?

① $16\pi^2+30\pi$ ② $16\pi^2-30\pi$

③ $30\pi^2+16\pi$ ④ $18\pi^2+40\pi$

⑤ $18\pi^2-40\pi$

07

그림과 같이 C가 $\mathrm{P}(1,0)$에서 $\mathrm{Q}(2,0)$까지의 선분, Q에서 $\mathrm{R}(0,2)$까지 중심이 원점이고 반지름이 2인 원의 호, R에서 $\mathrm{S}(0,1)$까지의 선분, 그리고 S에서 P까지의 중심이 원점이고 반지름이 1인 원의 호로 이루어진 곡선일 때, 선적분 $\displaystyle\int_C (2x^2y^2+y^4)dx+(ye^{-2y})dy$의 값은?

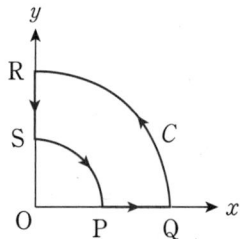

① $-\dfrac{124}{5}$ ② -15

③ 0 ④ 15

⑤ $\dfrac{124}{5}$

08

$\mathrm{A}(1,2,3)$, $\mathrm{B}(2,2,3)$, $\mathrm{C}(1,4,3)$, $\mathrm{D}(2,4,6)$을 꼭짓점으로 갖는 사면체의 경계면 S가 바깥으로 향하는 방향을 가지고 있다고 하자. S 위에서 벡터장

$$F(x,y,z)=(3x+y)\vec{i}+(2yz)\vec{j}+(e^x-z^2)\vec{k}$$

의 면적분의 값은?

① 1 ② 2

③ 3 ④ 6

⑤ 18

09

행렬 $A = \begin{pmatrix} 1 & 0 & 1 \\ 0 & 1 & a \\ 2 & 1 & 1 \end{pmatrix}$ 에 대하여 $\langle 1, b, -2 \rangle$ 가 A의 고유벡터라고 하자. A의 고윳값 중 가장 큰 것을 c라고 할 때, $a+b+c$의 값은?

① 3   ② 4
③ 5   ④ 6
⑤ 7

10

L을 라플라스 변환(Laplace transform)이라고 하고 L^{-1}를 L의 역변환이라고 하자.
$$f(t) = L^{-1}\left\{\frac{s+15}{s^3+2s^2+5s}\right\}(t)$$
라고 할 때, $f(0)$의 값은?

① 0   ② 1
③ 2   ④ 3
⑤ 6

11

함수 $f(x) = \begin{cases} \dfrac{2(e^{-x}-1+x)}{x^2} & (x \neq 0) \\ 1 & (x = 0) \end{cases}$ 에 대하여 $f'''(0)$의 값은?

① $-\dfrac{1}{60}$ ② $-\dfrac{1}{20}$
③ $-\dfrac{1}{10}$ ④ $\dfrac{1}{10}$
⑤ $\dfrac{1}{20}$

12

자연수 n에 대하여
$$a_n = \int_0^4 x\sin\frac{n\pi x}{4}dx, \quad b_n = \int_0^2 x\cos\frac{n\pi x}{2}dx$$
라고 할 때, 다음 |보기|에서 옳은 것만을 고른 것은?

|보기|

ㄱ. $\displaystyle\sum_{n=1}^{\infty} a_n$은 수렴한다.

ㄴ. $\displaystyle\sum_{n=1}^{\infty} b_n$은 수렴한다.

ㄷ. $\displaystyle\sum_{n=1}^{\infty} a_n$은 절대수렴한다.

ㄹ. $\displaystyle\sum_{n=1}^{\infty} b_n$은 절대수렴한다.

① ㄱ, ㄴ   ② ㄱ, ㄷ
③ ㄴ, ㄹ   ④ ㄱ, ㄴ, ㄷ
⑤ ㄱ, ㄴ, ㄹ

13

적분 $\int_0^1 \int_0^{1-z^2} \int_0^{1-z} 2e^{(1-x)^2} dxdydz$의 값은?

① $-e - \dfrac{4}{3}$ ② $-e + \dfrac{4}{3}$

③ 1 ④ $e - \dfrac{4}{3}$

⑤ $e + \dfrac{4}{3}$

14

세 벡터

$$\vec{v_1} = \frac{1}{\sqrt{3}}(1, 1, 1), \vec{v_2} = \frac{1}{\sqrt{2}}(1, 0, -1),$$
$$\vec{v_3} = (a, b, c)$$

가 공간 $\mathbb{R}^3$의 직교정규기저(orthonormal basis)를 이룬다고 하자. 세 벡터 $\vec{v_1}, \vec{v_2}, \vec{v_3}$를 첫 번째, 두 번째, 세 번째 열로 가지는 행렬 A에 대하여 A^{-1}의 $(3, 2)$ 성분은? (단, a는 양의 실수)

① $-\dfrac{\sqrt{6}}{2}$ ② $-\dfrac{\sqrt{6}}{3}$

③ 0 ④ $\dfrac{\sqrt{6}}{3}$

⑤ $\dfrac{\sqrt{6}}{2}$

15

$y(t)$가 초깃값
$$y' - 2y = -4y^2,\ y(0) = \frac{1}{4}$$
의 해일 때, $y(\ln 2)$의 값은?

① $\dfrac{1}{10}$ ② $\dfrac{1}{5}$

③ $\dfrac{1}{3}$ ④ $\dfrac{2}{5}$

⑤ $\dfrac{2}{3}$

16 신유형 & 고난도

함수 $f(r)$가 구간 $(0, \infty)$에서 두 번 미분가능하고 $f(1) = 0$, $f'(1) = 1$이라고 하자. 이변수함수 $u(x, y) = f(\sqrt{x^2 + y^2})$이 원점 $(0, 0)$을 제외한 모든 점 (x, y)에서 $u_{xx}(x, y) + u_{yy}(x, y) = 0$을 만족할 때, 이상적분 $\int_0^1 f(r) dr$의 값은?

① -2 ② -1

③ 0 ④ 1

⑤ 2

17 신유형 & 고난도

함수 $f(x)$, $g(x)$가 구간 $(-1, 1)$에서 미분가능하고, $f(0) = 0$이며, 모든 $x \in (-1, 1)$에 대하여 $|g(x) - 1 + x - 2x^2| \leq f(x)$일 때, $f'(0) - g'(0)$의 값은?

18

그림과 같이 S가
  $A(1, 0, 0)$, $B(0, 2, 0)$, $C(0, 0, 3)$
을 꼭짓점으로 갖는 삼각형으로 위로의 방향을 가지고 있는 면이라고 하자. S 위에서 벡터장
$$\vec{F}(x, y, z) = (x-y)\vec{i} + z\vec{j} + y\vec{k}$$
의 면적분의 값을 $\dfrac{q}{p}$라고 할 때, $p + q$의 값은?
(단, p, q는 서로소인 자연수)

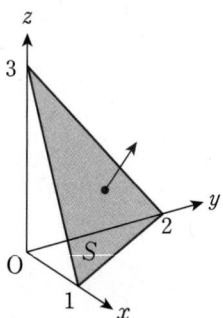

19

$\begin{pmatrix} y_1(t) \\ y_2(t) \end{pmatrix}$ 가 초깃값 문제

$$\begin{pmatrix} y_1' \\ y_2' \end{pmatrix} = \begin{pmatrix} -2 & -1 \\ 1 & -2 \end{pmatrix} \begin{pmatrix} y_1 \\ y_2 \end{pmatrix} + e^{-2t} \begin{pmatrix} 1 \\ -3 \end{pmatrix},$$

$$\begin{pmatrix} y_1(0) \\ y_2(0) \end{pmatrix} = \begin{pmatrix} 8 \\ 1 \end{pmatrix}$$

의 해 일 때, $\dfrac{y_1(2\pi)}{y_2(2\pi)}$ 의 값은?

20

행렬 $A = \begin{pmatrix} 1 & 2 & 3 & 4 \\ 2 & 3 & 4 & 5 \\ 3 & 4 & 5 & 6 \end{pmatrix}$ 에 대하여 벡터 $\vec{x} = (-7, -5, 1, 1)$을 A의 영공간(nullspace)과 행공간(row space)에 들어가는 두 벡터 $\vec{x_n}$, $\vec{x_r}$의 합으로 나타낼 때, 영공간에 들어가는 벡터인 $\vec{x_n}$의 크기의 제곱은?

SUNGKYUNKWAN UNIVERSITY

성균관대학교

SUNGKYUNKWAN UNIVERSITY
KIM & BOOK

5개년 성균관대학교 트렌드 및 학습전략

성균관대는 영어 25문항, 수학 20문항·90분 체제로 실시되고 있다. 공학수학과 다변수 미적분의 비중이 크며, 특히 공학수학은 매년 6~9문항으로 가장 높은 출제율을 보인다. 개념 이해와 정의 기반 문제가 주로 변별력을 가르며, 자율형 미분방정식, 짝치환(permutation)과 반전(inverse), Frobenius 해법과 같은 어렵진 않지만 개념이 생소한 문제들이 출제되고 있다.

학습전략은 기본 개념에 충실한 학습과 기출 중심의 반복 훈련이 중요하다. 특히 선형대수의 개념 정리, 공학수학 해법의 이해, 미적분 기반 문제 풀이 능력이 고득점의 핵심이다.

ANALYSIS | 영역별 출제 비중 비교

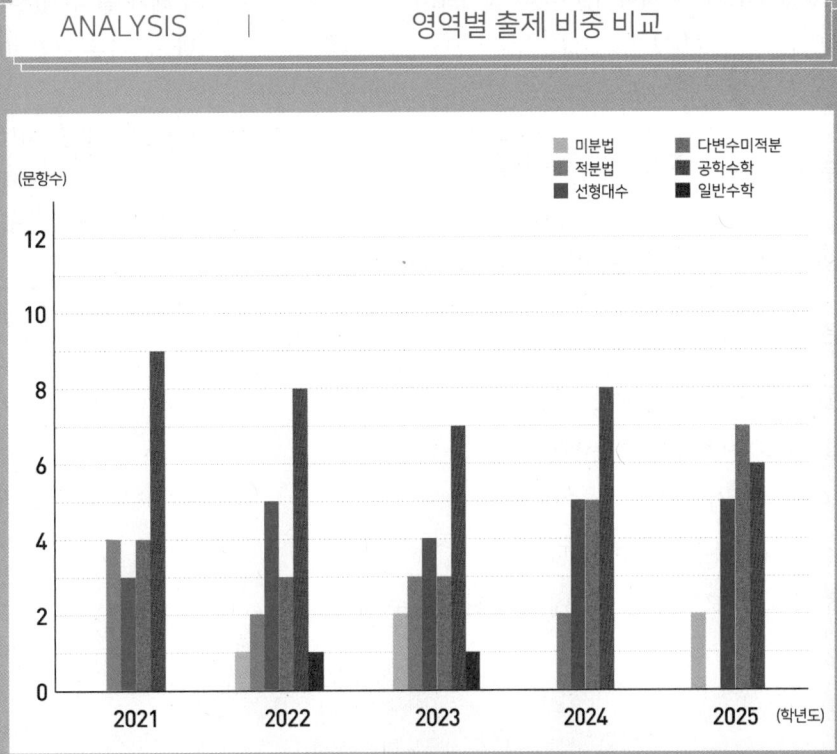

구분		미분법	적분법	선형대수	다변수 미적분	공학수학	일반수학	합계
2021	문항수	-	4	3	4	9	-	20
	백분율	-	20%	15%	20%	45%	-	100%
2022	문항수	1	2	5	3	8	1	20
	백분율	5%	10%	25%	15%	40%	5%	100%
2023	문항수	2	3	4	3	7	1	20
	백분율	10%	15%	20%	15%	35%	5%	100%
2024	문항수	-	2	5	5	8	-	20
	백분율	-	10%	25%	25%	40%	-	100%
2025	문항수	2	-	5	7	6	-	20
	백분율	10%	-	25%	35%	30%	-	100%

SUNGKYUNKWAN UNIVERSITY | 2025학년도 성균관대학교

● 자연계 A형
● 문항 수: 영어 25문항, 수학 20문항 | 제한시간: 90분

26 신유형 & 고난도

구간 $[1, \infty)$에서 정의된 함수 f는 다음을 만족한다.

(가) 모든 x에 대하여 $f(x) > 1$이다.

(나) $\lim_{x \to \infty} \dfrac{f(x)}{x} = 1$이다.

두 급수 $S_1 = \sum_{n=1}^{\infty} \sin\left(\dfrac{1}{f(n)}\right)$과

$S_2 = \sum_{n=1}^{\infty} \sin\left(\dfrac{1}{f(n)^2}\right)$에 대하여 다음 중에서 옳은 것은? [2.3점]

① S_1과 S_2는 모두 발산한다.
② S_1은 수렴하고, S_2는 발산한다.
③ S_1은 발산하고, S_2는 수렴한다.
④ S_1과 S_2는 모두 수렴한다.
⑤ 두 급수 모두 수렴 여부에 대해 판정할 수 없다.

27

행렬 $A = \begin{pmatrix} 1 & -\sqrt{6} \\ -\sqrt{6} & 2 \end{pmatrix}$에 대하여 다음 중 $P^{-1}AP$가 대각행렬(diagonal matrix)이 되도록 하는 행렬 P는? [2.3점]

① $\begin{pmatrix} 1 & \sqrt{2} \\ \sqrt{2} & -1 \end{pmatrix}$ 　② $\begin{pmatrix} 2 & \sqrt{3} \\ \sqrt{3} & -3 \end{pmatrix}$

③ $\begin{pmatrix} 3 & \sqrt{2} \\ \sqrt{2} & -2 \end{pmatrix}$ 　④ $\begin{pmatrix} 3 & \sqrt{2} \\ \sqrt{2} & -3 \end{pmatrix}$

⑤ $\begin{pmatrix} 3 & \sqrt{6} \\ \sqrt{6} & -3 \end{pmatrix}$

28

다음 중 초깃값 문제
$$y'' + 3y' + 2y = g(t),\ y(0) = 2,\ y'(0) = -4$$
의 해가 될 수 있는 것은?
(단, $g(t)$은 구간 $[0, \infty)$에서 정의된 함수이다.) [2.5점]

① $e^{-2t} + 2\int_0^t g(t-v)(e^{-v} - e^{-2v})dv$

② $2e^{-t} + 4e^{-2t} + \int_0^t g(t-v)(e^{-v} - e^{-2v})dv$

③ $\sin(2t) + \int_0^t g(t-v)e^{-2v}dv$

④ $2e^{-2t} + \int_0^t g(t-v)(e^{-v} - e^{-2v})dv$

⑤ $\cos(2t) + \int_0^t g(t-v)e^{-v}dv$

29

함수 $f(x) = \dfrac{x}{\sin x - x + 1}$ 와 6차 다항식 $g(x)$에 대하여 극한 $\lim\limits_{x \to 0} \dfrac{f(x) - g(x)}{x^7}$ 이 존재할 때, $g(x)$의 x^6의 계수는? [2.7점]

① $\dfrac{1}{3!}$
② $-\dfrac{1}{5!}$
③ $\left(\dfrac{1}{3!}\right)^2$
④ $\left(\dfrac{1}{5!}\right)^2$
⑤ $\dfrac{-1}{3! \cdot 5!}$

30

함수 $z = f(x, y)$가 방정식 $xyz + x + y^2 + z^3 = 0$을 만족한다. $f(-1, 1) < 0$인 점 $(-1, 1)$에서 $f(x, y)$의 선형근사식을 이용하여 $f(-1.02, 0.97)$의 근삿값을 구하면? [2.6점]

① -0.955
② -0.950
③ -0.945
④ -0.935
⑤ -0.925

31

행렬 $A = \begin{pmatrix} 2 & 2 & -3 \\ 0 & \dfrac{1}{2} & -1 \\ 0 & 0 & -1 \end{pmatrix}$에 대하여 A^{-3}의 모든 고윳값(eigenvalue)의 합은? (단, A^{-1}은 A의 역행렬이다.) [2.4점]

① $\dfrac{23}{4}$
② $\dfrac{25}{4}$
③ $\dfrac{55}{8}$
④ $\dfrac{57}{8}$
⑤ $\dfrac{59}{8}$

32

E가 제1팔분공간(first octant)에서 곡면 $x^2 + y + z = 9$와 세 평면 $x = 0$, $y = 0$, $z = 0$에 의해 둘러싸인 입체영역일 때, 적분 $\iiint_E f(x, y, z)\, dV$에 대한 표현 중 틀린 것은? [2.5점]

① $\displaystyle\int_0^3 \int_0^{9-x^2} \int_0^{9-y-x^2} f(x, y, z)\, dz\, dy\, dx$
② $\displaystyle\int_0^9 \int_0^{9-z} \int_0^{9-z-x^2} f(x, y, z)\, dy\, dx\, dz$
③ $\displaystyle\int_0^3 \int_0^{9-x^2} \int_0^{9-z-x^2} f(x, y, z)\, dy\, dz\, dx$
④ $\displaystyle\int_0^9 \int_0^{9-z} \int_0^{\sqrt{9-z-y}} f(x, y, z)\, dx\, dy\, dz$
⑤ $\displaystyle\int_0^9 \int_0^{\sqrt{9-y}} \int_0^{9-y-x^2} f(x, y, z)\, dz\, dx\, dy$

33

$y_1 = x$와 $y_2 = \dfrac{1}{x}$가 미분방정식

$$y'' + p(x)y' + q(x)y = 0, \ x > 0$$

의 두 해일 때, 다음 중

$$y'' + p(x)y' + q(x)y = \dfrac{2}{x^2}, \ x > 0$$

의 해가 되는 것은? [2.5점]

① $y(x) = \dfrac{2}{x}$ ② $y(x) = -2$

③ $y(x) = -\dfrac{2}{x}$ ④ $y(x) = -x^2$

⑤ $y(x) = -\dfrac{1}{x^2}$

34

수열 $\{a_n\}$에서

$$2a_{n+2} + 3a_{n+1} + a_n = 0 \ (n \geq 1)$$

인 관계가 성립하고, $\sum\limits_{n=1}^{\infty} a_n = 1$을 만족할 때, 멱급수

$\sum\limits_{n=1}^{\infty} a_n x^n$의 수렴 반경(radius of convergence)은?

[2.7점]

① $\dfrac{1}{2}$ ② $\dfrac{2}{3}$

③ $\dfrac{3}{2}$ ④ $\dfrac{9}{5}$

⑤ 2

35

행렬 $A = \begin{pmatrix} 1 & 0 & 1 & 1 \\ 0 & 1 & 2 & 1 \\ 2 & -1 & 0 & 1 \end{pmatrix}$에 대하여

선형변환 $T : \mathbb{R}^4 \to \mathbb{R}^3$는 $T(\vec{u}) = A\vec{u}$로 정의된다. 영벡터가 아닌 열벡터 $\vec{v} \in \mathbb{R}^3$가 모든 열벡터 $\vec{u} \in \mathbb{R}^4$에 대하여 $T(\vec{u}) \cdot \vec{v} = 0$을 만족하며, $\vec{v}$가 x-축의 양의 방향과 이루는 각을 θ라 할 때, $|\cos\theta|$의 값은? (단, $\cdot$는 $\mathbb{R}^3$상의 유클리드 내적이다.) [2.6점]

① $\dfrac{\sqrt{2}}{2}$ ② $\dfrac{\sqrt{6}}{3}$

③ $\dfrac{\sqrt{3}}{4}$ ④ $\dfrac{\sqrt{10}}{4}$

⑤ $\dfrac{3\sqrt{2}}{5}$

36

좌표평면에서 영역 A가

$$A = \{(x, y) \mid 1 \leq x^2 y \leq 2, \ 2 \leq x^3 y \leq 4\}$$

일 때, 이중적분 $\iint_A x^4 y \, dx \, dy$의 값은? [2.4점]

① 1 ② 2

③ 3 ④ 4

⑤ 5

37

구 $\{(x,y,z)\in \mathbb{R}^3 \mid x^2+y^2+z^2 \leq 1\}$ 안의 점 (x,y,z)에서의 밀도가 $\sqrt{(x^2+y^2)(x^2+y^2+z^2)}$ 일 때, 구의 질량을 구하면? [2.4점]

① $\dfrac{\pi}{3}$ ② $\dfrac{\pi}{2}$

③ $\dfrac{3\pi^2}{8}$ ④ $\dfrac{\pi^2}{6}$

⑤ $\dfrac{\pi^2}{5}$

38

함수 $f(x)$는 $x=0$에서 미분가능하고, 다음을 만족한다. 이때, $f'(0)$를 구하면? [2.4점]

(가) 모든 x에 대하여 $f(x) \geq 2x+1$이다.
(나) 모든 x, h에 대하여 $f(x+h) \geq f(x)f(h)$이다.

① $\dfrac{1}{2}$ ② 1

③ $\dfrac{3}{2}$ ④ 2

⑤ 3

39 신유형 & 고난도

선형변환 $T: \mathbb{R}^3 \to \mathbb{R}^3$와 평면 $p: x+y+z=0$는 임의의 벡터 $\vec{v} \in \mathbb{R}^3$에 대하여 다음을 만족한다.

(가) $\dfrac{2\vec{v}+T(\vec{v})}{3}$는 평면 p 상에 있다.
(나) $T(\vec{v})-\vec{v} \neq \vec{0}$이면 $T(\vec{v})-\vec{v}$는 평면 p의 법선벡터이다.

변환 T를 나타내는 행렬을 A라 할 때, A의 행렬식(determinant)의 값은? (단, $\vec{0}$는 영벡터이다.) [2.6점]

① -2 ② -3

③ -4 ④ -5

⑤ -6

40

초깃값 문제 $\dfrac{dy}{dx} = \dfrac{x^4+y^4}{xy^3}$, $y(e)=e$, $x>0$의 해는? [2.6점]

① $y = \dfrac{e^x}{\sqrt{3-2\ln x}}$ ② $y = \dfrac{x}{\sqrt{2\ln x - 1}}$

③ $y = x(4\ln x - 3)^{1/4}$ ④ $y = x\left(\dfrac{8\ln x - 7}{9 - 8\ln x}\right)^{1/4}$

⑤ $y = x(3 - 2\ln x)^{1/4}$

41

폐곡면 S는 입체
$$\{(x, y, z) \mid x^2 + y^2 + z^2 \leq 1, y \leq x\}$$
의 경계 곡면(boundary surface)이다.
S의 방향(orientation)이 바깥쪽을 향할 때, 벡터장
$$F(x, y, z) = (x^3 - 3x, y^3 + xy, z^3 - xz)$$
가 곡면 S를 통과하는 유량(flux)은? [2.5점]

① $-\dfrac{4\pi}{5}$ ② $-\dfrac{2\pi}{3}$

③ $\dfrac{3\pi}{2}$ ④ $\dfrac{4\pi}{3}$

⑤ $\dfrac{7\pi}{4}$

42

$F(x, y, z) = (2x + z, e^y, x)$이고 곡선 C가
$r(t) = (\cos t, \sin t, 3t)$ $(0 \leq t \leq 2\pi)$로 주어질 때,
선적분 $\int_C F \cdot dr$의 값은? [2.3점]

① 2π ② 3π

③ 4π ④ 5π

⑤ 6π

43

벡터공간 $\mathbb{R}^3$에 대하여, 다음 |보기| 중 선형변환을 모두 고르면? [2.3점]

| 보기 |

ㄱ. $\mathbb{R}^3$ 공간상의 임의의 점 P를 원점 O = (0, 0, 0)로 대응시키는 변환

ㄴ. 직선 $l : \dfrac{x-2}{2} = \dfrac{y-3}{3} = \dfrac{z-4}{4}$에 대하여 $\mathbb{R}^3$ 공간상의 임의의 점 P를 P에 가장 가까운 l 상의 점으로 대응시키는 변환

ㄷ. 평면 $q : x + 2y + 3z = 4$에 대하여 $\mathbb{R}^3$공간 상의 임의의 점 P를 P에 가장 가까운 q상의 점으로 대응시키는 변환

① ㄱ ② ㄴ

③ ㄱ, ㄴ ④ ㄱ, ㄷ

⑤ ㄱ, ㄴ, ㄷ

44

$y = \sum_{n=0}^{\infty} a_n x^n$가 미분방정식 $y'' + x^2 y' + 2xy = 0$의 멱급수해(power series solution)일 때, $y^{(101)}(0)$을 구하면?   [2.7점]

① -3 ② $-\dfrac{3}{2}$

③ 0 ④ $\dfrac{3}{4}$

⑤ 4

45

함수 $f : \mathbb{R}^2 \to \mathbb{R}$가 다음과 같이 정의된다.

$$f(x, y) = \begin{cases} \dfrac{(x^5 y^3)^m}{x^{20} + x^{10} y^6 + y^{12}}, & (x, y) \neq (0, 0) \\ 0, & (x, y) = (0, 0) \end{cases}$$

f가 $\mathbb{R}^2$에서 연속함수가 되도록 하는 자연수 m의 최솟값은?   [2.7점]

① 1 ② 2

③ 3 ④ 4

⑤ 5

26

실수 a에 대하여 멱급수 $\sum_{n=0}^{\infty} \frac{(x-a)^{n+1}}{3^{2n+2}}$ 의 수렴구간을 $(-4, 14)$라고 하자. 함수 f가 구간 $(-4, 14)$에서 $f(x) = \sum_{n=0}^{\infty} \frac{(x-a)^{n+1}}{3^{2n+2}}$ 로 정의될 때, $f(1)$의 값은?

[2.5점]

① -1 ② $-\frac{5}{14}$

③ $-\frac{4}{13}$ ④ $\frac{2}{7}$

⑤ $\frac{3}{2}$

27

이중적분 $\int_0^1 \int_{\sqrt{y}}^1 \tan^{-1}(x^3)\, dx dy$ 의 값은?   [2.3점]

① $\frac{\pi}{12} - \frac{\ln 2}{12}$ ② $\frac{\pi}{12} - \frac{\ln 2}{6}$

③ $\frac{\pi}{6} - \frac{\ln 2}{6}$ ④ $\frac{2\pi}{9} - \frac{\ln 2}{12}$

⑤ $\frac{\pi}{4} - \frac{\ln 4}{7}$

28

유클리드 내적공간 $\mathbb{R}^4$ 상의 세 벡터 $\vec{v_1} = (1, 1, 0, 0)$, $\vec{v_2} = (1, 1, 1, 0)$, $\vec{v_3} = (0, 2, 3, 4)$에 대하여, $\vec{v_3}$를 두 벡터 $\vec{v_1}$, $\vec{v_2}$에 의해 결정되는 평면에 내린 정사영을 $a\vec{v_1} + b\vec{v_2}$라 할 때, $a+b$의 값은?
(단, a, b는 실수이다.)   [2.7점]

① 1 ② -1

③ 2 ④ -2

⑤ 0

29 신유형 & 고난도

그림과 같은 방향장(direction field)을 가질 수 있는 미분방정식은?   [2.4점]

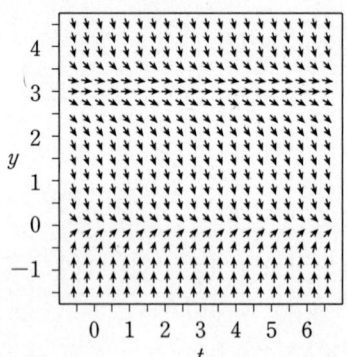

① $\frac{dy}{dt} = -y(y-3)^2$ ② $\frac{dy}{dt} = -y^2(y-3)$

③ $\frac{dy}{dt} = y(y-3)$ ④ $\frac{dy}{dt} = y(y-3)^2$

⑤ $\frac{dy}{dt} = -y(y-3)$

30

좌표평면에서 곡선 $x = 1 + y^2$과 직선 $x = 0$, $y = 1$, $y = 2$으로 둘러싸인 영역을 x축의 둘레로 회전시켰을 때 생기는 입체의 부피를 구하면? [2.3점]

① $\dfrac{8}{15}\pi$ ② $\dfrac{3}{4}\pi$

③ $\dfrac{22}{3}\pi$ ④ 10π

⑤ $\dfrac{21}{2}\pi$

31

행렬 $\begin{pmatrix} 1 & 0 & 1 & 0 \\ 2 & 1 & 1 & 5 \\ 2 & 0 & a & 0 \\ 4 & 1 & 2 & a \end{pmatrix}$의 계수(rank)가 최소가 되도록 하는 모든 a 값들의 합은? [2.4점]

① 6   ② 7

③ 8   ④ 9

⑤ 10

32

영역
$$D = \{(x,y) \mid 1 \leq x^2 + y^2 \leq 4, \, x \geq 0, \, y \geq 0\}$$
의 무게중심(centroid, center of mass)의 좌표는? [2.5점]

① $\left(\dfrac{31}{9\pi}, \dfrac{31}{9\pi}\right)$ ② $\left(\dfrac{32}{9\pi}, \dfrac{32}{9\pi}\right)$

③ $\left(\dfrac{28}{9\pi}, \dfrac{28}{9\pi}\right)$ ④ $\left(\dfrac{29}{9\pi}, \dfrac{29}{9\pi}\right)$

⑤ $\left(\dfrac{10}{3\pi}, \dfrac{10}{3\pi}\right)$

33

미정계수법(method of undetermined coefficients)에 의하여 미분방정식
$$y'' + 8y' + 16y = (3t^3 + 2024t^5)e^{-4t}$$
의 특수해의 형태를 $y_p(t) = Q(t)e^{-4t}$로 결정할 때, 다항식 $Q(t)$의 차수(degree)는? [2.3점]

① 3   ② 4

③ 5   ④ 6

⑤ 7

34

멱급수로 표현되는 함수 $f(x) = \sum_{n=0}^{\infty} c_n x^n$가 수렴반경 (radius of convergence)이 2이고, 다음을 만족한다.

(가) $f(0) = 0, f'(0) = 1, f''(0) = 2$
(나) $n \geq 3$인 모든 정수 n에 대하여
$$f^{(n)}(0) \leq \frac{n!}{n^2 - 3n + 2}$$

이때, $f(1) \leq m$을 만족하는 실수 m의 최솟값은? [2.6점]

① 2 ② $\frac{5}{2}$
③ 3 ④ $\frac{13}{3}$
⑤ 5

35

선형변환 $T : \mathbb{R}^4 \to \mathbb{R}^4$가
$$T(x, y, z, w) = (x+y, x-y, 0, \sqrt{3}w)$$
로 정의될 때, T의 고윳값(eigenvalue)이 아닌 것은? [2.6점]

① $\sqrt{2}$ ② $-\sqrt{2}$
③ $\sqrt{3}$ ④ $-\sqrt{3}$
⑤ 0

36

좌표평면에서 곡선 $C : [0, 2\pi] \to \mathbb{R}^2$가 다음과 같이 정의된다.
$$C(t) = \begin{cases} (2(1+\cos t), 1+\sin t) & 0 \leq t \leq \frac{3}{2}\pi \\ \left(\frac{4}{\pi}t - 4, \frac{2}{\pi}t - 3\right) & \frac{3}{2}\pi \leq t \leq 2\pi \end{cases}$$

이때, 벡터장 $F(x, y) = -y\vec{i} + x\vec{j}$의 선적분
$\int_C F \cdot dr$의 값은? [2.4점]

① $3\pi + 1$ ② $\frac{\pi}{2} + 3$
③ $4\pi + 2$ ④ $3\pi + 2$
⑤ $\frac{2\pi}{3} + 2$

37

다음 〈보기〉중 옳은 것을 모두 고르면? [2.5점]

| 보기 |

ㄱ. 두 함수 $y_1(t) = e^t$와 $y_2(t) = te^t$가 $(-\infty, \infty)$에서 $y'' + p(t)y' + q(t)y = 0$의 기본해집합(fundamental solution set)이면, $y_3(t) = e^{t+1}$, $y_4(t) = (t+1)e^{t-1}$도 기본해집합이다.

ㄴ. 두 함수 $y_1(t) = t\ln t$와 $y_2(t) = t^2$가 $y'' + p(t)y' + q(t)y = 0, t > 0$의 기본해집합이 되도록 하는 연속함수 p와 q가 존재한다.

ㄷ. 미정계수법(method of undetermined coefficients)을 이용하면, 미분방정식 $y'' + 2y' - 3y = \dfrac{e^{-3t}}{t^3}$의 특수해를 구할 수 있다.

① ㄱ
② ㄴ
③ ㄷ
④ ㄱ, ㄴ
⑤ ㄱ, ㄴ, ㄷ

38

좌표평면의 제 1사분면에서 데카르트의 엽선(folium of Descartes) $x^3 + y^3 = 6xy$로 둘러싸인 영역을 D라 할 때, D의 넓이는? [2.7점]

① 2
② $\dfrac{10}{3}$
③ 4
④ $\dfrac{11}{2}$
⑤ 6

39

행렬 $A = \begin{pmatrix} 1 & -1 & 0 \\ -1 & 0 & -1 \\ 0 & -1 & -1 \end{pmatrix}$에 관한 다음 |보기| 중 옳은 것을 모두 고르면? [2.3점]

| 보기 |

ㄱ. A의 특성다항식(characteristic polynomial)의 세 근은 모두 다르다.

ㄴ. A는 대각화가능(diagonalizable)하다.

ㄷ. A의 두 고유벡터(eigenvector) $\vec{v_1}$, $\vec{v_2}$가 일차독립(linearly independent)이면 $\vec{v_1}$과 $\vec{v_2}$는 서로 수직이다.

① ㄱ
② ㄱ, ㄴ
③ ㄱ, ㄷ
④ ㄴ, ㄷ
⑤ ㄱ, ㄴ, ㄷ

40

폐곡선 C는 포물면(paraboloid) $z = x^2 + y^2$과 원기둥 $(x-1)^2 + (y-1)^2 = 4$이 만나서 생기는 곡선이다. C의 방향은 z-축의 양의 방향, 즉 위에서 내려다 봤을 때 시계반대방향(counter-clockwise)이다. 이때, 선적분 $\int_C ydx + 3xdy + z^5 dz$의 값은? [2.7점]

① π
② 2π
③ 4π
④ 8π
⑤ 16π

41

점 $(0, 0, 0)$에서 $(1, 1, 0)$까지 곡선 $y = x\sqrt{x}$, $z = 0$ 형태의 강의 한쪽을 따라 울타리(vertical fence)를 치려고 한다. 점 $(x, y, 0)$ 위의 울타리 높이가 $x^3 - y^2 + 27$로 주어질 때, 이 울타리의 한 측면의 넓이는? [2.6점]

① $\dfrac{1}{4}(5\sqrt{5} - 3)$
② $4\sqrt{13} - 7$
③ $8\sqrt{3}$
④ $13\sqrt{13} - 8$
⑤ 26

42

정상점(ordinary point) $x = 0$의 근방에서 미분방정식 $(1+x)y'' - 2xy' - 4y = 0$의 멱급수해(power series solution)를 $y(x) = \sum_{n=0}^{\infty} a_n x^n$이라 하자. 이때, a_n에 대한 점화관계식(recurrence formula)을 구하면? [2.7점]

① $a_{n+2} = -\dfrac{n}{n+2}a_{n+1} + \dfrac{2}{n+1}a_n$
$(n = 0, 1, 2, \cdots)$

② $a_{n+2} = \dfrac{n+4}{n+2}a_n$ $(n = 0, 1, 2, \cdots)$

③ $a_{n+2} = -\dfrac{n+1}{n+2}a_{n+1} + \dfrac{2n}{n+1}a_n$
$(n = 0, 1, 2, \cdots)$

④ $a_{n+2} = -\dfrac{n+2}{n}a_{n+1} + \dfrac{1}{n+1}a_n$
$(n = 0, 1, 2, \cdots)$

⑤ $a_{n+2} = -\dfrac{n+3}{n+2}a_{n+1} + \dfrac{n}{n+3}a_n$
$(n = 0, 1, 2, \cdots)$

43

유클리드 내적공간 $\mathbb{R}^3$ 상의 두 기저(basis) $\{\vec{v_1}, \vec{v_2}, \vec{v_3}\}$ 와 $\{\vec{w_1}, \vec{w_2}, \vec{w_3}\}$ 가

$$\vec{v_i} \cdot \vec{w_j} = \begin{cases} 1 & i = j \\ 0 & i \neq j \end{cases} \quad (1 \leq i, j \leq 3)$$

을 만족한다. $\vec{v_1} = (1, 2, 3)$, $\vec{v_2} = (0, -2, 1)$, $\vec{v_3} = (0, 3, 1)$ 에 대응하는 기저 $\{\vec{w_1}, \vec{w_2}, \vec{w_3}\}$ 가 $\vec{w_1} = (a, b, c)$, $\vec{w_2} = (d, e, f)$, $\vec{w_3} = (g, h, i)$ 일 때, 행렬식 $\begin{vmatrix} a & b & c \\ d & e & f \\ g & h & i \end{vmatrix}$ 의 값은? [2.4점]

① 0
② $\dfrac{1}{5}$
③ $-\dfrac{1}{5}$
④ $\dfrac{1}{3}$
⑤ $-\dfrac{1}{3}$

44

다음과 같이 직교좌표와 구면좌표를 사용하여 적분을 나타낼 때, $\alpha + \beta + \gamma$ 의 값은? [2.5점]

$$\int_{-2}^{2} \int_{0}^{\sqrt{4-x^2}} \int_{\sqrt{x^2+y^2}}^{\sqrt{8-x^2-y^2}} (x^2 + y^2) \, dz \, dy \, dx$$
$$= \int_{0}^{\alpha} \int_{0}^{\beta} \int_{0}^{\gamma} \rho^4 \sin^3\phi \, d\rho \, d\phi \, d\theta$$

① $\dfrac{3}{4}\pi + \sqrt{8}$
② $\dfrac{5}{4}\pi + \sqrt{8}$
③ $\dfrac{7}{4}\pi + \sqrt{8}$
④ $\dfrac{5}{6}\pi + \sqrt{2}$
⑤ $\dfrac{7}{6}\pi + \sqrt{2}$

45 [신유형 & 고난도]

정칙특이점(regular singular point) $x = 0$ 근방에서 미분방정식

$$xy'' - 7y' + 2024y = 0, \quad x > 0$$

의 두 개의 일차독립인 멱급수해(power series solution)의 형태는?

(단, 아래 보기에서 C는 임의의 상수이다.) [2.6점]

① $y_1(x) = \displaystyle\sum_{n=0}^{\infty} a_n x^n \quad y_2(x) = \displaystyle\sum_{n=0}^{\infty} b_n x^n$

② $y_1(x) = x^8 \displaystyle\sum_{n=0}^{\infty} a_n x^n \quad y_2(x) = \displaystyle\sum_{n=0}^{\infty} b_n x^n$

③ $y_1(x) = x^4 \displaystyle\sum_{n=0}^{\infty} a_n x^n$

$y_2(x) = y_1(x) \ln x + x^3 \displaystyle\sum_{n=0}^{\infty} b_n x^n$

④ $y_1(x) = x^7 \displaystyle\sum_{n=0}^{\infty} a_n x^n$

$y_2(x) = y_1(x) \ln x + \displaystyle\sum_{n=0}^{\infty} b_n x^n$

⑤ $y_1(x) = x^8 \displaystyle\sum_{n=0}^{\infty} a_n x^n$

$y_2(x) = C y_1(x) \ln x + \displaystyle\sum_{n=0}^{\infty} b_n x^n$

26

원추면 $z = -\sqrt{x^2 + y^2}$ 의 위와 구면 $x^2 + y^2 + z^2 = 4$ 의 내부에 있는 입체를 구면좌표 (spherical coordinates) (ρ, θ, ϕ)를 사용하여 나타낼 때, ϕ의 범위는? [2.4점]

① $0 \leq \phi \leq \dfrac{\pi}{6}$ ② $0 \leq \phi \leq \dfrac{\pi}{4}$

③ $0 \leq \phi \leq \dfrac{\pi}{2}$ ④ $0 \leq \phi \leq \dfrac{3\pi}{4}$

⑤ $0 \leq \phi \leq \dfrac{5\pi}{6}$

27

부등식 $x^2 + y^2 + z^2 \leq 10$에 의하여 주어지는 영역에서 함수 $f(x, y, z) = y + 2z$의 최솟값을 구하면? [2.4점]

① -1 ② -2

③ $-5\sqrt{2}$ ④ $-\sqrt{51}$

⑤ $-7\sqrt{3}$

28

선형변환 $T: \mathbb{R}^4 \to \mathbb{R}^6$를 나타내는 행렬이
$$\begin{pmatrix} 1 & 0 & 1 & 1 \\ 1 & -1 & 0 & 0 \\ 1 & 0 & 1 & 1 \\ 0 & 1 & 1 & 1 \\ 0 & 1 & 1 & 1 \\ 0 & 1 & 1 & 1 \end{pmatrix}$$
이고, 유클리드 내적공간 $\mathbb{R}^6$상의 부분공간 W를
$$W = \{\vec{w} \in \mathbb{R}^6 \mid \vec{v} \cdot \vec{w} = 0, \vec{v} \in \text{Im } T \text{ 인 모든 } \vec{v}\}$$
로 정의할 때, W의 차원(dimension)은?
(단, $\text{Im } T = \{T(\vec{u}) \mid \vec{u} \in \mathbb{R}^4\}$이고 $\vec{v} \cdot \vec{w}$는 $\mathbb{R}^6$상의 표준내적이다.) [2.4점]

① 1   ② 2

③ 3   ④ 4

⑤ 5

29

미분방정식 $\frac{-2y}{x}dx + (x^2y\cos y + 1)dy = 0$의 적분인자(integrating factor)인 것은? [2.4점]

① 1
② $\frac{-2}{x}$
③ $\frac{1}{x^2}$
④ $-2x$
⑤ x^2

30

멱급수(power series)

$$f(x) = \sum_{k=0}^{\infty} \frac{x^k}{(2k+1)!} = 1 + \frac{x}{3!} + \frac{x^2}{5!} + \frac{x^3}{7!} + \cdots$$

는 모든 실수 x에 대하여 수렴한다. 방정식 $f(x) = 0$의 해집합은? [2.5점]

① $\{-(n\pi)^2 \mid n = 1, 2, 3, \cdots\}$
② $\{-(2n\pi)^2 \mid n = 1, 2, 3, \cdots\}$
③ $\{-n\pi \mid n = 1, 2, 3, \cdots\}$
④ $\{-2n\pi \mid n = 1, 2, 3, \cdots\}$
⑤ $\{-(2n+1)\pi \mid n = 1, 2, 3, \cdots\}$

31 신유형 & 고난도

다음 그래프는 도함수 $f'(x)$의 그래프이다. 주어진 $f(x)$값들 중에서 가장 큰 값은? [2.4점]

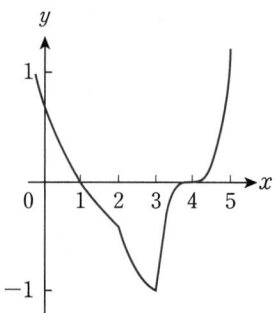

① $f\left(\frac{1}{2}\right)$
② $f(1)$
③ $f(2)$
④ $f(3)$
⑤ $f(4)$

32

미분방정식 $y\,dx + \sqrt{x^2+1}\,dy = 0$의 해는?
(단, C는 적분상수를 나타낸다.) [2.5점]

① $y(1 + \sqrt{x^2+1}) = C$
② $y(x + \sqrt{x^2+1}) = C$
③ $xy + \sqrt{x^2+1} = C$
④ $xy + \frac{y}{\sqrt{x^2+1}} = C$
⑤ $y\left(1 + \frac{x}{\sqrt{x^2+1}}\right) = C$

33

$y(x) = \sum_{n=0}^{\infty} a_n (x-1)^n$가 미분방정식

$(x+2)(x^2+4)y'' + (x+20)y' + (x^2+23)y = 0$

의 멱급수해(power series solution)일 때, 이 해의 수렴반경은? [2.5점]

① $\dfrac{1}{2}$ ② $\sqrt{3}$

③ 2 ④ $\sqrt{5}$

⑤ $\dfrac{3}{2}$

34

$[x]$가 x보다 크지 않은 최대 정수를 나타낼 때,

적분 $\displaystyle\int_0^\infty [x]e^{-x}\,dx$의 값은? [2.5점]

① $\dfrac{e}{e^2-1}$ ② $\dfrac{1}{e-1}$

③ $\dfrac{e-1}{e}$ ④ 1

⑤ $+\infty$

35

다음의 영역

$D = \{(x, y) \mid x^2 + y^2 \le 1,\ (x-1)^2 + y^2 \le 1\}$

를 y-축을 중심으로 회전시킬 때 얻어지는 입체의 부피는? [2.5점]

① $\dfrac{2}{3}\pi^2 - \dfrac{\sqrt{3}}{2}\pi$ ② $\dfrac{1}{3}\pi^2 - \dfrac{\sqrt{3}}{2}\pi$

③ $\dfrac{1}{3}\pi - \dfrac{\sqrt{3}}{2}\pi^2$ ④ $\dfrac{1}{2}\pi^2 - \dfrac{\sqrt{3}}{2}\pi$

⑤ $\dfrac{2}{3}\pi - \dfrac{\sqrt{3}}{3}\pi^2$

36 신유형 & 고난도

집합 $\{1, 2, 3, 4, 5, 6\}$상의 다음의 치환(permutation) 중에서 짝치환(even permutation)은? [2.5점]

① $\begin{pmatrix} 1 & 2 & 3 & 4 & 5 & 6 \\ 4 & 5 & 6 & 1 & 2 & 3 \end{pmatrix}$ ② $\begin{pmatrix} 1 & 2 & 3 & 4 & 5 & 6 \\ 2 & 4 & 5 & 1 & 3 & 6 \end{pmatrix}$

③ $\begin{pmatrix} 1 & 2 & 3 & 4 & 5 & 6 \\ 2 & 3 & 4 & 5 & 6 & 1 \end{pmatrix}$ ④ $\begin{pmatrix} 1 & 2 & 3 & 4 & 5 & 6 \\ 3 & 2 & 1 & 6 & 4 & 5 \end{pmatrix}$

⑤ $\begin{pmatrix} 1 & 2 & 3 & 4 & 5 & 6 \\ 2 & 1 & 4 & 5 & 6 & 3 \end{pmatrix}$

37

두 곡선

$C_1 : \{(x, y) \mid x = y, \ 0 \leq x \leq 1\}$,

$C_2 : \{(x, y) \mid x = t^2, \ y = t^3, \ 0 \leq t \leq 1\}$

에 의해 둘러싸인 영역을 D라 할 때, D의 무게중심(centroid, center of mass)를 $(\overline{x}, \overline{y})$라 하자. $(\overline{x}, \overline{y})$의 값은? [2.5점]

① $\left(\dfrac{10}{21}, \dfrac{10}{24}\right)$ ② $\left(\dfrac{10}{20}, \dfrac{10}{24}\right)$

③ $\left(\dfrac{10}{21}, \dfrac{10}{23}\right)$ ④ $\left(\dfrac{10}{20}, \dfrac{10}{22}\right)$

⑤ $\left(\dfrac{10}{22}, \dfrac{10}{23}\right)$

38

$f(x) = \displaystyle\int_x^1 e^{t^2 + xt} dt$ 일 때, $f'(0)$은? [2.6점]

① $e\cos(1) - 2$ ② $-2 + e$

③ $\dfrac{e}{2} - \dfrac{3}{2}$ ④ $\dfrac{e}{2} + \dfrac{1}{2}$

⑤ $\dfrac{e}{2} - \dfrac{1}{2}$

39

행렬 $A = \begin{pmatrix} 1 & 1 & 1 \\ 1 & 1 & 1 \\ 1 & 1 & 1 \end{pmatrix}$ 에 관한 다음 |보기| 중 옳은 것을 모두 고르면? [2.5점]

| 보기 |

ㄱ. A의 모든 고윳값(eigenvalue)의 합은 3이다.

ㄴ. A의 모든 고유벡터(eigenvector)에 의해 생성되는 벡터공간은 $\mathbb{R}^3$이다.

ㄷ. A는 대각화가능(diagonalizable)하다.

① ㄱ   ② ㄱ, ㄴ

③ ㄱ, ㄷ   ④ ㄴ, ㄷ

⑤ ㄱ, ㄴ, ㄷ

40

$f(t) = \int_0^t \sin 2v \, dv$ 의 라플라스 변환을 $F(s)$라고 할 때, $F(2)$을 구하면? [2.5점]

① 1 ② $\dfrac{7}{28}$

③ $-\dfrac{1}{4}$ ④ $\dfrac{1}{8}$

⑤ $-\dfrac{2}{3}$

41

행렬식(determinant) $\begin{vmatrix} 1 & 1 & 1 & 9^3 \\ 1 & 2 & 2^2 & 8^3 \\ 1 & 3 & 3^2 & 7^3 \\ 1 & 4 & 4^2 & 6^3 \end{vmatrix}$ 의 값은? [2.6점]

① -12 ② -11

③ -10 ④ -9

⑤ -8

42

다음 |보기| 중 참인 것을 모두 고른 것은? [2.6점]

|보기|

ㄱ. $\nabla f = (y + x^3)\vec{i} + (x + z\sin y)\vec{j} - \cos y \vec{k}$을 만족하는 함수 $f : \mathbb{R}^3 \to \mathbb{R}$가 존재한다.

ㄴ. $\text{curl} F = y^2 \vec{i} + x^3 \vec{j} + z \vec{k}$을 만족하는 $\mathbb{R}^3$상의 벡터장 F가 존재한다.

ㄷ. S가 구면 $x^2 + y^2 + z^2 = z$이고 F가 상수벡터장(constant vector field)이면, 이때 $\iint_S F \cdot dS = 0$이다.

① ㄱ, ㄴ, ㄷ ② ㄴ, ㄷ

③ ㄱ, ㄷ ④ ㄱ, ㄴ

⑤ ㄱ

43

벡터공간 $\mathbb{R}^3$상의 기저(basis) $\{\vec{v_1}, \vec{v_2}, \vec{v_3}\}$와 선형변환 $T: \mathbb{R}^3 \to \mathbb{R}^3$가 $T(\vec{v_1}+\vec{v_2})=\vec{v_1}-\vec{v_3}$, $T(\vec{v_2}-\vec{v_3})=\vec{v_1}+\vec{v_2}$, $T(\vec{v_1}-\vec{v_3})=\vec{v_2}+\vec{v_3}$을 만족할 때, $T(4\vec{v_1}+3\vec{v_2}-5\vec{v_3})$의 값은? [2.5점]

① $3\vec{v_1}-5\vec{v_2}-2\vec{v_3}$ ② $-3\vec{v_1}+5\vec{v_2}-2\vec{v_3}$
③ $3\vec{v_1}-5\vec{v_2}+2\vec{v_3}$ ④ $-3\vec{v_1}-5\vec{v_2}+2\vec{v_3}$
⑤ $3\vec{v_1}+5\vec{v_2}+2\vec{v_3}$

44

$y=y(t)$가 미분방정식
$$y'=(y^2-1)e^{2023y+1},\ y(0)=\frac{1}{2}$$
의 해 일 때, 다음 |보기| 중 참인 것을 모두 고른 것은? [2.6점]

| 보기 |

ㄱ. $\lim_{t\to\infty} y(t) = -\infty$
ㄴ. $\lim_{t\to\infty} y(t) = 1$
ㄷ. $\lim_{t\to\infty} y(t) = -1$
ㄹ. 모든 t에 대하여 $-1 < y(t) < 1$.
ㅁ. 모든 t에 대하여 $|y(t)| > 1$.

① ㄱ   ② ㄱ, ㅁ
③ ㄴ, ㄹ   ④ ㄷ, ㄹ
⑤ ㄷ, ㅁ

45

곡면 S는 평면 $z=1$ 위쪽에 놓여있는 곡면 $z=10-x^2-y^2$의 부분이고, S의 방향(orientation)은 위쪽을 향한다고 하자. 이 때, 벡터장 $F(x,y,z) = (e^{y+z}-2y)\vec{i} + (xe^{y+z}+y)\vec{j} + e^{x+y}\vec{k}$에 대하여 $\iint_S \text{curl} F \cdot dS$을 계산하면? [2.6점]

① $\dfrac{27}{5}\pi$ ② 9π

③ 12π ④ $\dfrac{95}{7}\pi$

⑤ 18π

2022학년도 성균관대학교

자연계 A형

문항 수: 영어 25문항, 수학 20문항 | 제한시간: 90분

26

유리함수 $\dfrac{x^2+2x-1}{(x^2-9)(x^2+2)^2}$ 을 부분분수 분해의 형태로 나타내면? (단, A, B, C, D, E, F는 상수이다.) [2.4점]

① $\dfrac{Ax+B}{x^2-9}+\dfrac{(Cx+D)^2}{(x^2+2)^2}$

② $\dfrac{Ax+B}{x^2-9}+\dfrac{Cx^3+Dx^2+Ex}{(x^2+2)^2}$

③ $\dfrac{Ax+B}{x^2-9}+\dfrac{C}{x^2+2}+\dfrac{Dx+E}{(x^2+2)^2}$

④ $\dfrac{A}{x+3}+\dfrac{B}{x-3}+\dfrac{Cx^2+Dx+E}{(x^2+2)^2}$

⑤ $\dfrac{A}{x+3}+\dfrac{B}{x-3}+\dfrac{Cx+D}{x^2+2}+\dfrac{Ex+F}{(x^2+2)^2}$

27

행렬 $A=\begin{pmatrix} 1 & 0 & 1 & 0 & 1 & 1 \\ 1 & 0 & 0 & 1 & 1 & 0 \\ 0 & 1 & 0 & 0 & 0 & 1 \\ 1 & 1 & 0 & 1 & 1 & 1 \end{pmatrix}$의 계수(rank)는? [2.4점]

① 2   ② 3
③ 4   ④ 5
⑤ 6

28

실수 전체의 집합에서 연속인 함수 $f(x)$가
$\int_{-1}^{1} f(x)dx = 1$을 만족한다.

영역 $R=\{(x,y) \mid |x|+|y| \leq 1\}$에 대하여
$\iint_R f(x+y)\,dA$ 의 값은? [2.5점]

① 1   ② 2
③ 3   ④ 4
⑤ 5

29

함수 $F(s)=\dfrac{e^{-3s}s}{s^2+4}$의 라플라스역변환은?

(단, $u(t)$은 $u(t):=\begin{cases} 0, & t<0 \\ 1, & 0<t \end{cases}$로 정의된 단위계단함수(unit step function)이다.) [2.4점]

① $\dfrac{1}{3}\sin(2t-6)u(t-3)$

② $\cos(2t-3)u(t-3)$

③ $\cos(2t-6)u(t-3)$

④ $\cos(2t+6)u(t-3)$

⑤ $\sin(2t+6)u(t-3)$

30

곡선 C가 점 $(1, 0)$에서 시작하여 점 $(0, 1)$에서 끝나는 astroid $x^{\frac{2}{3}} + y^{\frac{2}{3}} = 1$의 제 1사분면에 있는 부분곡선일 때, $\int_C (y\cos xy - 1)dx + (x\cos xy + 1)dy$의 값은? [2.5점]

① 1 ② 2
③ $\dfrac{5}{2}$ ④ 3
⑤ $\dfrac{7}{2}$

31

벡터공간 $\mathbb{R}^3$상의 세 벡터
$\vec{v_1} = (1, 0, 1),\ \vec{v_2} = (0, 1, 1),\ \vec{v_3} = (0, 0, 1)$
에 대하여 선형변환 $T : \mathbb{R}^3 \to \mathbb{R}^3$가
$T(\vec{v_1}) = \vec{v_2},\ T(\vec{v_2}) = \vec{v_3},\ T(\vec{v_3}) = \vec{v_1}$
을 만족할 때, T의 한 고유벡터가 $\vec{w} = (1, a, b)$이다. $a+b$의 값은? [2.4점]

① 1 ② 2
③ 3 ④ 4
⑤ 5

32

극한 $\displaystyle\lim_{x \to 0} \left\{ \dfrac{1}{x^2} \int_0^{2x} \ln(1 + \tan^{-1} t) dt \right\}$의 값은? [2.5점]

① $\dfrac{1}{4}$ ② $\dfrac{1}{2}$
③ 1 ④ 2
⑤ 4

33

미분방정식 $y'' + 2y' + y = 2e^{-t}$의 해 $y = y(t)$가 $y(0) = 1,\ y'(0) = 0$을 만족할 때, $y(1)$의 값은? [2.4점]

① $\dfrac{1}{2}e$ ② $3e^{-1}$
③ $e + e^{-1}$ ④ 1
⑤ 0

34

다음 |보기| 중 옳은 것을 모두 고르면? [2.6점]

|보기|

ㄱ. 모든 n에 대하여 $a_n \geq 0$일 때, 급수 $\sum_{n=1}^{\infty} a_n$가 수렴하면 급수 $\sum_{n=1}^{\infty} \sqrt{a_n}$도 수렴한다.

ㄴ. 모든 n에 대하여 $a_n \geq 0$일 때, 급수 $\sum_{n=1}^{\infty} na_n$가 수렴하면 급수 $\sum_{n=1}^{\infty} a_n$도 수렴한다.

ㄷ. 모든 n에 대하여 $a_n \geq 0$이고 $a_{n+1} \leq a_n$일 때, 급수 $\sum_{n=1}^{\infty} a_n^{2022}$가 수렴하면 급수 $\sum_{n=1}^{\infty} (-1)^n a_n$도 수렴한다.

① ㄱ, ㄴ ② ㄱ, ㄷ
③ ㄴ   ④ ㄴ, ㄷ
⑤ ㄷ

35

4차원 유클리드 내적공간 $\mathbb{R}^4$에서 두 벡터

$$\vec{w_1} = (1, 0, 0, 0),\ \vec{w_2} = \left(-1, 0, \frac{1}{\sqrt{2}}, \frac{1}{\sqrt{2}}\right)$$

에 의해 생성된 부분공간을 W라 하자.
벡터 $\vec{v} = (1, 2, 3, 4)$에 대하여 부분공간 W 위로의 $\vec{v}$의 정사영을 $proj_W \vec{v} = (a, b, c, d)$라 할 때, $a+b+c+d$의 값은? [2.4점]

① 4   ② 5
③ 6   ④ 7
⑤ 8

36

다음 극한값 $\lim_{x \to 0} \dfrac{(e^{x^2} - x^2 - 1)(\sin x - x)}{x^\beta}$이 영(zero)이 아닌 유리수가 되도록 하는 상수 β의 값은? [2.5점]

① 3   ② 4
③ 5   ④ 6
⑤ 7

37

200 L의 물이 들어있는 큰 용기에 초기에 100 kg의 소금이 녹아 있다고 하자. 이 용기에 소금물 3 L/min 의 비율로 유입되고 용기 속에서 잘 섞인 소금물은 2 L/min의 비율로 유출된다고 가정하자. 유입되는 소금의 농도가 1 kg/L이고 시간 $t(\min)$에서 용기에 있는 소금의 양을 $x(t)(\mathrm{kg})$이라 할 때, $x(t)$가 만족하는 초기치 문제는? [2.5점]

① $\dfrac{dx}{dt} = 3 - \dfrac{2x}{200+t}$, $x(0) = \dfrac{1}{2}$

② $\dfrac{dx}{dt} = 3 - \dfrac{x}{100}$, $x(0) = \dfrac{1}{2}$

③ $\dfrac{dx}{dt} = 3 - \dfrac{x}{100+t}$, $x(0) = 100$

④ $\dfrac{dx}{dt} = 3 - \dfrac{2x}{200+t}$, $x(0) = 100$

⑤ $\dfrac{dx}{dt} = 3 - \dfrac{3x}{100+t}$, $x(0) = 100$

38

역행렬이 존재하는 3×3 행렬 A와 행렬 $B = \begin{pmatrix} 1 & 0 & -1 \\ 0 & 3 & -1 \\ 0 & 0 & 5 \end{pmatrix}$에 대하여 $2A = A^2 + BA$를 만족한다. A의 모든 고윳값을 나열한 것은? [2.5점]

① $-1, 1$
② $-3, -1$
③ $-1, 0, 1$
④ $-3, -1, 1$
⑤ $-3, -1, 0$

39

폐곡면 $S = \left\{ (x, y, z) \mid x^2 + \dfrac{y^2}{2} + \dfrac{z^2}{3} = 1 \right\}$의 방향(orientation)이 바깥쪽을 향할 때, 벡터장

$$F(x, y, z) = \dfrac{<x, y, z>}{(x^2+y^2+z^2)^{\frac{3}{2}}}$$

에 대하여 면적분 $\iint_S F \cdot dS$의 값은? [2.6점]

① 0
② π
③ 2π
④ 3π
⑤ 4π

40

아래 미분방정식의 모든 정칙특이점(regular singular point)을 구하면? [2.5점]

$$x(x-1)^2(x+2)^3(x-2)^2 y'' - (x-1)(x+2)^2 y' + xy = 0$$

① $-2, 1$ ② $0, 1$
③ $0, 2$ ④ $-1, 0, 1$
⑤ $0, 1, 2$

41

3×3 행렬 A가 $A\begin{pmatrix}1\\1\\1\end{pmatrix} = \begin{pmatrix}2\\2\\2\end{pmatrix}$, $A\begin{pmatrix}2\\0\\-1\end{pmatrix} = \begin{pmatrix}-2\\0\\1\end{pmatrix}$을 만족할 때, $A^4 \begin{pmatrix}1\\5\\7\end{pmatrix}$의 값은? [2.5점]

① $\begin{pmatrix}76\\80\\82\end{pmatrix}$ ② $\begin{pmatrix}74\\80\\84\end{pmatrix}$
③ $\begin{pmatrix}75\\81\\83\end{pmatrix}$ ④ $\begin{pmatrix}76\\81\\83\end{pmatrix}$
⑤ $\begin{pmatrix}75\\79\\83\end{pmatrix}$

42 신유형 & 고난도

$\int_0^{2\pi} \dfrac{dt}{3\cos^2 t + 4\sin^2 t}$의 값은? [2.6점]

① $\dfrac{\pi}{3}$ ② $\dfrac{\pi}{\sqrt{5}}$
③ $\dfrac{\pi}{2}$ ④ $\dfrac{\pi}{\sqrt{3}}$
⑤ $\dfrac{\pi}{\sqrt{2}}$

43

매개변수변화법(variation of parameters)을 사용하여 미분방정식 $y'' + 4y = \dfrac{1}{\sin 2t}$의 특수해 y_p를 구할 때, y_p는 다음과 같은 $y_p = v_1(t)\cos 2t + v_2(t)\sin 2t$ 형태를 취한다. 이 때, $v_2(t)$가 될 수 있는 것은? [2.5점]

① $\dfrac{1}{\sin 2t}$ ② $\dfrac{t}{4}$
③ $\cos 2t$ ④ $\dfrac{1}{4}\ln|\sin 2t|$
⑤ $\dfrac{1}{2}\ln|\sin 2t|$

44

a와 b가 양수일 때, 나선
$$\vec{r}(t) = (a\cos t)\vec{i} + (a\sin t)\vec{j} + bt\vec{k}$$
위의 점 $\left(\dfrac{a}{2}, \dfrac{\sqrt{3}}{2}a, \dfrac{b\pi}{3}\right)$에서의 곡률원의 중심을 구하면? [2.6점]

① $\left(\dfrac{a^2}{2b}, -\dfrac{(a^2+b^2)\sqrt{3}}{2b}, \dfrac{b\pi}{6}\right)$

② $\left(-\dfrac{b^2}{2a}, -\dfrac{b^2\sqrt{3}}{2a}, \dfrac{b\pi}{3}\right)$

③ $\left(\dfrac{a^2+b^2}{2a}, \dfrac{(a^2+b^2)\sqrt{3}}{2a}, \dfrac{2b\pi}{3}\right)$

④ $\left(\dfrac{b^2}{2a}, \dfrac{b^2\sqrt{3}}{2a}, \dfrac{b\pi}{3}\right)$

⑤ $\left(-\dfrac{a^2+b^2}{2b}, \dfrac{(a^2+b^2)\sqrt{3}}{2b}, \dfrac{2b\pi}{3}\right)$

45

단순 폐곡선(simple closed curve) C가 좌표평면에서 식 $2x^2 + 3y^2 = 6$으로 정의되고 반시계 방향을 갖는다고 할 때, 선적분 $\displaystyle\int_C \dfrac{y^3 dx - xy^2 dy}{(x^2+y^2)^2}$의 값은? [2.6점]

① -2π　　　　　② $-\pi$

③ 0　　　　　　④ π

⑤ 2π

26

곡선 $r = 2\cos\theta$의 내부와 곡선 $r = 1$의 외부의 공통부분 면적은? [2.4점]

① $\dfrac{\sqrt{3}}{4} + \dfrac{\pi}{6}$ ② $\dfrac{1}{2} + \dfrac{\pi}{6}$

③ $\dfrac{\sqrt{3}}{2} + \dfrac{\pi}{6}$ ④ $\dfrac{1}{2} + \dfrac{\pi}{3}$

⑤ $\dfrac{\sqrt{3}}{2} + \dfrac{\pi}{3}$

27

행렬 $A = \begin{pmatrix} 0.9 & 0.2 \\ 0.1 & 0.8 \end{pmatrix}$에 대해 $\lim\limits_{n\to\infty} A^k$를 구하면? [2.5점]

① $\dfrac{1}{6}\begin{pmatrix} 0 & 0 \\ 1 & 2 \end{pmatrix}$ ② $\dfrac{1}{5}\begin{pmatrix} 2 & 1 \\ 1 & 2 \end{pmatrix}$

③ $\dfrac{1}{4}\begin{pmatrix} 1 & 0 \\ 2 & 0 \end{pmatrix}$ ④ $\dfrac{1}{3}\begin{pmatrix} 2 & 2 \\ 1 & 1 \end{pmatrix}$

⑤ $\dfrac{1}{2}\begin{pmatrix} 0 & 1 \\ 0 & 2 \end{pmatrix}$

28

$\displaystyle\int_{-2}^{0}\int_{-x}^{2} e^{y^2}\,dy\,dx$의 값은? [2.4점]

① $\dfrac{1}{2}(e^4 - 1)$ ② $\dfrac{1}{3}(e^4 - 1)$

③ $\dfrac{1}{4}(e^4 - 1)$ ④ $e^4 - 2$

⑤ $e^4 - 1$

29

다음 미분방정식의 해의 형태로 적합한 것은? [2.5점]

$$\dfrac{dy}{dx} = -2xy$$

① 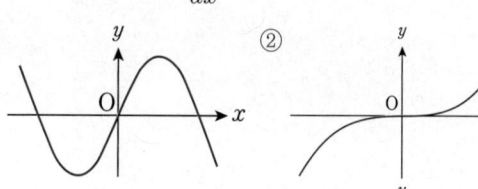 ②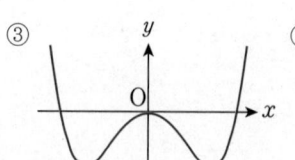

③ 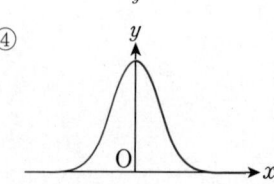 ④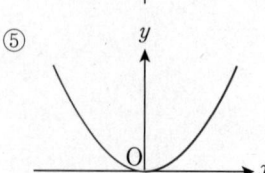

⑤

30

실수 성분을 갖는 $n \times n$ 행렬 A에 대하여 다음 중 옳지 않은 것은? (단, $n \geq 2$이다.) [2.4점]

① A가 대칭행렬일 때, A의 고윳값은 항상 실수이다.

② $A = \begin{pmatrix} 1 & 2 & 3 \\ 0 & 0 & 0 \\ 0 & 0 & 0 \end{pmatrix}$의 영공간(null space)은 1차원이다.

③ A가 대칭행렬일 때, A는 항상 대각화 가능(diagonalizable)하다.

④ 방정식 $A\vec{x} = \vec{b}$가 해를 가진다고 할 때 $\vec{b}$는 A의 열공간(column space)에 속하는 벡터이다.

⑤ A가 가역행렬일 때, 방정식 $A\vec{x} = \vec{0}$은 자명해(trivial solution)만을 가진다.

31 신유형 & 고난도

벡터공간 $\mathbb{R}^2$에서 벡터 $\vec{a} \in \mathbb{R}^2$에 의해 생성되는 부분공간을 W라고 하자. 선형변환 $T: \mathbb{R}^2 \to \mathbb{R}^2$가 W로의 직교사영(orthogonal projection)일 때 T의 표준행렬(standard matrix) P의 고윳값(eigenvalue)에 대한 설명으로 옳은 것은? (단, $\vec{a}$는 영벡터가 아니다.) [2.6점]

① 고윳값은 1로 대수적중복도(algebraic multiplicity)는 2이다.
② 고윳값은 0으로 대수적중복도는 2이다.
③ 고윳값은 1과 0이다.
④ 고윳값은 1과 2이다.
⑤ 고윳값은 P에 따라 다르다.

32

$$\int_0^2 \int_0^{\sqrt{4-x^2}} \int_0^{\sqrt{4-x^2-y^2}} \frac{1}{\sqrt{x^2+y^2+z^2}} \, dz \, dy \, dx$$

의 값은? [2.5점]

① $\frac{1}{2}\pi$ ② π

③ $\frac{3}{2}\pi$ ④ 2π

⑤ $\frac{5}{2}\pi$

33

닫힌구간 $[0, \pi]$에서 연속인 함수 $f(x)$를 사인 함수의 합 $\sum_{n=1}^{10} A_n \sin nx$으로 근사하려고 한다. 이때, 다음과 같이 주어진 오차 E를 최소화 하는 A_n의 값을 구하면?

[2.6점]

$$E = \frac{1}{2}\int_0^\pi \left(f(x) - \sum_{n=1}^{10} A_n \sin nx\right)^2 dx$$

① $A_n = \frac{2}{\pi}\int_0^\pi f(x)\sin nx\, dx$

② $A_n = \frac{1}{\pi}\int_0^\pi f(x)\sin nx\, dx$

③ $A_n = \frac{1}{\pi}\int_{-\pi}^\pi f(x)\sin nx\, dx$

④ $A_n = \frac{\pi}{2}\int_0^\pi f(x)\sin nx\, dx$

⑤ $A_n = \frac{2}{\pi}\int_{-\pi}^\pi f(x)\sin nx\, dx$

34

멱급수 $\sum_{n=0}^{\infty} a_n(x+2)^n$의 수렴구간을 $[-9, 5]$라 할 때, 멱급수 $\sum_{n=0}^{\infty} 3^n a_n(x-4)^n$의 수렴반경은? [2.6점]

① $\frac{1}{2}$ ② 1

③ $\frac{3}{2}$ ④ $\frac{7}{3}$

⑤ 3

35

$y = \int_0^{2x} \frac{1}{\sqrt{t^3+1}}\, dt$라 하자. x의 값이 1에서 1.03으로 증가할 때, y의 값의 변화량 $\triangle y$을 가장 정확히 근사한 값은? [2.5점]

① 0.01 ② 0.02

③ 0.03 ④ 0.04

⑤ 0.05

36

평면 $y = \dfrac{1}{2}$과 곡면 $z = \tan^{-1}(xy)$의 교선을 C라 할 때, 곡선 C 위의 점 $\left(2, \dfrac{1}{2}, \dfrac{\pi}{4}\right)$에서 접선의 기울기는? [2.5점]

① $\dfrac{1}{8}$
② $-\dfrac{1}{8}$
③ $\dfrac{1}{6}$
④ $-\dfrac{1}{6}$
⑤ $\dfrac{1}{4}$

37 신유형 & 고난도

미분방정식 $\dfrac{dx}{dt} = f(x)$의 몇 개의 해(굵은 실선)가 다음 그림과 같을 때 $f(x)$의 식으로 타당한 것은? [2.5점]

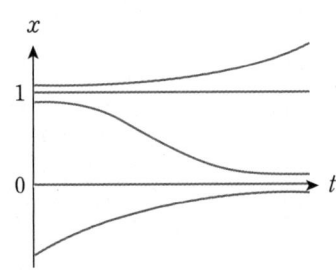

① $-x(x-1)$
② $x^2(x-1)$
③ $2x(x-1)$
④ $x(x-1)^2$
⑤ $-2x(x-1)^2$

38

극한 $\displaystyle\lim_{n \to \infty} \sum_{i=1}^{n} \dfrac{i}{n^2} e^{-\frac{2i}{n}}$의 값은? [2.4점]

① $\dfrac{1}{4} - \dfrac{3}{8}e^{-1}$
② $\dfrac{3}{8} - \dfrac{1}{8}e^{-1}$
③ $\dfrac{1}{8} - \dfrac{3}{8}e^{-2}$
④ $\dfrac{3}{4} - \dfrac{1}{4}e^{-2}$
⑤ $\dfrac{1}{4} - \dfrac{3}{4}e^{-2}$

39

$x(t)$를 연립 미분방정식
$$x'(t) = \begin{pmatrix} -2 & 2 \\ 1 & -1 \end{pmatrix} x(t),\ x(0) = \begin{pmatrix} 1 \\ 0 \end{pmatrix}$$
의 해라고 할 때, $\displaystyle\lim_{t \to \infty} x(t)$는? [2.5점]

① $\begin{pmatrix} \dfrac{2}{3} \\ -\dfrac{1}{3} \end{pmatrix}$
② $\begin{pmatrix} \dfrac{1}{3} \\ \dfrac{1}{3} \end{pmatrix}$
③ $\begin{pmatrix} \dfrac{1}{2} \\ -\dfrac{1}{3} \end{pmatrix}$
④ $\begin{pmatrix} 1 \\ 2 \end{pmatrix}$
⑤ $\begin{pmatrix} 2 \\ 1 \end{pmatrix}$

40

곡면 S는 평면 $z=1$ 위쪽에 놓여있는 원추면 $z=2-\sqrt{x^2+y^2}$ 의 부분이고, S의 방향(orientation)은 위쪽을 향한다. 곡면 S를 통과하는 벡터장

$$F(x,y,z) = (xy^2 + \tan^2 z)\vec{i} + (e^{x^2} + x\sin^3 z)\vec{j} + (x^2 z + y^2)\vec{k}$$

의 유량은? [2.5점]

① $\dfrac{1}{5}\pi$ ② $\dfrac{3}{5}\pi$

③ π ④ $\dfrac{8}{7}\pi$

⑤ $\dfrac{11}{7}\pi$

41

다음은 서로 다른 a값에 대해 초깃값 문제

$$\dfrac{d^2 y}{dt^2} + a\dfrac{dy}{dt} + y = 0,\ y(0)=1,\ y'(0)=0$$

의 해의 움직임(behavior)을 설명한 것이다. 이 중 옳지 않은 것은? [2.5점]

① $a=1$: 진동하며 감소한다.
② $a=0$: 감소하거나 증가하지 않으며 계속 진동한다.
③ $a=-1$: 진동하며 증가한다.
④ $a=2$: 진동 없이 증가한다.
⑤ $a=2\sqrt{2}$: 진동 없이 감소한다.

42

좌표평면 위에 곡선 $y=\dfrac{1}{2\pi}x\sin(x^2)$과 두 개의 직선 $y=0,\ x=1$에 의해 둘러싸인 영역을 y축 둘레로 회전시켜 생기는 입체의 부피를 소수점 아래 둘째자리까지 정확하게 근사한 값은? [2.6점]

① $\dfrac{19}{270}$ ② $\dfrac{29}{270}$

③ $\dfrac{49}{270}$ ④ $\dfrac{57}{270}$

⑤ $\dfrac{67}{270}$

43

함수 $F(x) = \dfrac{2s}{s^2+3s+2}$ 의 라플라스 역변환은?

[2.4점]

① $4e^{-2t} - 2e^{-t}$ ② $4e^{-2t} + 2e^{-t}$

③ $e^{2t} - 2e^{-t}$ ④ $4e^{-t} + e^{-2t}$

⑤ $4te^{-t} - 2e^{-t}$

44

벡터장
$F(x, y) = (4x^3y + e^{x^2})\vec{i} + (x^4 + 2y\cos y^2)\vec{j}$ 이고
C는
$r(t) = \left(e^{t^3-t^2} - \cos 2\pi t\right)\vec{i} + \left(3\sin\dfrac{\pi}{2}t^3 - 2t^7\right)\vec{j}$,
$0 \leq t \leq 1$로 주어진 곡선일 때, 선적분 $\displaystyle\int_C F \cdot dr$ 의 값은?

[2.6점]

① $\sin(1)$ ② $\cos(1)$

③ 0 ④ $\dfrac{11}{26}$

⑤ $\dfrac{7}{25}$

45

$y_p(t)$를 다음 미분방정식
$$\dfrac{d^2y}{dt^2} - \dfrac{dy}{dt} - 2y = -8e^t\cos 2t$$
의 특수해(particular solution)라고 할 때, $y_p\left(\dfrac{\pi}{2}\right)$의 값은?

[2.5점]

① $\dfrac{8}{5}$ ② $-\dfrac{6}{5}e^{\frac{\pi}{2}}$

③ $\dfrac{6}{5}e^{-\frac{\pi}{2}} + \dfrac{2}{5}$ ④ $\dfrac{2}{5}e^{\frac{\pi}{2}} + \dfrac{6}{5}$

⑤ $\dfrac{2}{5}e^{\frac{\pi}{2}}$

HANYANG UNIVERSITY

한양대학교

KIM & BOOK

5개년 한양대학교 트렌드 및 학습전략

한양대학교는 기존의 25문항 70분 체제에서 일시적으로 영어 35문항과 수학 25문항을 130분 동안 함께 치르는 형태로 변경되었으나, 최근 모집 공고에 따르면 일반·학사 전형 자연계열의 경우 영어가 제외되고 수학 25문항 70분 체제로 다시 개편되었다. 이에 따라 편입수학의 비중이 더욱 강화되었다. 출제 유형은 기출 기반의 응용 문제가 주를 이루며, 매년 한두 문항씩은 편입수학 커리큘럼을 벗어난 주제에서 변별력 있는 문항이 출제되어 왔다. 전반적으로는 계산력과 응용력의 균형이 중요하며, 이러한 기조는 앞으로도 유지될 것으로 보인다. 학습전략으로는 무작정 많은 문제를 푸는 것보다는 기출 문제의 논리 구조 파악, 조건 해석 능력 강화, 그리고 낯선 개념에 대한 유연한 대응력을 기르는 것이 중요하다. 특히 고난도 응용문제에 대한 적응력을 키우는 것이 고득점의 핵심이다.

ANALYSIS | 영역별 출제 비중 비교

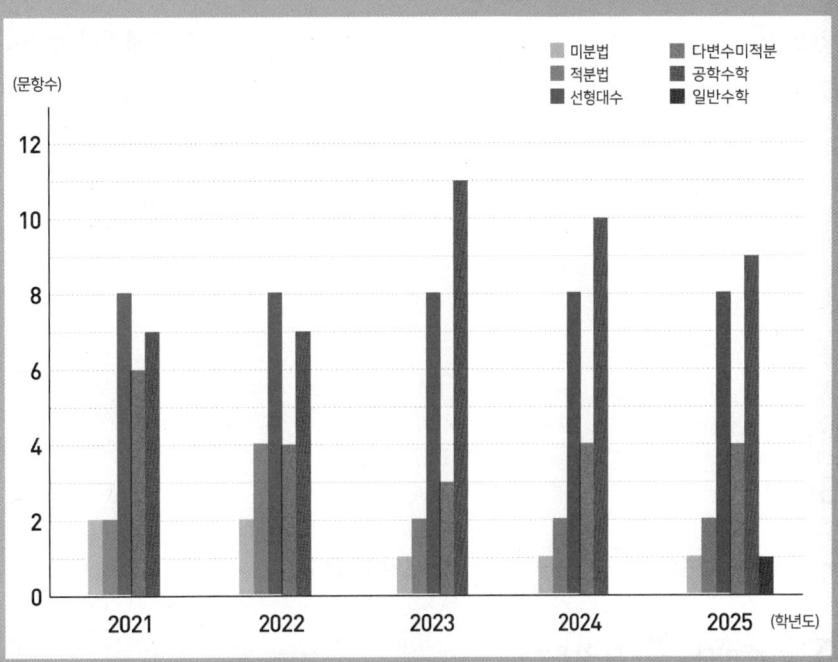

구분		미분법	적분법	선형대수	다변수미적분	공학수학	일반수학	합계
2021	문항수	2	2	8	6	7	-	25
	백분율	8%	8%	32%	24%	28%	-	100%
2022	문항수	2	4	8	4	7	-	25
	백분율	8%	16%	32%	16%	28%	-	100%
2023	문항수	1	2	8	3	11	-	25
	백분율	4%	8%	32%	12%	44%	-	100%
2024	문항수	1	2	8	4	10	-	25
	백분율	4%	8%	32%	16%	40%	-	100%
2025	문항수	1	2	8	4	9	1	25
	백분율	4%	8%	32%	16%	36%	4%	100%

37

좌표평면 위에 두 점 $F(a, 0)$, $F'(-a, 0)$ $(a>0)$을 초점으로 하는 타원 $\dfrac{x^2}{25}+\dfrac{y^2}{9}=1$이 있다. 점 $A(-8, 9)$와 타원 위의 점 P에 대하여 $\overline{AP}-\overline{PF'}$의 최솟값은? [3점]

① 4
② $2\sqrt{5}$
③ $2\sqrt{6}$
④ 5
⑤ $3\sqrt{3}$

38

$x=0$에서 함수 $f(x)=\dfrac{1}{\sqrt{4+3x}}$의 테일러 급수가 $\sum\limits_{n=0}^{\infty}a_n x^n$이다. $\dfrac{a_{11}}{a_{10}}$의 값은? [4점]

① $-\dfrac{3}{4}$
② $-\dfrac{129}{176}$
③ $-\dfrac{63}{88}$
④ $-\dfrac{123}{176}$
⑤ $-\dfrac{15}{12}$

39

점 $(1, 2)$에서 미분가능한 함수 $f(x, y)$의 두 단위벡터 $\vec{u}=\left(\dfrac{3}{5}, -\dfrac{4}{5}\right)$, $\vec{v}=\left(-\dfrac{12}{13}, \dfrac{5}{13}\right)$에 대한 방향도함수 (directional derivative)의 값이 각각

$$D_{\vec{u}}f(1, 2)=\dfrac{26}{5}, \ D_{\vec{v}}f(1, 2)=-\dfrac{82}{13}$$

이다. 곡면 $z=f(x, y)$ 위의 점 $(1, 2, f(1, 2))$에서의 접평면이 점 $(3, 5, 3)$을 지날 때, $\|\nabla f(1, 2)\|^2 + f(1, 2)$의 값은? [4점]

① 34
② 37
③ 40
④ 43
⑤ 46

40

연속 함수 $f(x)$가 모든 실수 x에 대하여

$$f(x) \times \int_0^x f(t)\,dt = e^x + 3x - 1$$

을 만족시킬 때, $\{f(0)\}^2 + \left\{\int_0^2 f(x)\,dx\right\}^2$의 값은?

[4점]

① $2e^2 + 6$ ② $2e^2 + 8$
③ $2e^2 + 10$ ④ $2e^2 + 12$
⑤ $2e^2 + 14$

41

$\int_0^1 \int_{y^{1/3}}^1 \cos(\pi x^2)\,dx\,dy$ 의 값은?

[3점]

① $-\dfrac{1}{2\pi^2}$ ② $-\dfrac{1}{\pi^2}$
③ $-\dfrac{3}{2\pi^2}$ ④ $-\dfrac{2}{\pi^2}$
⑤ $-\dfrac{5}{2\pi^2}$

42

|보기|에서 수렴하는 급수를 모두 고른 것은? [5점]

|보기|

ㄱ. $\displaystyle\sum_{n=1}^\infty \dfrac{n^2 + n + 3}{n^3 \{\ln(n+2)\}^2}$

ㄴ. $\displaystyle\sum_{n=1}^\infty \dfrac{2^n n!}{(n+1)^n}$

ㄷ. $\displaystyle\sum_{n=1}^\infty \left(2 - n\sin\dfrac{2}{n}\right)$

① ㄱ ② ㄷ
③ ㄱ, ㄴ ④ ㄴ, ㄷ
⑤ ㄱ, ㄴ, ㄷ

43

$r(t) = (3\cos t, \sin t)$ $(0 \leq t \leq 2\pi)$로 나타내어지는 곡선 C와 벡터장 $F(x,y) = (e^x + xy, \sin y + x)$에 대하여 선적분 $\int_C F \cdot dr$의 값은? [4점]

① $\dfrac{3\pi}{2}$ ② 2π

③ $\dfrac{5\pi}{2}$ ④ 3π

⑤ $\dfrac{7\pi}{2}$

44

3×3 행렬 A와 B에 대하여 $A^3 = B^2$이고 $\det(B) = 27$일 때, $\det(2A^T B A^{-1} B^{-1} A)$의 값은? (단, A^T는 A의 전치 행렬이다.) [3점]

① 18 ② 24

③ 54 ④ 72

⑤ 96

45

|보기|에서 옳은 것을 모두 고른 것은? [4점]

|보기|

ㄱ. 행렬 $A = \begin{pmatrix} 0 & a+b & c+2 \\ a & 2 & c \\ 4 & a+b & 4 \end{pmatrix}$ 가 대칭행렬일 때,

행렬 $B = \begin{pmatrix} b & a & -2 \\ b-a & 0 & 1 \\ c & -1 & b \end{pmatrix}$ 는 반대칭행렬 (skew symmetric matrix)이다.

ㄴ. 벡터 $\begin{pmatrix} 5 \\ 1 \\ 1 \end{pmatrix}$ 은 행렬 $\begin{pmatrix} 1 & 2 & 3 \\ 0 & -1 & 3 \\ 0 & 0 & 2 \end{pmatrix}$ 의 가장 큰 고윳값에 대응하는 고유벡터이다.

ㄷ. $\lambda = 1$이 행렬 $A = \begin{pmatrix} 3 & a \\ b & -5 \end{pmatrix}$의 고윳값이면 $\lambda = -3$도 A의 고윳값이다.

ㄹ. 두 행렬 $\begin{pmatrix} 1 & 0 & -2 \\ 0 & 5 & 0 \\ -2 & 0 & 4 \end{pmatrix}$ 와 $\begin{pmatrix} 0 & 0 & 0 \\ 0 & 5 & 0 \\ 0 & 0 & 5 \end{pmatrix}$ 은 닮은 행렬이다.

① ㄱ, ㄴ, ㄷ ② ㄱ, ㄴ, ㄹ

③ ㄱ, ㄷ, ㄹ ④ ㄴ, ㄷ, ㄹ

⑤ ㄱ, ㄴ, ㄷ, ㄹ

46

벡터 $\vec{u_1}=(2, 1, 1)$과 $\vec{u_2}=(-1, 2, 3)$으로 생성되는 $\mathbb{R}^3$의 부분 공간 U에 대하여 $\{\vec{v_1}, \vec{v_2}\}$는 U의 직교 기저(orthogonal basis)이다. $\|\vec{v_1}\| = \dfrac{5}{3}$, $\|\vec{v_2}\| = \dfrac{1}{3}$이고, $\vec{u_1} = a_1\vec{v_1} + a_2\vec{v_2}$, $\vec{u_2} = b_1\vec{v_1} + b_2\vec{v_2}$ 일 때, $|a_1b_2 - a_2b_1|$의 값은? [4점]

① $3\sqrt{3}$
② $3\sqrt{5}$
③ $5\sqrt{3}$
④ $5\sqrt{5}$
⑤ $9\sqrt{3}$

47

행렬 $A = \begin{pmatrix} 2 & 1 & 0 & 4 \\ 2 & 1 & 1 & 2 \\ 4 & 2 & 3 & 2 \end{pmatrix}$에 대하여 $A\vec{v} = \begin{pmatrix} 2 \\ 3 \\ r \end{pmatrix}$을 만족하는 벡터 $\vec{v}$가 존재할 때, $rank(A) \times r$의 값은? [4점]

① 6
② 8
③ 10
④ 12
⑤ 14

48

행렬 $A = \begin{pmatrix} 1 & 1 \\ 0 & -1 \\ 2 & 0 \\ 1 & 1 \end{pmatrix}$의 열공간을 V라 할 때, 벡터 $\vec{a} = \begin{pmatrix} 1 \\ 2 \\ -1 \\ 0 \end{pmatrix}$의 V로의 정사영 $proj_V \vec{a}$는? [4점]

① $\left(-\dfrac{5}{14}, \dfrac{2}{7}, -\dfrac{1}{7}, -\dfrac{5}{14}\right)^T$

② $\left(\dfrac{5}{14}, -\dfrac{2}{7}, -\dfrac{1}{7}, \dfrac{5}{14}\right)^T$

③ $\left(-\dfrac{5}{14}, -\dfrac{2}{7}, \dfrac{1}{7}, -\dfrac{5}{14}\right)^T$

④ $\left(\dfrac{5}{14}, \dfrac{2}{7}, -\dfrac{1}{7}, \dfrac{5}{14}\right)^T$

⑤ $\left(\dfrac{5}{14}, -\dfrac{2}{7}, \dfrac{1}{7}, \dfrac{5}{14}\right)^T$

49

고윳값이 $1, -1, 2$인 3×3 행렬 A에 대하여 $B = A^3 - 5A^2$일 때, $\det(B)$의 값은? [3점]

① -288
② -144
③ -72
④ -48
⑤ -24

50 신유형 & 고난도

행렬 $A = \begin{pmatrix} 1 & 1 & -1 \\ 1 & 1 & -1 \end{pmatrix}$의

특이값 분해 (singular value decomposition)가

$A = \begin{pmatrix} u_{11} & u_{12} \\ u_{21} & -\dfrac{1}{\sqrt{2}} \end{pmatrix} \begin{pmatrix} \sqrt{6} & \sigma_{12} & \sigma_{13} \\ \sigma_{21} & 0 & \sigma_{23} \end{pmatrix} \begin{pmatrix} \dfrac{1}{\sqrt{3}} & v_{12} & v_{13} \\ v_{21} & -\dfrac{1}{\sqrt{2}} & v_{23} \\ v_{31} & 0 & \dfrac{2}{\sqrt{6}} \end{pmatrix}^T$

일 때,

$u_{11}^2 + (\sigma_{12}^2 + \sigma_{13}^2 + \sigma_{21}^2 + \sigma_{23}^2) + (v_{12}^2 + v_{23}^2 + v_{31}^2)$의

값은? [5점]

① $\dfrac{7}{6}$ ② $\dfrac{4}{3}$

③ $\dfrac{3}{2}$ ④ $\dfrac{5}{3}$

⑤ $\dfrac{11}{6}$

51

$F(s) = \dfrac{s-1}{s^2 + 4s + 4}$의 라플라스 역변환을 $f(t)$라 할 때, $f(1)$의 값은? [3점]

① $-2e^{-2}$ ② $-e^{-2}$
③ e^{-2} ④ $2e^{-2}$
⑤ $3e^{-2}$

52

미분방정식 $\dfrac{d^2y}{dt^2} + 5\dfrac{dy}{dt} + 4y = 6e^{-t}$의 해 $y(t)$가 $y(0) = 2$, $y'(0) = 3$을 만족할 때, $y(1)$의 값은? [3점]

① $3e^{-1} - e^{-4}$ ② $5e^{-1} - e^{-4}$
③ $3e^{-1} - 2e^{-4}$ ④ $-3e^{-1} + e^{-4}$
⑤ $-5e^{-1} + e^{-4}$

53

미분방정식 $x^2 y'' - 15xy' + 68y = 0$, $x > 0$의 해 $y(x)$가 $y(1) = 3$, $y'(1) = 30$을 만족할 때, $y(e^{\frac{\pi}{8}})$의 값은? [4점]

① $\sqrt{2}\,e^{\pi}$ ② $2\sqrt{2}\,e^{\pi}$
③ $3\sqrt{2}\,e^{\pi}$ ④ $4\sqrt{2}\,e^{\pi}$
⑤ $5\sqrt{2}\,e^{\pi}$

54

연립미분방정식 $\begin{cases} x'(t) = x(t) + y(t) \\ y'(t) = -x(t) + y(t) \end{cases}$의 해 $\begin{pmatrix} x(t) \\ y(t) \end{pmatrix}$가 $\begin{pmatrix} x(0) \\ y(0) \end{pmatrix} = \begin{pmatrix} 2 \\ 4 \end{pmatrix}$를 만족할 때, $x(\pi)$의 값은? [4점]

① $2e^{\pi}$ ② e^{π}
③ $-e^{\pi}$ ④ $-2e^{\pi}$
⑤ $-3e^{\pi}$

55

미분방정식 $y'' + y = \sec x$, $\left(-\frac{\pi}{2} < x < \frac{\pi}{2}\right)$의 해 $y(x)$가 $y(0) = \ln 2$, $y\left(\frac{\pi}{3}\right) = \frac{\sqrt{3}}{6}\pi$를 만족할 때, $y\left(\frac{\pi}{4}\right)$의 값은? [5점]

① $\dfrac{\sqrt{2}}{4}\ln 2 + \dfrac{\sqrt{2}}{8}\pi$
② $\dfrac{\sqrt{2}}{4}\ln 2 + \dfrac{\sqrt{2}}{6}\pi$
③ $\dfrac{\sqrt{2}}{2}\ln 2 + \dfrac{\sqrt{2}}{8}\pi$
④ $\dfrac{\sqrt{2}}{2}\ln 2 + \dfrac{\sqrt{2}}{6}\pi$
⑤ $\dfrac{\sqrt{2}}{6}\ln 2 + \dfrac{\sqrt{2}}{8}\pi$

56 신유형 & 고난도

미분방정식
$(x^2 - x)y'' + (3x - 1)y' + y = 0$, $(0 < x < 1)$
의 해 $y(x)$가 $y\left(\dfrac{1}{2}\right) = 0$, $y'\left(\dfrac{1}{2}\right) = -12$를 만족할 때, $y\left(\dfrac{1}{4}\right)$의 값은? [5점]

① $\ln 2$ ② $2\ln 2$
③ $3\ln 2$ ④ $4\ln 2$
⑤ $5\ln 2$

※ 아래 주관식 문제 [57-61]의 정답 표기는 답안지의
「주관식 답란 표기방법」을 참조하시오.

57
제1 팔분공간(first octant)에서 곡면
$$xy=1, xy=4, yz=4, yz=16, zx=1, zx=9$$
로 둘러싸인 입체의 부피를 구하시오. [4점]

58
좌표평면에서 극방정식으로 주어진
곡선 $r=6-6\sin\theta$의 내부와 곡선 $r=6-2\sin\theta$의
내부에 공통으로 포함되는 부분의 넓이는 $a\pi-b$이다.
$a+b$의 값을 구하시오. (단, a와 b는 유리수이다.) [4점]

59
미분방정식 $y'+\dfrac{4y}{x}=3y^2\ (x>0)$의 해 $y(x)$가
$y(1)=\dfrac{1}{3}$을 만족할 때, $y(2)=\dfrac{q}{p}$이다. $p+q$의 값을
구하시오. (단, p와 q는 서로소인 자연수이다.) [4점]

60

행렬 $A = \begin{pmatrix} 1 & -1 \\ 1 & 1 \end{pmatrix}\begin{pmatrix} \cos\theta & -\sin\theta \\ \sin\theta & \cos\theta \end{pmatrix}$에 대하여 선형변환 ϕ_A를 $\phi_A(\vec{v}) = A\vec{v}$, $\vec{v} \in \mathbb{R}^2$이라 하자. 합성변환
$$\phi_A^{25} = \underbrace{\phi_A \bullet \phi_A \bullet \cdots \bullet \phi_A}_{25\,times}$$
가 x축 위의 모든 점을 x축 위의 점으로 보낼 때, 양수 θ의 최솟값은 $\dfrac{q}{p}\pi$이다. $p+q$의 값을 구하시오.
(단, p와 q는 서로소인 자연수이다.) [5점]

61

30L 의 수조 안에 소금 2kg 이 녹아있는 10 L 의 물이 들어있다. 소금의 농도가 0.1 kg/L 인 물이 3 L/min 의 비율로 수조 안으로 들어오고, 동시에 잘 섞여진 물이 2 L/min 의 비율로 수조 밖으로 나간다. 수조의 물이 20 L 가 되는 순간, 수조 안에 있는 소금의 양이 $\dfrac{q}{p}$ kg 이다. $p+q$의 값을 구하시오.
(단, p와 q는 서로소인 자연수이고, 수조 안으로 들어오는 물의 속도는 일정하고 수조 밖으로 나가는 물의 속도도 일정하다.) [5점]

2024학년도 한양대학교

서울 자연계 A형
문항 수: 영어 35문항, 수학 25문항 | 제한시간: 130분

36

다음 등식에서 a^2의 값은? [4점]

$$\int_0^{\frac{\pi}{4}} x \sec x \tan x \, dx = a\pi - \ln|\sqrt{2}+1|$$

① $\dfrac{1}{2}$ ② $\dfrac{1}{4}$
③ $\dfrac{1}{8}$ ④ $\dfrac{1}{16}$
⑤ $\dfrac{1}{32}$

37

멱급수 전개 $x\cos 2x = \sum_{n=0}^{\infty} a_n \left(x - \dfrac{\pi}{6}\right)^n$에서 a_1, a_3에 대해 $a_1 + 6a_3 = \dfrac{A}{2} + \dfrac{\sqrt{3}}{B}\pi$일 때, $A+B$의 값은? (단, A와 B는 정수이다.) [4점]

① -9 ② -3
③ 0 ④ 1
⑤ 5

38

함수 $f(x) = x^3 - 3x^2 + 2x$가 나타내는 곡선을 C라 하자. $f(x)$의 임계수(critical number)에서 곡선 C의 곡률의 값은? [4점]

① $3\sqrt{3}$ ② $2\sqrt{3}$
③ $\sqrt{3} - \sqrt{2}$ ④ $2\sqrt{2}$
⑤ $3\sqrt{2}$

39

함수 $f(x, y) = -3x^2 + 7xy + 3y^2 - 2y^3$의 모든 임계점(critical point)에서 $|f_{xx}f_{yy} - (f_{xy})^2|$의 값들의 합은? [4점]

① 88 ② 98
③ 110 ④ 160
⑤ 170

40

변수 x, y, z와 변수 u, v, w가
$$x = u\sin v\cos w,\ y = u\sin v\sin w,\ z = u\cos v$$
를 만족할 때, $(x, y, z) = \left(\dfrac{1}{8}, \dfrac{\sqrt{3}}{8}, \dfrac{\sqrt{3}}{4}\right)$에서 야코비 행렬식 $\dfrac{\partial(x, y, z)}{\partial(u, v, w)}$의 절댓값은? [4점]

① $\dfrac{1}{2}$
② $\dfrac{1}{4}$
③ $\dfrac{1}{8}$
④ $\dfrac{1}{16}$
⑤ $\dfrac{1}{32}$

41

곡면 $z = x^2 + y^2$ 위의 점 $(1, 1, 2)$에서 접평면의 방정식이 $ax + by + cz = 2$일 때, $a+b+c$의 값은? [4점]

① 2
② 3
③ 4
④ 5
⑤ 6

42

$r(t) = (t^3 - 2t, t^3 + 2t)$, $0 \leq t \leq 1$로 나타내어지는 곡선 C와 벡터장
$$F(x, y) = (6xy + e^x, 3x^2)$$
에 대한 선적분 $\displaystyle\int_C F \cdot dr$의 값에 가장 가까운 정수는? [4점]

① 2
② 4
③ 6
④ 8
⑤ 10

43

정적분 $\displaystyle\int_0^{2\pi} \cos^4\theta\, d\theta$의 값에 가장 가까운 정수는? [3점]

① 1
② 2
③ 3
④ 4
⑤ 5

44

다음 |보기|에서 옳은 것만을 있는 대로 고른 것은?

[4점]

|보기|

ㄱ. 벡터공간 V의 부분공간 U_1, U_2, W_1, W_2에 대해 $U_1 \leq W_1, U_2 \leq W_2$, $U_1 \oplus U_2 = W_1 \oplus W_2$이면 $U_1 = W_1, U_2 = W_2$이다.

ㄴ. 행렬 A와 $B = \begin{pmatrix} 1 & 2 & 0 & 3 & 5 \\ 0 & 0 & -4 & 2 & 7 \\ 0 & 0 & 0 & -1 & 0 \\ 0 & 0 & 0 & 0 & 11 \end{pmatrix}$가 행동등(row equivalent)일 때, 행렬 A의 2, 3, 4, 5열은 열공간의 기저를 이룬다.

ㄷ. 선형변환 $T: V \to V$에 대해 $V = \ker T \oplus \operatorname{Im} T$이다.

ㄹ. 3×3 행렬 A의 고윳값이 1, 2, 3이면 A는 가역행렬이고, A의 역행렬의 고윳값은 $1, \frac{1}{2}, \frac{1}{3}$이다.

① ㄱ, ㄴ, ㄷ, ㄹ ② ㄱ, ㄴ, ㄷ
③ ㄱ, ㄴ, ㄹ   ④ ㄱ, ㄷ, ㄹ
⑤ ㄴ, ㄷ, ㄹ

45

선형변환 $T: \mathbb{R}^3 \to \mathbb{R}^3$의 기저 $\{(0, 1, 1), (0, 1, 0), (1, 1, 0)\}$에 대한 행렬 표현이 $\begin{pmatrix} 1 & -6 & -4 \\ 0 & 3 & 0 \\ 0 & 5 & 2 \end{pmatrix}$이고, $T(3, 3, 1) = (p, q, r)$일 때, $|p| + |q| + |r|$의 값은? [3점]

① 7   ② 9
③ 11   ④ 13
⑤ 15

46

4×4 행렬 A와

$B = \begin{pmatrix} -1 & 0 & 0 & 0 \\ 0 & 2 & 0 & 0 \\ 0 & 0 & 1 & 0 \\ 0 & 0 & 0 & 3 \end{pmatrix}, P = \begin{pmatrix} 1 & 0 & 0 & 0 \\ 1 & 5 & 0 & 0 \\ -4 & 1 & 1 & 0 \\ 2 & -2 & 1 & 3 \end{pmatrix}$

가 $B = P^{-1}AP$를 만족한다. A의 고윳값 2에 대응하는 고유벡터를 $<a, b, 1, c>$라 할 때, $a^2 + b^2 + c^2$의 값은? [3점]

① 1   ② 5
③ 13   ④ 21
⑤ 29

47

벡터 $<1,1,0,0>$과 $<1,1,1,0>$이 생성하는 $\mathbb{R}^4$의 부분공간을 W라 하자. W의 직교여공간 (orthogonal complement) $W^\perp$로의 벡터 $<4,3,2,1>$의 정사영을 $<a,b,c,d>$라 할 때, $10(a^2+b^2+c^2+d^2)$의 값은? [4점]

① 5   ② 10
③ 15   ④ 20
⑤ 25

[48~49] 다음 제시문을 읽고 물음에 답하시오.

5×5 행렬 A는 다음 조건을 만족한다.
(가) A와 A^2은 항등행렬 I의 상수배가 아니다.
(나) $A^4 - 4A^3 + 5A^2 - 8A + 6I$는 영행렬이다.
(다) $A - 3I$는 가역행렬이다.

48 신유형 & 고난도

A의 최소다항식을 $m(x)$라 할 때, $m(3)$의 값은? [4점]

① 16   ② 18
③ 20   ④ 22
⑤ 24

49 신유형 & 고난도

$\mathbb{R}^5$의 고유공간 $E(1) = \{\vec{v} \in \mathbb{R}^5 \mid (A-I)\vec{v} = 0\}$의 차원이 1보다 클 때, A의 특성다항식 $f(x)$에 대하여 $f(2)$의 값은? [5점]

① 6   ② 8
③ 10   ④ 12
⑤ 14

50

미분방정식 $\dfrac{dy}{dx} = 4 + 6x + 2y + 3xy$의 해 $y(x)$가 초기조건 $y(0) = 3$을 만족할 때, $y(1)$의 값은? [3점]

① $4e^{\frac{7}{2}} - 1$ ② $5e^{\frac{7}{2}} - 2$

③ $6e^{\frac{7}{2}} - 3$ ④ $4e^{\frac{8}{2}} - 1$

⑤ $5e^{\frac{8}{2}} - 1$

51

미분방정식 $y\dfrac{dy}{dx} = 3x + \dfrac{y^2}{x}$의 해 $y(x)$가 조건 $y(1) = 5$를 만족할 때, $y(e)$의 값은? [4점]

① $\sqrt{21}\,e$ ② $\sqrt{23}\,e$

③ $\sqrt{26}\,e$ ④ $\sqrt{29}\,e$

⑤ $\sqrt{31}\,e$

52

미분방정식 $(x-1)^2 \dfrac{d^2y}{dx^2} - 3(x-1)\dfrac{dy}{dx} + 3y = 0$의 해 $y(x)$가 $y(2) = 1$, $y(3) = 14$를 만족할 때, $y(0) + y(4)$의 값은? [4점]

① 33   ② 40

③ 43   ④ 50

⑤ 53

53

미분방정식 $\dfrac{d^2y}{dt^2} + 24y = \cos 7t - \sin 7t$의 특수해 (particuluar solution) $y_p = A\cos(7t-\alpha)$에 대해 $A+\alpha$의 값은? (단, $-\pi < \alpha \leq \pi$이다.) [4점]

① $-\dfrac{\sqrt{2}}{25} - \dfrac{\pi}{4}$ ② $-\dfrac{\sqrt{2}}{25} + \dfrac{\pi}{4}$

③ $\dfrac{\sqrt{2}}{25} - \dfrac{\pi}{4}$ ④ $-\dfrac{\sqrt{7}}{25} + \dfrac{\pi}{4}$

⑤ $\dfrac{\sqrt{7}}{25} + \dfrac{\pi}{4}$

54

2계 선형 미분방정식 $L[y] = f(x)$의 3개의 해가
$$y_1(x) = 2e^x + e^{x^2}$$
$$y_2(x) = 3e^x + e^{x^2}$$
$$y_3(x) = 4e^x + e^{x^2} + 5e^{-x^3}$$
라고 하자. 초깃값 문제
$$L[y] = f(x),\ y(0) = -3,\ y'(0) = 1$$
의 해가 $y(x)$일 때, $y(1) + y(-1)$의 값은? [5점]

① $-2e - 4e^{-1}$ ② $-2e - 3e^{-1}$

③ $-2e - e^{-1}$ ④ $-e - 3e^{-1}$

⑤ $-e - 2e^{-1}$

55

미분방정식 $\dfrac{d^2y}{dt^2} - 4y = t + te^t$의 해 $y(t)$가 초기조건 $y(0) = -\dfrac{2}{9},\ y'(0) = \dfrac{4}{9}$를 만족할 때, $y(1)$의 값은? [5점]

① $\dfrac{3}{16}(e^2 - e^{-2}) - \dfrac{4}{9}e - \dfrac{1}{4}$

② $\dfrac{5}{16}(e^2 - e^{-2}) - \dfrac{4}{9}e - \dfrac{1}{4}$

③ $\dfrac{5}{16}(e^2 - e^{-2}) - \dfrac{5}{9}e - \dfrac{1}{4}$

④ $\dfrac{7}{16}(e^2 - e^{-2}) - \dfrac{4}{9}e - \dfrac{1}{4}$

⑤ $\dfrac{7}{16}(e^2 - e^{-2}) - \dfrac{5}{9}e - \dfrac{1}{4}$

※ 아래 주관식 문제 [56-60]의 정답 표기는 답안지의 「주관식 답란 표기방법」을 참조하시오.

56

곡선 $r(t) = (\cos t, \sin t, 4 - \cos t)$와 벡터장
$$F(x, y, z) = (y^6, x^5, z^3)$$
에 대한 $\int_0^{2\pi} F(r(t)) \cdot r'(t) dt$의 값이 $\dfrac{b}{a}\pi$일 때, $a+b$의 값은? (단, a와 b는 서로소인 자연수이다.)

[4점]

58

행렬 $A = \begin{pmatrix} 2 & -4 & 6 \\ 1 & -1 & -2 \\ 4 & -8 & 14 \end{pmatrix}$에 대하여 $adj(adjA)$의 행렬식을 구하시오.
(단, $adjB$는 행렬 B의 여인자 행렬의 전치행렬인데, 수반행렬이라고도 한다.)

[5점]

57

구면 $x^2 + y^2 + z^2 = 1$을 통과하는 벡터장
$$F(x, y, z) = (2x^3 + y, 2y^3, e^x + 2z^3)$$
의 유량(flux)이 $\dfrac{b}{a}\pi$일 때, $a+b$의 값은?
(단, a와 b는 서로소인 자연수이다.)

[4점]

59

타원 $4x^2 - 2\sqrt{2}\,xy + 3y^2 - 20 = 0$의 장축의 길이를 a, 단축의 길이를 b라고 할 때, $a^2 + b^2$의 값을 구하시오. [3점]

60

미분방정식 $y''' - 7y' + 6y = 0$의 해 $y(t)$가 초기조건 $y(0) = 1$, $y'(0) = 2$, $y''(0) = 3$을 만족한다. $Y'(t) = A\,Y(t)$라 하면 등식
$$20 \times y(1) \times \det A = pe + qe^2 + re^{-3}$$
이 성립한다. $|p + q + r|$의 값을 구하시오.
(단, p, q, r은 정수, $\det A$는 3×3행렬 A의 행렬식,
$Y(t) = \begin{pmatrix} y(t) \\ y'(t) \\ y''(t) \end{pmatrix}$ 이다.) [5점]

02

반지름이 10 m 인 반구 모양의 수조에 $3 \text{ m}^3/\text{sec}$ 의 속도로 물을 채운다. 수위가 5 m 일 때 물이 차오르는 속도는 $v \text{ m/sec}$ 이다. $\dfrac{1}{v\pi}$ 의 값은? [4점]

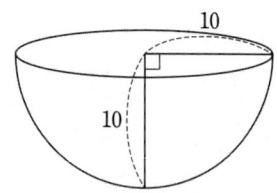

① 10 ② 15
③ 25 ④ 30
⑤ 35

03

$f(x) = \sum_{n=0}^{\infty} (-1)^n \dfrac{x^{2n+1}}{n!}$ 에 대해 $\int_0^{\sqrt{\ln 4}} f(x)\,dx$ 의 값은? [3점]

① $\dfrac{3}{8}$ ② $\dfrac{4}{9}$
③ $\dfrac{2}{3}$ ④ $\dfrac{3}{4}$
⑤ $\dfrac{3}{2}$

04

미분가능한 함수 f 에 대해
$$g(s,t) = f(s^3 - t^3,\ t^3 - s^3)$$
이다. $g_s(1,2) = 3$ 일 때 $\dfrac{\partial g}{\partial t}(1,2)$ 의 값은? [3점]

① -12 ② -9
③ -6 ④ -3
⑤ 0

05

xz-평면 위에 중심이 $(2,0,0)$이고 반지름이 1인 원을 z축 중심으로 회전하여 얻은 곡면을 S라 하자. S위의 점 $\left(\dfrac{5\sqrt{3}}{4}, \dfrac{5}{4}, \dfrac{\sqrt{3}}{2}\right)$에서의 단위법선벡터를 $<a,b,c>$라 할 때 $|2a+b-c|$의 값은? [4점]

① $\dfrac{1}{8}$ ② $\dfrac{1}{7}$

③ $\dfrac{1}{6}$ ④ $\dfrac{1}{4}$

⑤ $\dfrac{1}{3}$

06

점 $(1,0), (2,0), (0,1), (0,2)$를 꼭짓점으로 가지는 평면 위의 사다리꼴 영역을 D라 할 때

$$\iint_D e^{\frac{y-x}{y+x}} dA = \frac{q}{p}(e - e^{-1})$$

이다. 서로소인 두 자연수 p와 q에 대해 $p \times q$의 값은? [4점]

① 6 ② 10

③ 12 ④ 18

⑤ 21

07

$\alpha(t) = (2\sin t, 2\cos t, t)$, $0 \le t \le \dfrac{\pi}{2}$로 표현되는 매개변수 곡선 C에 대해 $\displaystyle\int_C 15x^3y^2 ds$의 값은? [4점]

① $16\sqrt{5}$ ② $32\sqrt{5}$

③ $64\sqrt{5}$ ④ $84\sqrt{5}$

⑤ $128\sqrt{5}$

08

$r(t) = (e^t \sin t, e^t \cos t, t)$, $0 \le t \le \pi$로 표현되는 곡선 C와 벡터장

$$F(x,y,z) = (y^3, 3xy^2 + 2ye^z, y^2 e^z)$$

에 대해 $(0,1,0)$에서 $(0, -e^\pi, \pi)$로의 선적분 $\displaystyle\int_C F \cdot dr$의 값은? [4점]

① $e^{3\pi} - 1$ ② $e^{4\pi} + 1$

③ $e^{5\pi} - 1$ ④ $e^{6\pi} + 1$

⑤ $e^{7\pi} - 1$

09

평면 $y+z=2$와 원기둥 $x^2+y^2=1$의 교차곡선 C와 벡터장 $F(x,y,z)=(y^3, x, z^4)$에 대한 선적분 $\int_C F \cdot dr$의 값은?

(단, C는 xy평면 위에서 바라보았을 때 시계 반대 방향인 향을 가진다.) [5점]

① $\dfrac{\pi}{8}$ ② $\dfrac{\pi}{4}$

③ $\dfrac{\pi}{2}$ ④ π

⑤ $\dfrac{3}{2}\pi$

10

차수가 3이하인 다항식들의 벡터공간 P_3에 대하여, P_3에서 P_3으로 선형사상 T를
$$T(a_3x^3+a_2x^2+a_1x+a_0)$$
$$=(a_0+a_1)x^3+2a_2x^2+(a_3-a_0)x+3a_1-a_2$$
라 하자. P_3의 기저 $\{x^3+x^2, x^2, x+1, 1\}$에 대한 T의 행렬표현을 A라 할 때, A의 두 번째 행의 모든 성분들의 합은? [3점]

① 0 ② 1

③ 2 ④ 3

⑤ 4

11

행렬 $\begin{pmatrix} 1 & 2 & 1 & 0 \\ 2 & -1 & 0 & 1 \\ 1 & -3 & -1 & 1 \\ 2 & 9 & 4 & -1 \end{pmatrix}$의 영공간(null space)의 기저가 $\{<a,b,5,0>, (<c,d,0,1>\}$이면 $\dfrac{b}{a}+\dfrac{d}{c}$의 값은? [3점]

① $-\dfrac{3}{2}$ ② $-\dfrac{2}{3}$

③ 0 ④ $\dfrac{2}{3}$

⑤ $\dfrac{3}{2}$

12.

행렬 $A = \begin{pmatrix} 1 & 0 & 0 & 0 \\ 0 & 0 & -9 & 0 \\ 0 & 1 & -6 & 0 \\ 0 & 0 & 0 & -2 \end{pmatrix}$ 와 벡터 $\vec{v} = \begin{pmatrix} 0 \\ 1 \\ 0 \\ 0 \end{pmatrix}$ 에 대하여 $A^3 \vec{v} = a_1 A \vec{v} + a_0 \vec{v}$ 일 때, $a_0 - a_1$의 값은? [4점]

① 21 ② 24
③ 27 ④ 30
⑤ 33

[13~14] 다음 제시문을 읽고 물음에 답하시오.

> 직교행렬(orthogonal matrix) $U = \begin{pmatrix} a & 0 & b \\ c & 0 & d \\ 0 & 1 & 0 \end{pmatrix}$을 이용하여 행렬 $A = \begin{pmatrix} 2 & 1 & 0 \\ 1 & 2 & 0 \\ 0 & 0 & 2 \end{pmatrix}$를 대각화 할 수 있다. (단, $a, b > 0$)
>
> 행렬 A의 스펙트럼 분해(spectral decomposition)는 $A = \lambda_1 P_1 + \lambda_2 P_2 + \lambda_3 P_3$이고, 행렬 A^{2023}의 스펙트럼 분해는 $A^{2023} = \mu_1 Q_1 + \mu_2 Q_2 + \mu_3 Q_3$이다. (단, $\lambda_1 < \lambda_2 < \lambda_3$이고 $\mu_1 < \mu_2 < \mu_3$)

13.

$a + b + c + d$의 값은? [4점]

① $-\sqrt{2}$ ② $-2 + \sqrt{2}$
③ 0 ④ $2 - \sqrt{2}$
⑤ $\sqrt{2}$

14.

$\det Q_1 - \lambda_2 + \mu_3$의 값은?
(단, $\det Q_1$은 Q_1의 행렬식이다.) [4점]

① $3^{2023} - 5$ ② $3^{2023} - 4$
③ $3^{2023} - 3$ ④ $3^{2023} - 2$
⑤ $3^{2023} - 1$

15

행렬 $\begin{pmatrix} 3 & 0 & 0 & 0 & 0 & 2 \\ 0 & 0 & 0 & 0 & 3 & 2 \\ 0 & 0 & 0 & 4 & 3 & 3 \\ 0 & 0 & 5 & 4 & 4 & 4 \\ 0 & 6 & 5 & 5 & 5 & 5 \\ 1 & 0 & 0 & 0 & 0 & 1 \end{pmatrix}$ 의 행렬식의 값은? [4점]

① -720 ② -360
③ -180 ④ 180
⑤ 360

16

미분방정식 $3x^2 + 4xy + (2y + 2x^2)\dfrac{dy}{dx} = 0$의 해 $y(x)$가 초기조건 $y(0) = 1$을 만족할 때, $\{y(2)\}^2 + 8y(2)$의 값은? [4점]

① -12 ② -7
③ -2 ④ 3
⑤ 8

17

미분방정식 $\dfrac{d^2 y}{dt^2} + 2\dfrac{dy}{dt} + y = e^{-t}$의 해 $y(t)$가 조건 $y(0) = 3$, $y'(0) = 3$을 만족할 때, $y(1)$의 값은? [4점]

① $5e^{-1}$ ② $\dfrac{13}{2}e^{-1}$
③ $8e^{-1}$ ④ $\dfrac{19}{2}e^{-1}$
⑤ $11e^{-1}$

18 신유형 & 고난도

길이가 1이고, 일정한 단면을 갖는 균질한 철사의 양 끝의 온도가 0℃로 고정된다고 하자. 철사의 열 확산율은 $\frac{1}{\pi^2}$이고, 초기 온도가 $2\sin(3\pi x) + 5\sin(8\pi x)$, $(0 \leq x \leq 1)$이라고 한다. 열 방정식의 해가 $u(x,t)$일 때, $u\left(\frac{1}{2}, 1\right)$의 값은? [4점]

① $-3e^{-9}$
② $-2e^{-9}$
③ $-e^{-8}$
④ $2e^{-3}$
⑤ $5e^{-3}$

19

미분방정식 $x^2 y'' + xy' + y = \ln x$, $(x > 0)$의 해 $y(x)$가 조건 $y(1) = e$, $y(e^{\pi/2}) = \pi$를 만족할 때, $y(e^\pi)$의 값은? [5점]

① $\pi - 2e$
② $\pi - e$
③ $\pi + 2e$
④ $2\pi + e$
⑤ $2\pi + 2e$

20

미분방정식 $ty'' - ty' + y = 2$의 해 $y(t)$가 조건 $y(0) = 2$, $y'(0) = -4$를 만족할 때, $y(-5) + y(5)$의 값은? [4점]

① -2
② 0
③ 2
④ 4
⑤ 6

21

미분방정식 $y' = 0.02y + 10^5 \sin t$의 해 $y(t)$가 초기조건 $y(0) = 10^6$을 만족할 때, $\lim_{t \to \infty} \frac{y(t)}{10^5 \times e^{0.02t}}$의 값은? [4점]

① $\frac{27450}{2503}$
② $\frac{27485}{2503}$
③ $\frac{27485}{2501}$
④ $\frac{27500}{2501}$
⑤ $\frac{27510}{2501}$

[22~26]의 정답 표기는 답안지의 「주관식 답란 표기방법」을 참조하시오.

22

$\int_0^\pi e^x \sin^2 x\, dx = ae^\pi - b$ 일 때 $(a^2+b^2) \times 100$의 값을 구하시오. (단, a, b는 유리수이다.) [4점]

23

곡면 $z = 1 - x^2$과 세 평면 $z = 0,\ y = 0,\ z = 2 - y$에 의해 둘러싸인 유한한 입체의 경계면 S와 벡터장

$$F(x, y, z) = (2xy^2,\ y^3 + e^{xz},\ \cos(xy))$$

에 대해 $\iint_S F \cdot dS = \dfrac{q}{p}$라 하자. p, q가 서로소인 자연수 일 때 p의 값을 구하시오. [5점]

24

4×4 행렬 A와

$$B = \begin{pmatrix} 2 & 0 & 0 & 0 \\ 0 & -1 & 0 & 0 \\ 0 & 0 & 1 & 0 \\ 0 & 0 & 0 & 3 \end{pmatrix},\ P = \begin{pmatrix} 1 & 0 & 0 & 0 \\ 1 & 1 & 0 & 0 \\ 0 & 1 & 1 & 0 \\ 0 & 0 & 1 & 1 \end{pmatrix}$$

가 $B = P^{-1}AP$를 만족한다. $f(x)$를 행렬 $A + 2I$의 특성다항식(characteristic polynomial)이라 할 때, $f(2)$의 절댓값을 구하시오.

[4점]

25

행렬 $A = \begin{pmatrix} a & b & c \\ d & e & f \\ g & h & i \end{pmatrix}$의 고윳값 $1, 2, 3$에 대응하는 고유벡터를 각각 $\vec{v_1} = \begin{pmatrix} 1 \\ 0 \\ 0 \end{pmatrix}$, $\vec{v_2} = \begin{pmatrix} 1 \\ 1 \\ 0 \end{pmatrix}$, $\vec{v_3} = \begin{pmatrix} 1 \\ 1 \\ 1 \end{pmatrix}$이라 할 때, $c + f + i$의 값을 구하시오. [4점]

26

연립미분방정식
$$\begin{cases} x'(t) = 7x(t) - y(t) + 6z(t) \\ y'(t) = -10x(t) + 4y(t) - 12z(t) \\ z'(t) = -2x(t) + y(t) - z(t) \end{cases}$$
의 해 $\begin{pmatrix} x(t) \\ y(t) \\ z(t) \end{pmatrix}$가 초기조건 $\begin{pmatrix} x(0) \\ y(0) \\ z(0) \end{pmatrix} = \begin{pmatrix} -1 \\ 4 \\ 2 \end{pmatrix}$를 만족할 때, $x(1) + y(1) + z(1)$의 값은 $ae^l + be^m + ce^n$이다. $a + b + c + l + m + n$의 값을 구하시오. (단, a, b, c, l, m, n은 모두 정수이다.) [5점]

2022학년도 한양대학교

서울 자연계 A형
문항 수: 25문항 | 제한시간: 70분

02

함수 $f(x) = \arctan(\arcsin \sqrt{x})$에 대해
$f'\left(\dfrac{1}{4}\right) = \dfrac{a}{b+\pi^2} \dfrac{1}{\sqrt{3}}$
일 때, $a+b$의 값은? (단, a, b는 정수이다.) [4점]

① 84 ② 96
③ 108 ④ 120
⑤ 136

03

$x=2$에서 $x=\pi+2$까지의 곡선 $y=\sin(x-2)$와 x축으로 둘러싸인 영역을 y축 중심으로 회전하여 얻은 입체의 부피는? [4점]

① $2\pi(2\pi+1)$ ② $2\pi(2\pi+2)$
③ $2\pi(2\pi+3)$ ④ $2\pi(\pi+3)$
⑤ $2\pi(\pi+4)$

04

정적분 $\displaystyle\int_{\frac{\pi}{3}}^{\frac{\pi}{2}} \dfrac{1}{\cos x - 1} dx$의 값은? [4점]

① $1+\sqrt{3}$ ② $-1+\sqrt{3}$
③ $-1-\sqrt{3}$ ④ $1-\sqrt{3}$
⑤ $\dfrac{-1+\sqrt{3}}{2}$

05

모든 실수에 대하여 수렴하는 멱급수는? [3점]

① $\displaystyle\sum_{n=1}^{\infty} \dfrac{(x-3)^n}{n}$ ② $\displaystyle\sum_{n=0}^{\infty} \dfrac{(-1)^n x^{2n}}{2^{2n}(n!)^2}$
③ $\displaystyle\sum_{n=0}^{\infty} x^n$ ④ $\displaystyle\sum_{n=0}^{\infty} (-1)^n \dfrac{x^{2n+1}}{2n+1}$
⑤ $\displaystyle\sum_{n=1}^{\infty} (-1)^{n-1} \dfrac{x^n}{n}$

06

$x=0$ 근방에서 함수 $f(x) = \dfrac{1}{\sqrt{1-x}}$ 의 테일러 급수를 $\sum_{n=0}^{\infty} \dfrac{b_n}{a_n} x^n$ 이라 할 때, $|a_3| + |b_3|$ 의 값은?

(단, a_3과 b_3은 서로소인 정수이다.) [3점]

① 3 ② 7
③ 11 ④ 21
⑤ 65

07

곡선 $r(t) = (2\cos t, 2\sin t, t^2)$의 점 $(2, 0, 0)$에서의 곡률은? [4점]

① 1 ② $\dfrac{1}{\sqrt{2}}$
③ $\dfrac{1}{2\sqrt{2}}$ ④ $\dfrac{1}{\sqrt{6}}$
⑤ $\dfrac{4\sqrt{2}}{3}$

08

$yz + x\ln y = z^2,\ z>0$ 일 때, $(x, y) = (0, e)$에서 $\dfrac{\partial z}{\partial y}$의 값은? [4점]

① 1 ② 2
③ e ④ $\dfrac{e}{2e-1}$
⑤ $\dfrac{e^2}{3}$

09

점 $(2, 1, 1)$에서 곡면 $2x^2 + 3y^2 - 5z^2 = 6$의 법선벡터는? [3점]

① $<4, 2, 5>$ ② $<4, 3, -5>$
③ $<2, 1, \dfrac{3}{2}>$ ④ $<2, \dfrac{3}{2}, 5>$
⑤ $<3, 2, -4>$

10

행렬 $A = \begin{pmatrix} 4 & 0 & 1 \\ -2 & 1 & 0 \\ -2 & 0 & 1 \end{pmatrix}$의 고윳값 $\lambda_1, \lambda_2, \lambda_3$에 대응하는 고유벡터를 각각 $\vec{a} = \begin{pmatrix} a_1 \\ 1 \\ a_3 \end{pmatrix}, \vec{b} = \begin{pmatrix} b_1 \\ b_2 \\ 2 \end{pmatrix}, \vec{c} = \begin{pmatrix} 3 \\ c_2 \\ c_3 \end{pmatrix}$이라 할 때, $\lambda_1 + \lambda_2 + \lambda_3 + a_1 + b_2 + c_3$의 값은?
(단, $\lambda_1 < \lambda_2 < \lambda_3$) [4점]

① 3 ② 4
③ 5 ④ 6
⑤ 7

11

형식 $3x^2 - 4xy + 3y^2 + 5z^2$을 직교대각화하면 $aX^2 + bY^2 + 5Z^2$이다. 이때, $X = \alpha x + \beta y + \gamma z$이면 $a^2 + b^2 + \alpha^2 + \beta^2 + \gamma^2$의 값은? (단, $a < b \leq 5$)
[5점]

① 24 ② 25
③ 26 ④ 27
⑤ 28

12

모든 2×2행렬들로 이루어진 벡터공간 $M_2(\mathbb{R})$와 행렬 $A = \begin{pmatrix} 1 & 3 \\ 2 & -1 \end{pmatrix}$에 대하여 선형사상 $T: M_2(\mathbb{R}) \to M_2(\mathbb{R})$는 $T(B) = AB$로 정의된다. 벡터공간 $M_2(\mathbb{R})$의 표준기저 $\left\{ \begin{pmatrix} 1 & 0 \\ 0 & 0 \end{pmatrix}, \begin{pmatrix} 0 & 1 \\ 0 & 0 \end{pmatrix}, \begin{pmatrix} 0 & 0 \\ 1 & 0 \end{pmatrix}, \begin{pmatrix} 0 & 0 \\ 0 & 1 \end{pmatrix} \right\}$에 대한 T의 행렬표현을 $P = (p_{ij})_{4 \times 4}$라 할 때, $p_{13} + p_{24}$의 값은? [4점]

① 5 ② 6
③ 7 ④ 8
⑤ 9

[13~14] 다음 제시문을 읽고 물음에 답하시오.

> 모든 2×2행렬들로 이루어진 벡터공간 $M_2(\mathbb{R})$에 다음과 같은 내적이 주어져 있다.
> $$(A, B) = a_{11}b_{11} + a_{12}b_{12} + a_{21}b_{21} + a_{22}b_{22}$$
> (단, $A = (a_{ij})$, $B = (b_{ij})$는 $M_2(\mathbb{R})$의 행렬이다.)
> $T: M_2(\mathbb{R}) \to M_2(\mathbb{R})$를 행렬 $\begin{pmatrix} 1 & 0 \\ 0 & 0 \end{pmatrix}$과 $\begin{pmatrix} 1 & 1 \\ 1 & 0 \end{pmatrix}$이 생성하는 부분공간 W로의 정사영(orthogonal projection)이라 하고, T의 표준 기저 $\left\{ \begin{pmatrix} 1 & 0 \\ 0 & 0 \end{pmatrix}, \begin{pmatrix} 0 & 1 \\ 0 & 0 \end{pmatrix}, \begin{pmatrix} 0 & 0 \\ 1 & 0 \end{pmatrix}, \begin{pmatrix} 0 & 0 \\ 0 & 1 \end{pmatrix} \right\}$에 대한 행렬 표현을 $P = (p_{ij})_{4\times 4}$라 하자.

13 신유형 & 고난도

행렬 $C = \begin{pmatrix} 4 & 2 \\ 3 & 1 \end{pmatrix}$의 W 위로의 정사영을 $T(C) = \begin{pmatrix} \alpha & \beta \\ \gamma & \delta \end{pmatrix}$라 할 때, $\alpha + \beta + \gamma + \delta$의 값은? [4점]

① 5　　② 6
③ 7　　④ 8
⑤ 9

14 신유형 & 고난도

제시문의 행렬 $P = (p_{ij})_{4\times 4}$에 대하여
$p_{11} + p_{22} + p_{33} + p_{44} + \det(P)$의 값은?
(단, $\det P$는 P의 행렬식이다.) [5점]

① 2　　② 3
③ 4　　④ 5
⑤ 6

15

행렬 $A = \begin{pmatrix} \dfrac{\sqrt{3}}{2} & 0 & -\dfrac{1}{2} \\ 0 & -1 & 0 \\ \dfrac{1}{2} & 0 & \dfrac{\sqrt{3}}{2} \end{pmatrix}$와

두 벡터 $\vec{x} = (0, 1, 1)^T$, $\vec{y} = \left(-\dfrac{1}{2}, 0, \dfrac{\sqrt{3}}{2}\right)^T \in \mathbb{R}^3$

에 대하여 내적 $(A^{2022}\vec{x}) \cdot (A^{2021}\vec{y})$의 값은? [4점]

① 0　　② 1
③ 1011　　④ 2021
⑤ 2022

16

행렬 $A = \begin{pmatrix} 0 & -1 & 0 & 0 \\ 1 & -2 & 0 & 0 \\ 0 & 0 & 3 & 0 \\ 0 & 0 & 0 & 5 \end{pmatrix}$ 와 벡터 $\vec{v} = \begin{pmatrix} 1 \\ 0 \\ 0 \\ 0 \end{pmatrix}$ 에 대하여

$(3A^7 + 7A^6 + 13A^3 + 5A^2 - 4A)\vec{v} = (p, q, r, s)^T$

일 때, $p+q+r+s$의 값은? [4점]

① 8
② 10
③ 13
④ 17
⑤ 22

17

방정식 $t^2 x'(t) + 2(1+t)x(t) = \dfrac{1}{t^2} e^{\frac{2}{t}}$ 의 해 $x(t)$가 조건 $x(1) = 2e^2$을 만족할 때, $x(2)$의 값은? [4점]

① $\dfrac{3}{8}e$
② $\dfrac{1}{2}e$
③ $\dfrac{5}{8}e$
④ $\dfrac{3}{4}e$
⑤ $\dfrac{7}{8}e$

18

미분 방정식 $x'(t) = x(t)(3 - 4x(t))$의 해 $x(t)$가 초기조건 $x(0) = 3$을 만족할 때, $x(3)$의 값은? [4점]

① $\dfrac{e^3}{\dfrac{4}{3}e^3 - 1}$
② $\dfrac{e^4}{\dfrac{4}{3}e^4 - 1}$
③ $\dfrac{e^7}{\dfrac{4}{3}e^7 - 1}$
④ $\dfrac{e^8}{\dfrac{4}{3}e^8 - 1}$
⑤ $\dfrac{e^9}{\dfrac{4}{3}e^9 - 1}$

19

미분방정식 $y'(t) = \dfrac{2t^2 + y(t)^2}{ty(t)}$, $ty(t) \neq 0$의 해 $y(t)$가 조건 $y(1) = 6$을 만족할 때, $y(e)$의 값은? [4점]

① $e\sqrt{6}$ ② $e\sqrt{10}$
③ $2e\sqrt{6}$ ④ $2e\sqrt{10}$
⑤ $3e\sqrt{6}$

20

연립미분 방정식 $\begin{cases} x'(t) = y(t) \\ y'(t) = -x(t) - 2y(t) \end{cases}$의 해 $\begin{pmatrix} x(t) \\ y(t) \end{pmatrix}$가 초기조건 $\begin{pmatrix} x(0) \\ y(0) \end{pmatrix} = \begin{pmatrix} 1 \\ 2 \end{pmatrix}$를 만족할 때, $x(2) + y(2)$의 값은? [4점]

① $-2e^{-2}$ ② $-e^{-2}$
③ e^{-2} ④ $2e^{-2}$
⑤ $3e^{-2}$

21

전원 정답 처리

※ 아래 주관식 문제 [22-26]의 정답 표기는 답안지의 「주관식 답란 표기방법」을 참조하시오.

22

아래 그림에서 원 $(x-15)^2+y^2=5^2$의 호 C를 y축 중심으로 회전하여 얻은 곡면의 넓이가 $a\pi+b\pi^2$일 때, $a+b$의 값을 구하시오.(단, a, b는 정수이다.) [4점]

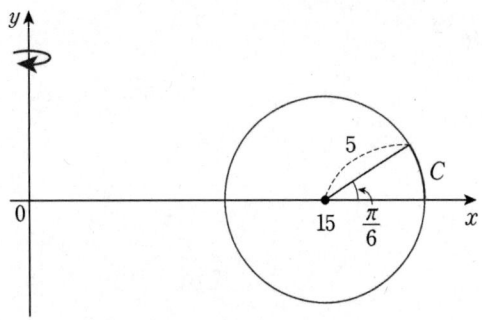

23

벡터장
$$F(x, y, z) = (\sin y, x\cos y + \cos z, -y\sin z)$$
와 곡선 $C : r(t) = (\sin t, t, 2t)$, $0 \le t \le \dfrac{\pi}{2}$에 대하여 $\displaystyle\int_C F \cdot dr$의 값이 $a + \dfrac{\pi}{b}$일 때, $a+b+12$의 값을 구하시오.(단, a, b는 정수이다.) [4점]

24

행렬 $\begin{pmatrix} 2 & -1 & 0 & 0 & 0 \\ -1 & 2 & -1 & 0 & 0 \\ 0 & -1 & 2 & -1 & 0 \\ 0 & 0 & -1 & 2 & -1 \\ 0 & 0 & 0 & -1 & 2 \end{pmatrix}$의 행렬식을 구하시오. [3점]

25

$f(x) = x^4 + \int_0^x \sin(x-t)f(t)dt$인 함수 $f(x)$에 대하여 $f(1)$의 값을 $\dfrac{p}{q}$라 할 때, $p+q$의 값을 구하시오. (단, p, q는 서로소인 자연수이다.) [4점]

26

어떤 곤충의 개체 수 $P(t)$가 미분 방정식 $\dfrac{dP}{dt} = 1 + t^2 + P + t^2 P$, $P(0) = 10$을 만족한다고 하자. $P(3)$의 값이 $\alpha e^\beta + \gamma$일 때, $\alpha + \beta + \gamma$의 값을 구하시오. (단, α, β, γ는 상수이다.) [4점]

2021학년도 한양대학교
서울 자연계 A형
문항 수: 25문항 | 제한시간: 70분

02

|보기|에서 수렴하는 급수만을 있는 대로 고른 것은?

[3점]

|보기|
ㄱ. $\sum_{n=1}^{\infty} \dfrac{\ln(2n^3)}{1+n^2}$ ㄴ. $\sum_{n=1}^{\infty} \dfrac{2^n \times n!}{n^n}$

ㄷ. $\sum_{n=1}^{\infty} \dfrac{\cos n\pi}{n}$

① ㄱ   ② ㄷ
③ ㄱ, ㄴ   ④ ㄴ, ㄷ
⑤ ㄱ, ㄴ, ㄷ

03

곡면 $x+3y^2+z^4=5$ 위의 점 $(1, 1, 1)$에서의 접평면을 α라 하자. 점 $(-2, a, b)$가 α 위에 있을 때, a^2+b^2의 최솟값은?

[3점]

① $\dfrac{5}{4}$ ② $\dfrac{7}{4}$
③ $\dfrac{9}{4}$ ④ $\dfrac{11}{4}$
⑤ $\dfrac{13}{4}$

04

함수 $f(x)=\dfrac{\sin x}{2+e^x}$의 $x=0$에서 4차 테일러 다항식을 $p(x)$라 할 때, $p(1)$의 값은?

[4점]

① $\dfrac{4}{27}$ ② $\dfrac{14}{81}$
③ $\dfrac{16}{81}$ ④ $\dfrac{2}{9}$
⑤ $\dfrac{20}{81}$

05

곡선 $y=\dfrac{3x}{1+x^3}$과 세 직선 $y=0$, $x=1$, $x=5$로 둘러싸인 부분을 y축을 중심으로 회전하여 얻은 입체의 부피는?

[4점]

① $3\pi+\ln 21$ ② $\pi+3\ln 21$
③ $3\pi \ln 21$ ④ $2\pi+\ln 63$
⑤ $2\pi \ln 63$

06

영역
$\{(r\cos\theta, r\sin\theta) \mid 1+2\cos\theta \leq r \leq 4\cos\theta\}$의 넓이는? [5점]

① $\dfrac{8\pi - \sqrt{3}}{6}$ ② $\dfrac{9\pi - 2\sqrt{3}}{6}$

③ $\dfrac{10\pi - 3\sqrt{3}}{6}$ ④ $\dfrac{11\pi - 4\sqrt{3}}{6}$

⑤ $\dfrac{12\pi - 5\sqrt{3}}{6}$

07

$\displaystyle\int_0^2 \int_{2y}^4 \dfrac{1}{\sqrt{1+x^2}} dx dy$의 값은? [4점]

① $\dfrac{\sqrt{5}-1}{4}$ ② $\dfrac{\sqrt{5}-1}{3}$

③ $\dfrac{\sqrt{5}-1}{2}$ ④ $\dfrac{\sqrt{17}-1}{3}$

⑤ $\dfrac{\sqrt{17}-1}{2}$

08

두 평면 $z=2y$, $z=0$과 곡면 $y=2x-x^2$에 둘러싸인 부분을 S라 할 때, $\displaystyle\iiint_S x\,dV$의 값은? [5점]

① $\dfrac{16}{15}$ ② $\dfrac{15}{14}$

③ $\dfrac{14}{13}$ ④ $\dfrac{13}{12}$

⑤ $\dfrac{12}{11}$

09

곡면 $\sigma : x^2 + \dfrac{y^2}{4} + \dfrac{z^2}{9} = 1$과 벡터장(vector field)

$F(x, y, z) = (x+y)\vec{i} + (3z^2+y)\vec{j} + (x+z)\vec{k}$

에 대하여 $\displaystyle\iint_\sigma F \cdot n\,dS$의 값은?

(단, n은 σ의 외향단위법선벡터장(outward unit normal vector field)이다.) [4점]

① 12π ② 18π

③ 24π ④ 30π

⑤ 36π

10

선형사상

$T(x, y, z) = (x+2y+z, x+y+z,$
$\qquad 2x+7y+az, 3x+5y+bz)$

의 치역 $Im\,T$의 차원이 2이고 핵 $\ker T$의 차원이 c일 때, $a+b+c$의 값은? (단, a, b, c는 상수이다.) [3점]

① 3 ② 4
③ 5 ④ 6
⑤ 7

11

모든 3×3행렬들로 이루어진 벡터공간 $M_3(\mathbb{R})$에 대하여

$\begin{cases} a_{1j} + a_{2j} + a_{3j} = 0 \ (j=1,2,3) \\ a_{i1} + a_{i2} + a_{i3} = 0 \ (i=1,2,3) \\ a_{11} + a_{22} + a_{33} = 0 \\ a_{13} + a_{22} + a_{31} = 0 \end{cases}$

을 만족하는 모든 행렬 $(a_{ij}) \in M_3(\mathbb{R})$의 집합을 U, $a_{ij} = -a_{ji}(1 \le i, j \le 3)$을 만족하는 모든 행렬 $(a_{ij}) \in M_3(\mathbb{R})$의 집합을 W라 하자. 부분 공간 $U+W = \{\vec{u}+\vec{w} \mid \vec{u} \in U, \vec{w} \in W\}$의 차원은? [5점]

① 3 ② 4
③ 5 ④ 6
⑤ 7

12 신유형 & 고난도

선형사상

$T(a, b, c, d, e) = (a+b, b+c, c+d, d+e, 3e)$

에 대하여 벡터 $\vec{v} = (0, 1, 0, 0, 0)$을 포함하는 가장 작은 T-불변 부분 공간(T-invariant subspace)의 차원은? [4점]

① 1 ② 2
③ 3 ④ 4
⑤ 5

13

두 행렬 $A = \begin{pmatrix} 3 & 0 & 0 & 0 \\ 1 & 3 & 0 & 0 \\ 0 & 0 & 3 & 2 \\ 0 & 0 & 0 & 3 \end{pmatrix}$, $B = \begin{pmatrix} 3 & 0 & 0 & 0 \\ 5 & 3 & 0 & 0 \\ 0 & 0 & 3 & 0 \\ 0 & 0 & 0 & 3 \end{pmatrix}$의 특성다항식(characteristic polynomial)을 각각 $f_A(x)$, $f_B(x)$, 최소다항식(minimal polynomail)을 각각 $m_A(x)$, $m_B(x)$라 하자. |보기|에서 옳은 것만을 있는 대로 고른 것은? [4점]

|보기|
ㄱ. $f_A(x) = f_B(x)$
ㄴ. $m_A(x) = m_B(x)$
ㄷ. A와 B는 닮은 행렬(similar matrix)이다.
ㄹ. $f_A(x) = m_B(x)g(x)$인 실수 계수 다항식 $g(x)$가 존재한다.

① ㄱ
② ㄱ, ㄹ
③ ㄴ, ㄹ
④ ㄱ, ㄴ, ㄹ
⑤ ㄱ, ㄴ, ㄷ, ㄹ

14

행렬 $A = \begin{pmatrix} a & b & c \\ d & e & f \\ g & h & i \end{pmatrix}$에 대하여 $\det A = 8$이고 공간 $\mathbb{R}^3$의 영벡터가 아닌 모든 벡터는 행렬 A의 고유벡터일 때, $a+e+i$의 값은?(단, $\det A$는 A의 행렬식이다.) [4점]

① 6
② 7
③ 8
④ 9
⑤ 10

15

|보기|에서 옳은 것만을 있는 대로 고른 것은? [4점]

|보기|
ㄱ. 4×4행렬 A가 가역행렬이고 $B = (\det A)A^{-1}$일 때, $\det(A^3) = \det B$이다.
ㄴ. 5×5행렬 $A = (a_{ij})$가 $a_{ij} = -a_{ji}$ $(1 \leq i, j \leq 5)$를 만족할 때, $\det A = 0$이다.
ㄷ. W_1, W_2, W_3이 벡터공간 V의 부분공간일 때, $(W_1 + W_2) \cap W_3 = (W_1 \cap W_3) + (W_2 \cap W_3)$이다.

① ㄱ
② ㄷ
③ ㄱ, ㄴ
④ ㄴ, ㄷ
⑤ ㄱ, ㄴ, ㄷ

16

미분 방정식 $x'(t)+3x(t)=4$의 해 $x(t)$가 초기조건 $x(0)=5$를 만족할 때, $\lim_{t\to\infty}x(t)$의 값은? [3점]

① $\dfrac{3}{4}$ ② $\dfrac{4}{5}$

③ $\dfrac{4}{3}$ ④ $\dfrac{3}{2}$

⑤ $\dfrac{5}{3}$

17

미분 방정식 $x'(t)+2x(t)=e^t\sqrt{x(t)}$의 해 $x(t)$가 초기조건 $x(0)=4$를 만족할 때, $x(1)$의 값은? [4점]

① $\left(\dfrac{e}{4}+\dfrac{7}{4e}\right)^2$ ② $\left(\dfrac{e}{4}-\dfrac{7}{4e}\right)^2$

③ $\left(\dfrac{7e}{4}+\dfrac{1}{4e}\right)^2$ ④ $\left(\dfrac{e}{4}-\dfrac{9}{4e}\right)^2$

⑤ $\left(\dfrac{e}{4}+\dfrac{9}{4e}\right)^2$

18

미분 방정식 $xx''-(x')^2-2tx^2=0$의 해 $x(t)$가 조건 $x(0)=2$, $x'(0)=2$를 만족할 때, $x(3)$의 값은? [5점]

① $2e^{12}$ ② $2e^{14}$

③ $2e^{16}$ ④ $2e^{18}$

⑤ $2e^{20}$

19

어떤 수학자는 은하계 생명체의 개체 수 $x(t)$가 미분방정식

$$\begin{cases} \dfrac{d^2x}{dt^2}+5\dfrac{dx}{dt}+6x=0 \\ x(0)=5\times 10^{21},\ x'(0)=-8\times 10^{21} \end{cases}$$

을 따라 감소한다고 예측하였다. 이 수학자의 예측에 따른 $t=10$일 때의 개체 수 $x(10)$의 값은?   [3점]

① $10^{21}(8e^{-20}-e^{-30})$

② $10^{21}(7e^{-20}-2e^{-30})$

③ $10^{21}(6e^{-20}-3e^{-30})$

④ $10^{21}(5e^{-20}-4e^{-30})$

⑤ $10^{21}(4e^{-20}-5e^{-30})$

20

함수 f의 라플라스 변환 $F(s)$가

$F(s)=\dfrac{e^{-4s}}{s^2+3}+\dfrac{s-1}{(s-2)^2+3}$ 일 때, $\ln f\left(\dfrac{\sqrt{3}\,\pi}{9}\right)$의 값은?   [4점]

① $\dfrac{\sqrt{3}}{9}\pi$ ② $\dfrac{2\sqrt{3}}{9}\pi$

③ $\dfrac{\sqrt{3}}{3}\pi$ ④ $\dfrac{4\sqrt{3}}{9}\pi$

⑤ $\dfrac{5\sqrt{3}}{9}\pi$

21

연립 미분방정식 $\begin{cases} x'(t)=x(t)+y(t)+2e^{-t} \\ y'(t)=4x(t)+y(t)+4e^{-t} \end{cases}$ 의 해 $\begin{pmatrix} x(t) \\ y(t) \end{pmatrix}$가 초기 조건 $\begin{pmatrix} x(0) \\ y(0) \end{pmatrix}=\begin{pmatrix} 3 \\ 6 \end{pmatrix}$을 만족할 때, $2x(\ln 2)+y(\ln 2)$의 값은?   [4점]

① 102 ② 105

③ 108 ④ 111

⑤ 114

※ 아래 주관식 문제 [22-26]의 정답 표기는 답안지의
「주관식 답란 표기방법」을 참조하시오.

22

곡면
$$F(u, v) = (2u\cos v, 2u\sin v, u^2)$$
$$(\sqrt{3} \leq u \leq 2\sqrt{2}, \ 0 \leq v \leq 3)$$
의 넓이를 구하시오.
[4점]

23

실수 x, y, z가 $3x^2 + y^2 + z^2 = 20$을 만족할 때, xyz^3의 최댓값을 구하시오. [4점]

24

벡터 공간 V의 기저 $\{\vec{v_1}, \vec{v_2}, \vec{v_3}, \vec{v_4}\}$에 대한 선형사상 $T : V \to V$의 행렬표현이 $\begin{pmatrix} 2 & 0 & 0 & 0 \\ 1 & 2 & 0 & 0 \\ 0 & 1 & 2 & 0 \\ 0 & 0 & 0 & 2 \end{pmatrix}$일 때, V의 기저 $\{\vec{v_1}, T(\vec{v_1}), T^2(\vec{v_1}), \vec{v_4}\}$에 대한 T의 행렬표현을 A라 하자. 행렬 A의 모든 성분들의 합을 구하시오.
[4점]

25

행렬 $A = \begin{pmatrix} 1 & 1 & 1 & 1 \\ 1 & 2 & 4 & 8 \\ 1 & -2 & 4 & -8 \\ 1 & -1 & 1 & -1 \end{pmatrix}$ 의 복소수 범위의 서로 다른 네 고윳값을 a, b, c, d라 할 때, 네 수의 곱 $abcd$의 값을 구하시오. [4점]

26

반지름의 비가 2 : 3인 구 모양의 두 개의 눈덩이로 큰 눈덩이 위에 작은 것을 올려놓아 눈사람을 만들었다. 두 눈덩이가 녹을 때 그 부피는 표면적에 정비례하는 비율로 감소하고, 비례 상수는 두 눈덩이에 대해 동일하며, 녹는 동안 두 눈덩이는 모두 구 모양으로 유지된다고 하자. 눈사람의 처음 부피를 V_1, 눈사람의 키가 처음의 $\frac{1}{2}$이 되었을 때, 눈사람의 부피를 V_2라 하자. $\frac{V_2}{V_1} = \frac{q}{p}$일 때, $p+q$의 값을 구하시오.
(단, p, q는 서로소인 자연수이다.) [5점]

2026학년도 대비

수학

서강대 · 성균관대 · 한양대

기출문제 해설집 [해설편]

서강대 · 성균관대 · 한양대 최신 5개년 기출 수록! 고난도 문제 해결력 강화!

김앤북
KIM&BOOK

CONTENTS

문제편

서강대학교

2025학년도	자연계	10
2024학년도	자연계	16
2023학년도	자연계	22
2022학년도	자연계	28
2021학년도	자연계	34

성균관대학교

2025학년도	자연계 A형	42
2024학년도	자연계 A형	48
2023학년도	자연계 A형	54
2022학년도	자연계 A형	60
2021학년도	자연계 A형	66

한양대학교

2025학년도	서울 자연계 A형	74
2024학년도	서울 자연계 A형	82
2023학년도	서울 자연계 A형	90
2022학년도	서울 자연계 A형	98
2021학년도	서울 자연계 A형	106

해설편

서강대학교

2025학년도	자연계	118
2024학년도	자연계	122
2023학년도	자연계	127
2022학년도	자연계	132
2021학년도	자연계	137

성균관대학교

2025학년도	자연계 A형	144
2024학년도	자연계 A형	148
2023학년도	자연계 A형	153
2022학년도	자연계 A형	157
2021학년도	자연계 A형	162

한양대학교

2025학년도	서울 자연계 A형	168
2024학년도	서울 자연계 A형	175
2023학년도	서울 자연계 A형	181
2022학년도	서울 자연계 A형	187
2021학년도	서울 자연계 A형	193

SOGANG UNIVERSITY

서강대학교

SOGANG UNIVERSITY
KIM & BOOK

2025학년도 서강대학교

문항 수: 영어 30문항, 수학 20문항 | 제한시간: 120분

TEST p. 10~15

| 01 | ② | 02 | ③ | 03 | ③ | 04 | ② | 05 | ① | 06 | ① | 07 | ⑤ | 08 | ④ | 09 | ⑤ | 10 | ④ |
| 11 | ② | 12 | ③ | 13 | ④ | 14 | ⑤ | 15 | ② | 16 | ① | 17 | 26 | 18 | 16 | 19 | 181 | 20 | 24 |

01 적분법 ②

$$\int_{-2}^{3}\frac{1}{x^2+36}dx=\frac{1}{6}\left[\tan^{-1}\frac{x}{6}\right]_{-2}^{3}$$
$$=\frac{1}{6}\left(\tan^{-1}\frac{1}{2}+\tan^{-1}\frac{1}{3}\right)=\frac{\pi}{24}$$

$$\left(\because \tan^{-1}\frac{1}{2}+\tan^{-1}\frac{1}{3}=\tan^{-1}\left(\frac{\frac{1}{2}+\frac{1}{3}}{1-\frac{1}{2}\cdot\frac{1}{3}}\right)\right.$$
$$\left.=\tan^{-1}1=\frac{\pi}{4}\right)$$

02 다변수 미적분 ③

ㄱ. $\int_{1}^{2n+1}\frac{1}{x}dx=\ln(2n+1)<\sum_{k=1}^{2n}\frac{1}{k}<1+\int_{1}^{2n}\frac{1}{x}dx$
$=1+\ln 2n$

에서 $\frac{\ln(2n+1)}{\sqrt{n}}<\frac{1}{\sqrt{n}}\sum_{k=1}^{2n}\frac{1}{k}<\frac{1+\ln 2n}{\sqrt{n}}$ 이고,

$\lim_{n\to\infty}\frac{\ln(2n+1)}{\sqrt{n}}=\lim_{n\to\infty}\frac{1+\ln 2n}{\sqrt{n}}=0$이므로

조임정리에 의해 $\lim_{n\to\infty}\frac{1}{\sqrt{n}}\sum_{k=1}^{2n}\frac{1}{k}=0$이다.

| 다른 풀이 |

$\lim_{n\to\infty}\frac{1}{\sqrt{n}}\sum_{k=1}^{2n}\frac{1}{k}\approx\lim_{n\to\infty}\frac{\ln n+c}{\sqrt{n}}=0$ (c는 상수)이므로 수렴한다.

ㄴ. $\int_{3}^{\infty}\frac{1}{x(\ln x)\ln(\ln x)}dx$
$=\int_{\ln(\ln 3)}^{\infty}\frac{1}{u}du$ ($\because \ln(\ln x)=u$로 치환)
$=[\ln u]_{\ln(\ln 3)}^{\infty}=\infty$

이므로 적분판정법에 의해 $\sum_{n=3}^{\infty}\frac{1}{n(\ln n)\ln(\ln n)}$은 발산한다.

ㄷ. $\lim_{n\to\infty}\left(1-\frac{1}{\sqrt{n}}\right)^n=e^{-\infty}=0<1$이므로 n 승근판정법에 의해 $\sum_{n=2}^{\infty}\left(1-\frac{1}{\sqrt{n}}\right)^{n^2}$은 수렴한다.

03 선형대수 ③

점 P를 지나고 방향벡터가 $<1,-1,2>$인 직선은
$l : x=1+t, y=1-t, z=1+2t$

직선 l과 평면 $x-y+2z=0$의 교점은 $t=-\frac{1}{3}$일 때,
즉 $H\left(\frac{2}{3},\frac{4}{3},\frac{1}{3}\right)$

P'을 점 P의 평면에 대한 대칭점이라 하면 H는 $\overline{PP'}$의 중점이므로 $P'\left(\frac{1}{3},\frac{5}{3},-\frac{1}{3}\right)$

$\overline{PR}+\overline{QR}$
$=\overline{P'R}+\overline{QR}\geq\overline{P'Q}$
$=\sqrt{\left(\frac{\sqrt{2}+1}{3}-\frac{1}{3}\right)^2+\left(\frac{1}{3}-\frac{5}{3}\right)^2+\left\{\frac{5}{3}-\left(-\frac{1}{3}\right)\right\}^2}$
$=\sqrt{\frac{2}{9}+\frac{16}{9}+\frac{36}{9}}=\sqrt{6}$

따라서 최솟값은 $\sqrt{6}$

04 다변수 미적분 ②

$g(x,y)=x^4+4y^4$,
$f(x,y)=x^4+8x^2y^2+16y^4=(x^2+4y^2)^2$ 이라 하자.

$\begin{cases}\nabla f=\lambda\nabla g\\g(x,y)=1\end{cases}$
$\Rightarrow \begin{cases}4x^3+16xy^2=4\lambda x^3,\ 16x^2y+64y^3=16\lambda y^3\\x^4+4y^4=1\end{cases}$

$4x(x^2+4y^2-\lambda x^2)=0$, $16y(x^2+4y^2-\lambda y^2)=0$에서

(i) $x=0$인 경우 $y^4=\frac{1}{4}$ ∴ $f(0,y)=16y^4=4$
(ii) $y=0$인 경우 $x^4=1$ ∴ $f(x,0)=x^4=1$
(iii) $xy\neq 0$인 경우
$x^2+4y^2-\lambda x^2=0,\ x^2+4y^2-\lambda y^2=0$
$\Rightarrow \lambda x^2=\lambda y^2 \Rightarrow x^2=y^2$

$x^4+4y^4=1$에서 $5x^4=1 \Rightarrow x^2=\frac{1}{\sqrt{5}},\ y^2=\frac{1}{\sqrt{5}}$

∴ $f(x,y)=(x^2+4y^2)^2=(\sqrt{5})^2=5$

따라서 최댓값은 5이고 최솟값은 1이다.

05 신유형 & 고난도 적분법 ①

STEP 1 함수 $h(x)$ 구하기

$h(x) = \sinh\left(x^2 \int_{x^2}^{x^2-2x+2} e^{t^3 x} dt\right)$이고,

$r(x) = x^2 \int_{x^2}^{x^2-2x+2} e^{t^3 x} dt$ 라 하면

$h(x) = \sinh \circ r(x)$이다.

STEP 2 함수 $r(1)$, $r'(1)$의 값 구하기

$r(x) = x^2 \int_{x^2}^{x^2-2x+2} e^{t^3 x} dt$ 에서 $r(1) = 0$

라이프니츠 적분 공식을 이용하면

$r'(x) = 2x \int_{x^2}^{x^2-2x+2} e^{t^3 x} dt + x^2 \left\{ \int_{x^2}^{x^2-2x+2} t^3 e^{t^3 x} dt \right.$
$\left. + (2x-2) e^{(x^2-2x+2)^3 x} - 2x e^{x^7} \right\}$

이므로 $r'(1) = -2e$

STEP 3 함수 $h'(1)$ 구하기

$h'(x) = \cosh(r(x)) r'(x)$이므로

$h'(1) = \cosh(r(1)) r'(1) = \cosh 0 \cdot (-2e) = -2e$

고득점 KEY

라이프니츠 적분 공식

$\dfrac{d}{dx} \int_{u(x)}^{v(x)} f(x,t) dt$
$= f(x,v) \dfrac{dv}{dx} - f(x,u) \dfrac{du}{dx} + \int_{u(x)}^{v(x)} \dfrac{\partial f}{\partial x} dt$

06 공학수학 ①

$\int_C F \cdot dr = \int_0^1 F(r(t)) \cdot r'(t) dt$
$= \int_0^1 (0, -2t^3, t^3 - 2t) \cdot (3t^2, 2t, -2) dt$
$= \int_0^1 (-4t^4 - 2t^3 + 4t) dt$
$= \left[-\dfrac{4}{5} t^5 - \dfrac{1}{2} t^4 + 2t^2 \right]_0^1$
$= -\dfrac{4}{5} - \dfrac{1}{2} + 2 = \dfrac{7}{10}$

07 공학수학 ⑤

$r(u,v) = (u+v, 2u-v+1, -2u+4v)$
$(0 \le u \le 1, \ 0 \le v \le 2)$라 하면

$r_u \times r_v = \begin{vmatrix} i & j & k \\ 1 & 2 & -2 \\ 1 & -1 & 4 \end{vmatrix} = (6, -6, -3) \Rightarrow |r_u \times r_v| = 9$

$\iint_S (x+y+z) dS$
$= 9 \int_0^2 \int_0^1 (u + 4v + 1) du dv$
$= 9 \int_0^2 \left[\dfrac{1}{2} u^2 + (4v+1) u \right]_0^1 dv$
$= 9 \int_0^2 \left(4v + \dfrac{3}{2} \right) dv = 9 \left[2v^2 + \dfrac{3}{2} v \right]_0^2$
$= 9(8+3) = 99$

08 선형대수 ④

$A^2 + I = \begin{pmatrix} 1 & 1 & 3 \\ 0 & 0 & -2 \\ 1 & 3 & 9 \end{pmatrix} \Rightarrow (A^2+I)^{-1} = \dfrac{1}{2} \begin{pmatrix} 3 & 0 & -1 \\ -1 & 3 & 1 \\ 0 & -1 & 0 \end{pmatrix}$

$aA + bI = \begin{pmatrix} b & 0 & a \\ a & b & -a \\ 0 & a & 3a+b \end{pmatrix}$

$(A^2+I)^{-1} = aA + bI \Leftrightarrow \dfrac{1}{2} \begin{pmatrix} 3 & 0 & -1 \\ -1 & 3 & 1 \\ 0 & -1 & 0 \end{pmatrix} = \begin{pmatrix} b & 0 & a \\ a & b & -a \\ 0 & a & 3a+b \end{pmatrix}$

따라서 $a = -\dfrac{1}{2}$, $b = \dfrac{3}{2}$이고, $a + b = 1$

09 선형대수 ⑤

$B = \begin{pmatrix} 11 & 3 \\ 3 & 19 \end{pmatrix}$이라 하면

$|B - \lambda I| = \lambda^2 - 30\lambda + 200 = 0 \Rightarrow \lambda = 20, 10$

각 고유치에 대응되는 고유벡터는 $\begin{pmatrix} 1 \\ 3 \end{pmatrix}$, $\begin{pmatrix} -3 \\ 1 \end{pmatrix}$이다.

행렬 A의 고유치는 1, $\dfrac{1}{2}$이므로 A는 대각화 가능하므로

$A^n = PD^n P^{-1} = \dfrac{1}{10} \begin{pmatrix} 1 & -3 \\ 3 & 1 \end{pmatrix} \begin{pmatrix} 1 & 0 \\ 0 & \dfrac{1}{2^n} \end{pmatrix} \begin{pmatrix} 1 & 3 \\ -3 & 1 \end{pmatrix}$

$= \dfrac{1}{10} \begin{pmatrix} 1 + \dfrac{9}{2^n} & 3 - \dfrac{3}{2^n} \\ 3 - \dfrac{3}{2^n} & 9 + \dfrac{1}{2^n} \end{pmatrix}$

$\Rightarrow \lim_{n \to \infty} A^n = \begin{pmatrix} \dfrac{1}{10} & \dfrac{3}{10} \\ \dfrac{3}{10} & \dfrac{9}{10} \end{pmatrix}$

따라서 모든 성분의 합은 $\dfrac{8}{5}$

10 공학수학 ④

$y' - \dfrac{1}{2x} y = -\dfrac{x}{8y}$는 베르누이 미분방정식이다.

$u = y^2$으로 치환하면

$u' - \dfrac{1}{x} u = -\dfrac{x}{4}$

$$y^2 = u = e^{\int \frac{1}{x}dx}\left(\int -\frac{x}{4}e^{-\int \frac{1}{x}dx}dx + C\right)$$
$$= x\left(-\frac{x}{4} + C\right) = -\frac{1}{4}x^2 + Cx$$

이므로 $y = \sqrt{-\frac{x^2}{4} + Cx} = \sqrt{-\frac{x^2}{4} + 2x}$

$\therefore y(2) = \sqrt{3}$

11 미분법 ②

$f(0) = 1 \Leftrightarrow g(1) = 0$, $f'(x) = e^{2x} + 2(x+1)e^{2x}$,
$f''(x) = 4e^{2x} + 4(x+1)e^{2x}$이므로

$g'(1) = \frac{1}{f'(g(1))} = \frac{1}{f'(0)} = \frac{1}{3}$

$g''(1) = -\frac{f''(g(1))}{\{f'(g(1))\}^3} = -\frac{f''(0)}{\{f'(0)\}^3} = -\frac{8}{27}$

$\therefore g'(1) + g''(1) = \frac{1}{27}$

12 적분법 ③

같은 길이를 가지는 $r = 1 + \cos\theta$를 이용하여 길이를 구하면 다음과 같다.

$l = 2\int_{\frac{\pi}{2}}^{\pi} \sqrt{(1+\cos\theta)^2 + (-\sin\theta)^2}\, d\theta$

$= 2\int_{\frac{\pi}{2}}^{\pi} \sqrt{2 + 2\cos\theta}\, d\theta = 4\int_{\frac{\pi}{2}}^{\pi} \cos\frac{\theta}{2}\, d\theta = 8\left[\sin\frac{\theta}{2}\right]_{\frac{\pi}{2}}^{\pi}$

$= 8\left(1 - \frac{\sqrt{2}}{2}\right) = 8 - 4\sqrt{2}$

$\therefore a + b = 8 - 4 = 4$

13 신유형 & 고난도 다변수 미적분 ④

STEP 1 적분 영역 나타내기

꼭짓점이 $(-t, -t)$, $(t, -t)$, (t, t)인 삼각형으로 둘러싸인 영역은
$D = \{(x, y) \mid -t \leq y \leq x,\ -t \leq x \leq t\}$

STEP 2 $f(t)$를 간단히 하기

$f(t) = \iint_{T(t)} e^{2y-x^2} dA = \int_{-t}^{t}\int_{-t}^{x} e^{2y-x^2} dy dx$

$= \frac{1}{2}\int_{-t}^{t} e^{-x^2}[e^{2y}]_{-t}^{x} dx$

$= \frac{1}{2}\int_{-t}^{t} e^{-x^2}(e^{2x} - e^{-2t}) dx$

$= \frac{1}{2}\int_{-t}^{t} e^{2x-x^2} dx - \frac{1}{2}e^{-2t}\int_{-t}^{t} e^{-x^2} dx$

STEP 3 극한값 구하기

$\lim_{t\to\infty} f(t) = \frac{1}{2}\int_{-\infty}^{\infty} e^{-x^2+2x} dx$

$\left(\because \lim_{t\to\infty} e^{-2t}\int_{-t}^{t} e^{-x^2} dx = 0\right)$

$= \frac{1}{2}\int_{-\infty}^{\infty} e^{1-(x-1)^2} dx$

$= \frac{e}{2}\int_{-\infty}^{\infty} e^{-(x-1)^2} dx$

$= \frac{e}{2}\int_{-\infty}^{\infty} e^{-\alpha^2} d\alpha \quad (\because x - 1 = \alpha$로 치환$)$

$= \frac{e}{2}\sqrt{\pi} \quad \left(\because \int_{-\infty}^{\infty} e^{-x^2} dx = \sqrt{\pi}\right)$

고득점 KEY

비유계 영역에서 이중적분

함수 $z = f(x, y)$가 $R = \{(x, y) \mid a \leq x < \infty,\ c \leq y < \infty\}$에서 연속이고 극한값이 존재한다면

$\lim_{(b,d)\to(\infty,\infty)} \int_a^b\left(\int_c^d f(x,y) dy\right) dx$

$= \iint_R f(x, y) dA$

$= \lim_{(b,d)\to(\infty,\infty)} \int_c^d\left(\int_a^b f(x,y) dx\right) dy$

이상 적분의 공식

① $\int_0^\infty e^{-x^2} dx = \frac{\sqrt{\pi}}{2}$ ② $\int_0^\infty e^{-kx^2} dx = \frac{\sqrt{\pi}}{2\sqrt{k}}$

14 다변수 미적분 ⑤

$\int_0^9 \int_{\sqrt{x}}^3 \int_0^{3-y} \cos(3-z)^4\, dz\, dy\, dx$

$= \int_0^3 \int_0^{3-z} \int_0^{y^2} \cos(3-z)^4\, dx\, dy\, dz$

$= \int_0^3 \int_0^{3-z} y^2 \cos(3-z)^4\, dy\, dz$

$= \frac{1}{3}\int_0^3 (3-z)^3 \cos(3-z)^4\, dz$

$= -\frac{1}{12}[\sin(3-z)^4]_0^3 = \frac{\sin 81}{12}$

15 선형대수 ②

ㄱ. $rank(A) = rank(A^T) = rank(AA^T) = rank(A^TA)$ (참)

ㄴ. $A = PDP^{-1}$, P는 가역행렬, D는 대각행렬이므로
$A^T = (P^{-1})^T D^T P^T$ (참)

ㄷ. $tr(AX - XA) = tr(AX) - tr(XA) = 0 \neq tr(I)$ (거짓)

16 공학수학 ①

$f(t) = \mathcal{L}^{-1}\left\{\dfrac{4s}{(s+1)(s^2+4s+5)}\right\}$

$= \mathcal{L}^{-1}\left\{\dfrac{-2}{s+1} + \dfrac{2s+10}{s^2+4s+5}\right\}$ (∵ 부분분수변환)

$= \mathcal{L}^{-1}\left\{\dfrac{-2}{s+1}\right\} + \mathcal{L}^{-1}\left\{\dfrac{2(s+2)+6}{(s+2)^2+1}\right\}$

$= \mathcal{L}^{-1}\left\{\dfrac{-2}{s+1}\right\} + \mathcal{L}^{-1}\left\{\dfrac{2(s+2)}{(s+2)^2+1}\right\}$

$\quad + \mathcal{L}^{-1}\left\{\dfrac{6}{(s+2)^2+1}\right\}$

$= -2e^{-t} + 2e^{-2t}\cos t + 6e^{-2t}\sin t$

∴ $f(\pi) = -2e^{-\pi} - 2e^{-2\pi}$

17 미분법 26

$f(x)$의 매클로린 급수를 이용하자.

$f(x) = \dfrac{x^2}{1-x-e^{-x}} = \dfrac{x^2}{-\dfrac{x^2}{2!}+\dfrac{x^3}{3!}-\dfrac{x^4}{4!}+\dfrac{x^5}{5!}-\cdots}$

$= \dfrac{1}{-\dfrac{1}{2!}+\dfrac{x}{3!}-\dfrac{x^2}{4!}+\dfrac{x^3}{5!}-\cdots}$

$= -2 - \dfrac{2x}{3} - \dfrac{x^2}{18} + \dfrac{x^3}{270} - \cdots$

(ⅰ) $f(0) = \lim\limits_{x\to 0}\dfrac{x^2}{1-x-e^{-x}}$

$\quad\quad = \lim\limits_{x\to 0}\left(-2 - \dfrac{2x}{3} - \dfrac{x^2}{18} + \dfrac{x^3}{270} - \cdots\right) = -2$

(ⅱ) $f''(x) = -\dfrac{1}{9} + \dfrac{x}{45} - \cdots$ 에서 $f''(0) = -\dfrac{1}{9}$

따라서 $f''(0) - f(0) = -\dfrac{1}{9} + 2 = \dfrac{17}{9} = \dfrac{q}{p}$

∴ $p + q = 26$

18 공학수학 16

발산정리에 의해

$\iint_S F \cdot dS$

$= \iiint_E \text{div}\, F\, dV = \iiint_E (2z+2)\, dV$

$= 2\int_0^{2\pi}\int_0^{\pi/4}\int_0^{2\cos\phi}(\rho\cos\phi+1)\rho^2\sin\phi\, d\rho\, d\phi\, d\theta$

$= 2\int_0^{2\pi}\int_0^{\pi/4}\left[\dfrac{1}{4}\rho^4\cos\phi\sin\phi + \dfrac{1}{3}\rho^3\sin\phi\right]_0^{2\cos\phi}d\phi\, d\theta$

$= 2\int_0^{2\pi}\int_0^{\pi/4}\left(4\cos^5\phi\sin\phi + \dfrac{8}{3}\cos^3\phi\sin\phi\right)d\phi\, d\theta$

$= 2\int_0^{2\pi}\left[-\dfrac{2}{3}\cos^6\phi - \dfrac{2}{3}\cos^4\phi\right]_0^{\pi/4}d\theta$

$= 2\int_0^{2\pi}\left(-\dfrac{2}{3}\cdot\dfrac{1}{8} - \dfrac{2}{3}\cdot\dfrac{1}{4} + \dfrac{2}{3} + \dfrac{2}{3}\right)d\theta$

$= 2\int_0^{2\pi}\dfrac{13}{12}d\theta = \dfrac{13}{3}\pi = \dfrac{q}{p}\pi$

∴ $p + q = 16$

19 선형대수 181

$<x_1, x_2, x_3> \times <1, 1, 1>$
$= <x_2 - x_3, -x_1 + x_3, x_1 - x_2>$

에서 $\begin{pmatrix} y_1 \\ y_2 \\ y_3 \end{pmatrix} = \begin{pmatrix} 0 & 1 & -1 \\ -1 & 0 & 1 \\ 1 & -1 & 0 \end{pmatrix}\begin{pmatrix} x_1 \\ x_2 \\ x_3 \end{pmatrix}$

$A = \begin{pmatrix} 0 & 1 & -1 \\ -1 & 0 & 1 \\ 1 & -1 & 0 \end{pmatrix}$ 이므로 $A^T = \begin{pmatrix} 0 & -1 & 1 \\ 1 & 0 & -1 \\ -1 & 1 & 0 \end{pmatrix}$ 이다.

A^T의 고유방정식은 $\lambda^3 + 3\lambda = 0$

$\Rightarrow (A^T)^3 = -3A^T$ (∵ 케일리-해밀턴의 정리)

$\Rightarrow (A^T)^9 = -27(A^T)^3 = 81A^T = 81\begin{pmatrix} 0 & -1 & 1 \\ 1 & 0 & -1 \\ -1 & 1 & 0 \end{pmatrix}$

따라서 $(A^T)^9$의 $(3, 2)$ 성분은 $a = 81$ 이고
$a + 100 = 181$ 이다.

20 공학수학 24

(ⅰ) 보조방정식 $m^2 - 1 = 0$에서 $m = \pm 1$이므로
    보조해 $y_c = c_1 e^x + c_2 e^{-x}$

(ⅱ) 특수해를 $y_p = (Ax^2 + Bx)e^x$라 하면

$y_p' = \{Ax^2 + (2A+B)x + B\}e^x$ …… ㉠

$y_p'' = (Ax^2 + (4A+B)x + (2A+2B))e^x$ …… ㉡

㉠, ㉡을 미분방정식 $y'' - y = 4xe^x$에 대입하여 정리하면
$(4Ax + 2A + 2B)e^x = 4xe^x$이고 양변의 계수를 비교하면
$A = 1$, $B = -1$

따라서 $y_p = (x^2 - x)e^x$

(ⅰ), (ⅱ)에 의하여 일반해를 구하면

$y = c_1 e^x + c_2 e^{-x} + (x^2 - x)e^x$

$\quad = 12e^x - 13e^{-x} + (x^2 - x)e^x$

$\quad\quad$ (∵ $y(0) = -1$, $y'(1) = 13(e + e^{-1})$)

이므로 $y' = 12e^x + 13e^{-x} + (2x-1)e^x + (x^2-x)e^x$

∴ $y'(0) = 24$

2024학년도 서강대학교

TEST p. 16~21

| 01 | ④ | 02 | ① | 03 | ⑤ | 04 | ① | 05 | ③ | 06 | ② | 07 | ② | 08 | ③ | 09 | ① | 10 | ④ |
| 11 | ③ | 12 | ④ | 13 | ⑤ | 14 | ② | 15 | ⑤ | 16 | ① | 17 | 2 | 18 | 5 | 19 | 0 | 20 | 3 |

01 미분법 ④

$f(x) = x^2 + e^{2x} - 1$ 일 때, $f^{-1}(0) = g(0) = 0$,

$g'(0) = g'(f(0)) = \dfrac{1}{f'(0)} = \dfrac{1}{2}$ 이므로

$\lim\limits_{x \to 0} \dfrac{g(x)}{x\, g'(x)} \left(\dfrac{0}{0}\right) = \lim\limits_{x \to 0} \dfrac{g'(x)}{g'(x) + x g''(x)} = \dfrac{\frac{1}{2}}{\frac{1}{2}} = 1$ 이다.

02 미분법 ①

Maclaurin 급수 전개하면

$f(x) = \dfrac{1}{x}(1-x)\left(-x - \dfrac{1}{2}x^2 - \dfrac{1}{3}x^3 - \cdots\right)$

$\quad = -1 + \dfrac{1}{2}x + \dfrac{1}{6}x^2 + \cdots$

이므로 $f''(0) = \dfrac{1}{6} \times 2! = \dfrac{1}{3}$ 이다.

03 미분법 ⑤

Maclaurin 급수를 이용하면

$\lim\limits_{x \to 0} \dfrac{1}{x^2} \ln\left(\dfrac{\tan x}{x}\right) = \lim\limits_{x \to 0} \dfrac{\ln\left(1 + \frac{1}{3}x^2 + \frac{2}{15}x^4 + \cdots\right)}{x^2}$

$\qquad\qquad\qquad\qquad = \lim\limits_{x \to 0} \dfrac{\frac{1}{3}x^2 + \cdots}{x^2} = \dfrac{1}{3}$

04 선형대수 ①

평면의 법선벡터 $\vec{n}$은 두 직선의 방향벡터와 모두 수직이므로

$\vec{n} = \begin{vmatrix} i & j & k \\ 3 & -2 & 4 \\ 2 & 3 & -2 \end{vmatrix} = (-8, 14, 13)$ 이고,

이 평면이 점 직선 $\dfrac{x-2}{3} = \dfrac{y-6}{-2} = \dfrac{z+1}{4}$ 위의

점 $(2, 6, -1)$을 지나므로 평면의 방정식은

$-8(x-2) + 14(y-6) + 13(z+1) = 0$

$\Rightarrow 8x - 14y - 13z + 55 = 0$

$\therefore a + b + c = -19$

05 다변수 미적분 ③

ㄱ. x축을 따라 접근할 때 $\lim\limits_{x \to 0} \dfrac{0}{x^2} = 0$,

y축을 따라 접근할 때 $\lim\limits_{y \to 0} \dfrac{0}{y^2} = 0$,

원점을 지나는 임의의 직선 $y = mx$를 따라 접근할 때

$\lim\limits_{x \to 0} \dfrac{mx^3}{(m^2+1)x^2} = 0$ 이므로 $\lim\limits_{(x,y) \to (0,0)} \dfrac{x^2 y}{x^2 + y^2} = 0$ 이다.

ㄴ. x축을 따라 접근할 때 $\lim\limits_{x \to 0} \dfrac{0}{x^2} = 0$,

y축을 따라 접근할 때 $\lim\limits_{y \to 0} \dfrac{0}{4y^2} = 0$ 이고

직선 $y = x$를 따라 접근할 때 $\lim\limits_{x \to 0} \dfrac{x^2}{x^2 + 4x^2} = \dfrac{1}{5} \neq 0$ 이므

로 $\lim\limits_{(x,y) \to (0,0)} \dfrac{xy}{x^2 + 4y^2}$ 은 발산한다.

ㄷ. x축을 따라 접근할 때 $\lim\limits_{x \to 0} \dfrac{0}{x^4} = 0$,

y축을 따라 접근할 때 $\lim\limits_{y \to 0} \dfrac{0}{y^2} = 0$,

포물선 $y = x^2$을 따라 접근할 때 $\lim\limits_{x \to 0} \dfrac{x^4}{x^4 + x^4} = \dfrac{1}{2}$ 이므로

$\lim\limits_{(x,y) \to (0,0)} \dfrac{x^2 y}{x^4 + y^2}$ 은 발산한다.

ㄹ. x축을 따라 접근할 때 $\lim\limits_{x \to 0} \dfrac{0}{x^4} = 0$,

y축을 따라 접근할 때 $\lim\limits_{y \to 0} \dfrac{0}{y^2} = 0$,

원점을 지나는 임의의 포물선 $y = mx^2$을 따라 접근할 때

$\lim\limits_{x \to 0} \dfrac{m^2 x^5}{(1+m^2)x^4} = 0$ 이므로 $\lim\limits_{(x,y) \to (0,0)} \dfrac{xy^2}{x^4 + y^2} = 0$ 이 성립한다.

따라서 옳은 것은 ㄱ, ㄹ이다.

06 신유형 & 고난도 다변수 미적분 ②

STEP 1 $\nabla f(1, 1)$ 구하기

라이프니츠 적분공식에 의하여

$$f_x = \frac{d}{dx}\int_0^y e^{t^2 x}dt = \int_0^y \frac{d}{dx}(e^{t^2 x})dt = \int_0^y t^2 e^{t^2 x}dt$$

에서 $f_x(1, 1) = \int_0^1 t^2 e^{t^2}dt$,

미적분학의 기본정리에 의하여

$$f_y(x, y) = \frac{d}{dy}\int_0^y e^{t^2 x}dt = e^{y^2 x}$$이므로 $f_y(1, 1) = e$

따라서 $\nabla f(1, 1) = \left(\int_0^1 t^2 e^{t^2}dt, e\right)$이고,

$\alpha = \int_0^1 t^2 e^{t^2}dt$, $\beta = e$

STEP 2 $g'(1)$ 구하기

$$g'(x) = \frac{d}{dx}\int_0^{x^2} e^{t^2 x}dt = e^{x^5}\cdot 2x + \int_0^{x^2} e^{t^2 x}t^2 dt$$이므로

$\gamma = g'(1) = 2e + \int_0^1 t^2 e^{t^2}dt$이다.

STEP 3 $\alpha + \beta - \gamma$의 값 구하기

$\alpha + \beta - \gamma = \int_0^1 t^2 e^{t^2}dt + e - 2e - \int_0^1 t^2 e^{t^2}dt = -e$이다.

고득점 KEY

라이프니츠 적분 공식

$$\frac{d}{dx}\int_{u(x)}^{v(x)} f(x, t)\,dt$$
$$= f(x, v)\frac{dv}{dx} - f(x, u)\frac{du}{dx} + \int_{u(x)}^{v(x)}\frac{\partial f}{\partial x}dt$$

07 다변수 미적분 ②

(i) $\lim_{n\to\infty} a_n = \int_{-\infty}^{\infty} e^{-x^2}dx = \sqrt{\pi}$

(ii) $\lim_{n\to\infty} b_n = \int_{-\infty}^{\infty}\int_x^{\infty} e^{x-y^2}dy\,dx$

$= \int_{-\infty}^{\infty}\int_{-\infty}^y e^x e^{-y^2}dx\,dy$

$= \int_{-\infty}^{\infty} e^{-y^2+y}dy = \int_{-\infty}^{\infty} e^{-\left(y-\frac{1}{2}\right)^2 + \frac{1}{4}}dy$

$= e^{\frac{1}{4}}\int_{-\infty}^{\infty} e^{-t^2}dt \quad \left(\because y - \frac{1}{2} = t, dy = dt\right)$

$= e^{\frac{1}{4}}\sqrt{\pi}$

(i), (ii)에 의하여 $\lim_{n\to\infty}\frac{b_n}{a_n} = \frac{e^{\frac{1}{4}}\sqrt{\pi}}{\sqrt{\pi}} = e^{\frac{1}{4}}$이다.

08 공학수학 ③

$$r_u \times r_v = \begin{vmatrix} \vec{i} & \vec{j} & \vec{k} \\ 1 & 3u^2 & 0 \\ 0 & 0 & 1 \end{vmatrix} = (3u^2, -1, 0)$$이므로

S 위에서 벡터장 $F(x, y, z) = z\vec{i} + 3\vec{j} + xz\vec{k}$의 면적분 값은

$$\iint_S F \cdot n\,dS = \iint_D (v, 3, uv)\cdot(3u^2, -1, 0)du\,dv$$
$$= \int_0^3\int_0^2 (3u^2 v - 3)du\,dv = 18$$

09 공학수학 ①

제차 방정식 $y'' + y = 0$의 보조 방정식 $t^2 + 1 = 0$에서 $t = \pm i$이므로 보조해는 $y_c = c_1\cos t + c_2\sin t$이다.

역연산자법에 의해 특수해를 구하면

$y_p = \frac{1}{D^2 + 1}\{2\cos x\}$

$= 2Re\left[\frac{1}{D^2 + 1}\{e^{ix}\}\right]$

$= 2Re\left[\frac{1}{(D+i)(D-i)}\{e^{ix}\}\right]$

$= 2Re\left[\frac{x}{2i}\{\cos x + i\sin x\}\right]$

$= x\sin x$

이므로 일반해는 $y = c_1\cos t + c_2\sin t + x\sin x$이고

초기 조건 $y(0) = 1$, $y'(0) = -1$을 대입하면

$c_1 = 1$, $c_2 = -1$이므로 $y = \cos x - \sin x + x\sin x$이다.

그러므로 $y(\pi) = -1$이다.

10 선형대수 ④

$$\det(A) = \begin{vmatrix} a & -3 & 4 \\ 3 & 1 & -1 \\ -4 & 2 & 3 \end{vmatrix} = \begin{vmatrix} a+12 & 1 & 4 \\ 0 & 0 & -1 \\ 5 & 5 & 3 \end{vmatrix}$$
$$= 5a + 60 - 5 = 5a + 55 = 65$$

이므로 $a = 2$이다. 크라메르 공식에 의해

$$y = \frac{\begin{vmatrix} 2 & 17 & 4 \\ 3 & 2 & -1 \\ -4 & -11 & 3 \end{vmatrix}}{\begin{vmatrix} 2 & -3 & 4 \\ 3 & 1 & -1 \\ -4 & 2 & 3 \end{vmatrix}} = \frac{-195}{65} = -3$$이다.

11 적분법 ③

Pappus 정리에 의하여 중심이 $(0, 2)$이고 반지름이 1인 원을 x축을 중심으로 회전하여 얻은 입체의 겉넓이는

$S = (원주) \times 2\pi d = 2\pi \times 2\pi \times 2 = 8\pi^2$

(단, d는 중심부터 축까지의 거리)

12 다변수 미적분 ④

(i) $x^2+y^2<1$일 때, $f_x=2x+1$, $f_y=2y+1$이므로 $\left(-\dfrac{1}{2},\ -\dfrac{1}{2}\right)$에서 임계점을 가지고
$f\left(-\dfrac{1}{2},\ -\dfrac{1}{2}\right)=-\dfrac{1}{2}$이다.

(ii) $x^2+y^2=1$일 때, $h(x,y)=x^2+y^2$이라 할 때, 라그랑주 승수법에 의하여 $\nabla f // \nabla h$일 때, 최댓값 또는 최솟값을 갖는다. 따라서 $(2x+1,\ 2y+1) // (2x,\ 2y) \Leftrightarrow y=x$일 때, 최댓값 또는 최솟값을 갖는다.

즉, $y=x$와 제약조건 $x^2+y^2=1$을 연립하면
$2x^2=1 \Leftrightarrow x=\pm\dfrac{1}{\sqrt{2}}$이고 $y=\pm\dfrac{1}{\sqrt{2}}$일 때, 최댓값 또는 최솟값을 갖는다.

그러므로 최댓값은 $f\left(\dfrac{1}{\sqrt{2}},\ \dfrac{1}{\sqrt{2}}\right)=1+\sqrt{2}$이고
최솟값은 $f\left(-\dfrac{1}{\sqrt{2}},\ -\dfrac{1}{\sqrt{2}}\right)=1-\sqrt{2}$이다.

(i), (ii)에 의하여 최댓값은 $1+\sqrt{2}$이고 최솟값은 $-\dfrac{1}{2}$이므로 최댓값과 최솟값의 합은 $\dfrac{1}{2}+\sqrt{2}$

13 다변수 미적분 ⑤

접선의 방향벡터는
$\nabla f(1,2,1) \times \nabla g(1,2,1) = \begin{vmatrix} \vec{i} & \vec{j} & \vec{k} \\ 0 & 1 & 1 \\ 2x & 2y & 0 \end{vmatrix}_{(1,2,1)}$
$= \begin{vmatrix} \vec{i} & \vec{j} & \vec{k} \\ 0 & 1 & 1 \\ 2 & 4 & 0 \end{vmatrix}$
$= (-4,\ 2,\ -2) // (2,\ -1,\ 1)$

과 평행하고 점 $(1,\ 2,\ 1)$을 지나므로
접선의 방정식은 $\dfrac{x-1}{2}=\dfrac{y-2}{-1}=\dfrac{z-1}{1}$

14 다변수 미적분 ②

$\iiint_E (y^2+z^2)dV$
$= \iint_D \int_{\sqrt{y^2+z^2}}^{2} (y^2+z^2)dx\,dA$ (이때 $D: y^2+z^2 \leq 4$)
$= \iint_D (2-\sqrt{y^2+z^2})(y^2+z^2)dA$
$\qquad (y=r\cos\theta,\ z=r\sin\theta$로 치환)
$= \int_0^{2\pi}\int_0^2 \{(2-r)r^2\}r\,dr\,d\theta$
$= \int_0^{2\pi}\int_0^2 (2r^3-r^4)dr\,d\theta = \dfrac{16}{5}\pi$

15 공학수학 ⑤

$\dfrac{\dfrac{\partial}{\partial x}(x^2-2xy)-\dfrac{\partial}{\partial y}(3xy-2y^2)}{x^2-2xy}=-\dfrac{1}{x}$

이므로 적분인자는 $e^{-\int -\frac{1}{x}dx}=e^{\ln x}=x$이다.
양변에 적분인자를 곱하면
$(3x^2y-2xy^2)dx+(x^3-2x^2y)dy=0$
이고 이 방정식은 완전 방정식이다.
따라서 일반해는 $x^3y-x^2y^2=c$이다.
초기 조건 $y(2)=\dfrac{2+\sqrt{3}}{2}$를 대입하면
$2^3 \cdot \dfrac{2+\sqrt{3}}{2}-2^2\cdot\left(\dfrac{2+\sqrt{3}}{2}\right)^2=c$
$\Rightarrow 4(2+\sqrt{3})-(2+\sqrt{3})^2=c$
$2+\sqrt{3}=t$로 치환하면
$4t-t^2=c \Rightarrow -(t-2)^2+4=c$
이므로 $c=1$이다.
따라서 일반해는 $x^3y-x^2y^2=1$이고
$x=\sqrt{2}$를 대입하면
$2\sqrt{2}y-2y^2=1 \Rightarrow y(\sqrt{2})=\dfrac{1}{\sqrt{2}}$이다.

16 선형대수 ①

$\det(A) = \begin{vmatrix} a & b & b & b \\ b & a & b & b \\ b & b & a & b \\ b & b & b & a \end{vmatrix} = \begin{vmatrix} a & b & b & b \\ b-a & a-b & 0 & 0 \\ b & b & a & b \\ b & b & b & a \end{vmatrix}$

$= \begin{vmatrix} a+b & b & b & b \\ 0 & a-b & 0 & 0 \\ 2b & b & a & b \\ 2b & b & b & a \end{vmatrix}$

$= (a-b)\begin{vmatrix} a+b & b & b \\ 2b & a & b \\ 2b & b & a \end{vmatrix}$

$= (a-b)\begin{vmatrix} a+b & b & b \\ 2b & a & b \\ 0 & b-a & a-b \end{vmatrix}$

$= (a-b)\begin{vmatrix} a+b & 2b & b \\ 2b & a+b & b \\ 0 & 0 & a-b \end{vmatrix}$

$= (a-b)^2\begin{vmatrix} a+b & 2b \\ 2b & a+b \end{vmatrix}$

$= (a-b)^2\{a^2+2ab+b^2-4b^2\}$
$= (a-b)^2\{a^2+2ab-3b^2\}$
$= (a-b)^2(a-b)(a+3b)$
$= (a+3b)(a-b)^3$

17 선형대수   2

네 점 $(0, 3, 6)$, $\left(\dfrac{x}{3}, 7, 7\right)$, $(0, x, 5)$, $(0, 9, x)$를
A, B, C, D라 하면 사면체의 부피는

$$\dfrac{1}{6}|\overrightarrow{AB} \cdot (\overrightarrow{AC} \times \overrightarrow{AD})| = \dfrac{1}{6}\begin{vmatrix} \dfrac{x}{3} & 4 & 1 \\ 0 & x-3 & -1 \\ 0 & 6 & x-6 \end{vmatrix}$$

$$= \dfrac{1}{6} \cdot \dfrac{x}{3}|x^2 - 9x + 24|$$

$$= \dfrac{1}{18}|x^3 - 9x^2 + 24x|$$

$f(x) = \dfrac{1}{18}(x^3 - 9x^2 + 24x)$ 하면

$$f'(x) = \dfrac{1}{18}(3x^2 - 18x + 24)$$

$$= \dfrac{3}{18}(x-2)(x-4)$$

이므로 $x = 2$, $x = 4$에서 임계점을 갖고
$f(2) = \dfrac{10}{9}$, $f(4) = \dfrac{8}{9}$, $f(1) = \dfrac{8}{9}$, $f(5) = \dfrac{10}{9}$ 이므로
사면체 부피의 최댓값은 $\dfrac{10}{9}$, 최솟값은 $\dfrac{8}{9}$이다.
따라서 부피의 최댓값과 최솟값의 합은 2이다.

18 공학수학   5

곡선 C_a로 둘러싸인 영역을 S,
영역 S를 xy-평면에 사영시킨 영역을 D라 하자.
벡터장 $F(x, y, z) = (x^2 - y^2)\vec{i} + x^2\vec{j} + yz\vec{k}$에 대하여

$$\text{curl } F = \begin{vmatrix} \vec{i} & \vec{j} & \vec{k} \\ \dfrac{\partial}{\partial x} & \dfrac{\partial}{\partial y} & \dfrac{\partial}{\partial z} \\ x^2-y^2 & x^2 & yz \end{vmatrix}$$

$$= \vec{i}(z) - \vec{j}(0) + \vec{k}(2x+2y)$$

$$= (z, 0, 2x+2y) \text{ 이고}$$

$ndS = (1, 1, 1)dA$이므로 스토크스 정리에 의하여

$$\int_{C_a} F \cdot dr = \iint_S \text{curl } F \cdot n\, dS$$

$$= \iint_D (z, 0, 2x+2y) \cdot (1, 1, 1)dA$$

$$= \iint_D (x+y+3)dA$$

이다. 또한 평면 $x+y+z=3$과 xy-평면의 사잇각을 θ라고
할 때, $\cos\theta = \dfrac{1}{\sqrt{1+1+1}}$ 이므로

$(D$의 넓이$) = S\cos\theta = \pi a^2 \dfrac{1}{\sqrt{3}}$

이고 평면 $x+y+z=3$이 구의 중심을 지나므로 영역 D의 중심
은 $(1, 1, 0)$이다.

$$\therefore \int_{C_a} F \cdot dr = \iint_S \text{curl } F \cdot n\, dS$$

$$= \iint_D (x+y+3)dA$$

$$= (1+1+3)\dfrac{a^2}{\sqrt{3}}\pi$$

$$= \dfrac{5}{\sqrt{3}}a^2\pi$$

$$\therefore \lim_{a \to 0} \dfrac{\sqrt{3}}{\pi a^2}\int_{C_a} F \cdot dr = \lim_{a \to 0}\dfrac{\sqrt{3}}{\pi a^2}\dfrac{5a^2\pi}{\sqrt{3}} = 5$$

19 공학수학   0

$y(x) = \sum_{n=0}^{\infty} c_n x^n$, $y'(x) = \sum_{n=1}^{\infty} c_n \cdot nx^{n-1}$이고
$y(0) = 2$, $y'(0) = -1$이므로 $c_0 = 2$, $c_1 = -1$이다.
$y'' = \sum_{n=2}^{\infty} c_n n(n-1)x^{n-2}$이므로

$$y'' + xy = 0 \Leftrightarrow \sum_{n=2}^{\infty} c_n n(n-1)x^{n-2} + x\sum_{n=0}^{\infty} c_n x^n = 0$$

$$\Leftrightarrow 2c_2 + \sum_{n=0}^{\infty}\{c_{n+3}(n+3)(n+2) + c_n\}x^{n+1} = 0$$

이며 $c_2 = 0$과 $c_{n+3} = -\dfrac{1}{(n+2)(n+3)}c_n$을 만족한다.
즉, $c_{11} = c_8 = c_5 = c_2 = 0$이다.

20 신유형 & 고난도 선형대수   3

STEP 1 선형변환 T의 표현행렬 구하기

선형변환 $T(x, y, z) = (0, x, y)$에 대한 표현행렬을 A라고 할

때, $A = \begin{pmatrix} 0 & 0 & 0 \\ 1 & 0 & 0 \\ 0 & 1 & 0 \end{pmatrix}$

STEP 2 선형변환 T, T^2, T^3의 특성다항식 구하기

$\det(\lambda I - A) = 0$에서 $\begin{vmatrix} \lambda & 0 & 0 \\ -1 & \lambda & 0 \\ 0 & -1 & \lambda \end{vmatrix} = \lambda^3$ 이므로

$\triangle_T(\lambda) = \lambda^3$

또 표현행렬 A의 고윳값이 0, 0, 0이므로 행렬 A^2, A^3의 고윳
값도 0, 0, 0이고, $\triangle_{T^2}(\lambda) = \lambda^3$, $\triangle_{T^3}(\lambda) = \lambda^3$이다.

STEP 3 극한값 구하기

$$\therefore \lim_{\lambda \to 0}\left|\dfrac{\triangle_T(\lambda) + \triangle_{T^2}(\lambda) + \triangle_{T^3}(\lambda)}{\lambda^3}\right|$$

$$= \lim_{\lambda \to 0}\left|\dfrac{\lambda^3 + \lambda^3 + \lambda^3}{\lambda^3}\right|$$

$$= \lim_{\lambda \to 0}\left|\dfrac{3\lambda^3}{\lambda^3}\right| = 3$$

| 참고 |

선형변환 T, T^2, T^3의 표현행렬을 직접 구하여 특성다항식을 구해도 된다.

고득점 KEY

고윳값과 고유벡터의 성질에 관한 정리

n차 정방행렬 A에 대하여 λ가 행렬 A의 고윳값이며 $\vec{x}$가 λ에 대응하는 고유벡터일 때,

① 자연수 k에 대하여 행렬 A^k의 고윳값: λ^k, 고유벡터: $\vec{x}$

② 스칼라 k에 대하여 행렬 kA의 고윳값: $k\lambda$, 고유벡터: $\vec{x}$

③ A가 가역행렬이면 A^{-1}의 고윳값: $\dfrac{1}{\lambda}$, 고유벡터: $\vec{x}$

④ A와 A^T의 고윳값는 같지만, 고유공간이 같은 것은 아니다.

⑤ A의 모든 고윳값들의 합은 $tr(A)$와 같다.

⑥ A의 모든 고윳값들의 곱은 $\det(A)$와 같다.

2023학년도 서강대학교

01	④	02	①	03	①	04	②	05	③	06	⑤	07	②	08	④	09	⑤	10	④
11	②	12	①	13	④	14	③	15	②	16	⑤	17	26	18	8	19	7	20	11

01 선형대수 ④

L_2를 포함하며 L_1과 평행인 평면을 m이라 하자.
평면 m의 법선벡터는 두 직선의 방향벡터와 동시에 수직이다.
$\langle 2, 2, 1 \rangle \times \langle 1, 2, 0 \rangle = \langle -2, 1, 2 \rangle$이므로 평면 m의 법선벡터는 $\langle -2, 1, 2 \rangle$와 평행하다.
평면 m은 L_2 위의 점 $(1, 0, 2)$를 지나므로
$-2x + y + 2z - 2 = 0$이다.
평면 m과 L_1위의 점 $(1, 2, 3)$ 사이의 거리는
$d = \dfrac{|-2 + 2 + 6 - 2|}{\sqrt{4 + 1 + 4}} = \dfrac{4}{3}$이다.
따라서 L_1과 L_2의 최단거리는 $\dfrac{4}{3}$이다.

02 미분법 ①

$f(x) = \sinh x \cosh x = \dfrac{1}{2}\sinh 2x$에 대하여
$f(a) = \dfrac{1}{2}\sinh 2a = \dfrac{15}{16}$라 하면
$\sinh 2a = \dfrac{15}{8}$이고, $\cosh^2(2a) - \sinh^2(2a) = 1$이므로
$\cosh(2a) = \dfrac{17}{8}$이다.
역함수 미분법에 의해 다음과 같다.
$g'\left(\dfrac{15}{16}\right) = \dfrac{1}{f'(a)}$
$= \dfrac{1}{\cosh 2x}\bigg|_{x=a}$
$= \dfrac{1}{\cosh 2a} = \dfrac{8}{17}$

03 미분법 ①

$x = 0$ 근방에서
$f(x) = \dfrac{1}{x^3}(\cos x^2 - 1)$
$= \dfrac{1}{x^3}\left\{\left(1 - \dfrac{x^4}{2!} + \dfrac{x^8}{4!} - \dfrac{x^{12}}{6!} + \cdots\right) - 1\right\}$이므로

x^9의 계수는 $-\dfrac{1}{6!}$이다.
$f^{(9)}(0) = 9! \times (x^9\text{의 계수}) = -\dfrac{9!}{6!} = -504$이다.

04 적분법 ②

(ⅰ) $\displaystyle\int_0^1 \dfrac{\ln x}{\sqrt{x}}dx = \left[2\sqrt{x}\ln x\right]_0^1 - \int_0^1 \dfrac{2}{\sqrt{x}}dx = -4$

$\left(\because u = \ln x,\ v' = \dfrac{1}{\sqrt{x}}\text{로 부분적분}\right)$

(ⅱ) $\displaystyle\int_e^\infty \dfrac{1}{x(\ln x)^2}dx = \int_1^\infty \dfrac{1}{t^2}dt$ $(\because \ln x = t \text{로 치환})$

$= \left[-\dfrac{1}{t}\right]_1^\infty = 1$

(ⅰ), (ⅱ)에 의하여
$\displaystyle\int_0^1 \dfrac{\ln x}{\sqrt{x}}dx + \int_e^\infty \dfrac{1}{x(\ln x)^2}dx = -4 + 1 = -3$

05 다변수 미적분 ③

$\nabla f(0, 0) = (f_x(0, 0), f_y(0, 0)) = (a, b)$이므로

$a = f_x(0, 0) = \displaystyle\lim_{h \to 0}\dfrac{f(h, 0) - f(0, 0)}{h} = \lim_{h \to 0}\dfrac{\frac{h^3}{|h|}}{h} = 0$

$b = f_y(0, 0) = \displaystyle\lim_{h \to 0}\dfrac{f(0, h) - f(0, 0)}{h} = \lim_{h \to 0}\dfrac{\frac{h|h|}{|h|}}{h} = 1$이다.

$c = D_{\vec{u}}f(0, 0) = \displaystyle\lim_{h \to 0}\dfrac{f\left(\dfrac{h}{\sqrt{2}}, \dfrac{h}{\sqrt{2}}\right) - f(0, 0)}{h}$

$= \displaystyle\lim_{h \to 0}\dfrac{\dfrac{\frac{h}{\sqrt{2}}\left(\frac{h^2}{2} + \frac{|h|}{\sqrt{2}}\right)}{|h|}}{h}$

$= \displaystyle\lim_{h \to 0}\dfrac{1}{\sqrt{2}}\left(\dfrac{\frac{h^2}{2} + \frac{|h|}{\sqrt{2}}}{|h|}\right) = \dfrac{1}{2}$

$\therefore a + b + c = \dfrac{3}{2}$

06 다변수 미적분 ⑤

$f_x = 2xe^{-y}$, $f_y = (-2y-3)e^{-y} - (x^2-y^2-3y-3)e^{-y}$
이며, $f_x = 0$, $f_y = 0$을 만족하는 임계점은
$(0, 0)$, $(0, -1)$ 이다.
$f_{xx} = 2e^{-y}$,
$f_{yy} = -e^{-y}(-x^2+y^2+y) + e^{-y}(2y+1)$, $f_{xy} = -2xe^{-y}$
이며 $\Delta = f_{xx}f_{yy} - (f_{xy})^2$에서
$\Delta(0, 0) = 2 \times 1 - 0^2 > 0$ 이고,
$\Delta(0, -1) = (2e) \times (-e) - 0^2 < 0$이므로
안장점은 $(0, -1)$이다.

07 다변수 미적분 ②

주어진 영역의 극좌표형식은
$\left\{(r, \theta) \middle| 0 \leq \theta \leq \frac{\pi}{4}, 0 \leq r \leq 1\right\}$이므로
$\int_0^{\frac{\pi}{4}} \int_0^1 \sqrt{1-r^2} \cdot r\, dr\, d\theta$
$= \int_0^{\frac{\pi}{4}} 1\, d\theta \cdot \int_0^1 r\sqrt{1-r^2}\, dr$
$= \frac{\pi}{4} \int_0^1 t^2 dt \quad (\sqrt{1-r^2} = t \text{치환})$
$= \frac{\pi}{12}$

08 다변수 미적분 ④

$S = \iint_D \sqrt{1+(z_x)^2+(z_y)^2}\, dxdy$이고
$z_x = \sqrt{x}$, $z_y = \sqrt{y}$ 이므로
$S = \iint_D \sqrt{1+x+y}\, dxdy$
$= \int_1^2 \int_1^2 \sqrt{1+x+y}\, dxdy$
$= \int_1^2 \frac{2}{3}\left[(1+x+y)^{\frac{3}{2}}\right]_1^2 dy$
$= \frac{2}{3} \int_2^1 (3+y)^{\frac{3}{2}} - (2+y)^{\frac{3}{2}} dy$
$= \frac{2}{3}\left[\frac{2}{5}(3+y)^{\frac{5}{2}} - \frac{2}{5}(2+y)^{\frac{5}{2}}\right]_1^2$
$= \frac{20}{3}\sqrt{5} + \frac{12\sqrt{3}}{5} - \frac{256}{15}$

09 공학수학 ⑤

$\begin{pmatrix} y_1' \\ y_2' \end{pmatrix} = \begin{pmatrix} 4 & -1 \\ -2 & 3 \end{pmatrix}\begin{pmatrix} y_1 \\ y_2 \end{pmatrix}$에서 $\begin{pmatrix} 4 & -1 \\ -2 & 3 \end{pmatrix}$의 특성방정식은
$\lambda^2 - 7\lambda + 10 = 0$이므로 $\lambda = 2, 5$이다.
$\lambda = 5$일 때, 고유벡터는 $\vec{v_1} = \begin{pmatrix} 1 \\ -1 \end{pmatrix}$이고,
$\lambda = 2$일 때, 고유벡터는 $\vec{v_2} = \begin{pmatrix} 1 \\ 2 \end{pmatrix}$이다.
따라서 $\begin{pmatrix} y_1 \\ y_2 \end{pmatrix} = c_1 \begin{pmatrix} 1 \\ -1 \end{pmatrix} e^{5t} + c_2 \begin{pmatrix} 1 \\ 2 \end{pmatrix} e^{2t}$이며,
초기조건 $y_1(0) = 5$, $y_2(0) = 2$에 의해
$c_1 = \frac{8}{3}$, $c_2 = \frac{7}{3}$ 이므로 $y_1(1) = \frac{8}{3}e^5 + \frac{7}{3}e^2$이다.

10 선형대수 ④

주어진 조건에 의하여 $A\begin{pmatrix} 1 & 0 & 0 \\ 0 & 2 & 0 \\ 0 & 0 & 3 \end{pmatrix} = \begin{pmatrix} 1 & 1 & 1 \\ 1 & 2 & -1 \\ 1 & 3 & 1 \end{pmatrix}$이다.

$A = \begin{pmatrix} 1 & 1 & 1 \\ 1 & 2 & -1 \\ 1 & 3 & 1 \end{pmatrix}\begin{pmatrix} 1 & 0 & 0 \\ 0 & 2 & 0 \\ 0 & 0 & 3 \end{pmatrix}^{-1}$이며,

$A^{-1} = \begin{pmatrix} 1 & 0 & 0 \\ 0 & 2 & 0 \\ 0 & 0 & 3 \end{pmatrix}\begin{pmatrix} 1 & 1 & 1 \\ 1 & 2 & -1 \\ 1 & 3 & 1 \end{pmatrix}^{-1} = \frac{1}{4}\begin{pmatrix} 1 & 0 & 0 \\ 0 & 2 & 0 \\ 0 & 0 & 3 \end{pmatrix}\begin{pmatrix} 5 & 2 & -3 \\ -2 & 0 & 2 \\ 1 & -2 & 1 \end{pmatrix}$이다.

A^{-1}의 $(2, 3)$ 성분은 $\begin{pmatrix} 1 & 0 & 0 \\ 0 & 2 & 0 \\ 0 & 0 & 3 \end{pmatrix}$의 2행과 $\begin{pmatrix} 1 & 1 & 1 \\ 1 & 2 & -1 \\ 1 & 3 & 1 \end{pmatrix}^{-1}$의

3열로 결정된다.

$\therefore (2, 3)$의 성분$= 0 \cdot \left(\frac{-3}{4}\right) + 2 \cdot \left(\frac{2}{4}\right) + 0 \cdot \left(\frac{1}{4}\right) = 1$

11 신유형 & 고난도 미분법 ②

STEP 1 주어진 함수가 $x = 0$에서 연속임을 이용하기

주어진 함수가 모든 실수에서 미분가능하므로 모든 실수에서 연속이어야 한다.
따라서 $\lim_{x \to 0} f(x) = f(0)$이며,
$\lim_{x \to 0^+} \left\{(1+x)^{\frac{1}{x}} + ax + b\right\} = \lim_{x \to 0^-} |x|^{\frac{3}{2}} \sin\frac{1}{x} = c$
$\Leftrightarrow e + b = 0 = c$이므로 $b = -e$, $c = 0$

STEP 2 함수의 $x = 0$에서 좌·우미분계수 구하기

$f'(0) = \lim_{x \to 0} \frac{f(x) - f(0)}{x - 0}$ 이고, $x = 0$에서 우미분계수는

$\lim_{x \to 0^+} \frac{(1+x)^{\frac{1}{x}} + ax - e}{x}$

$= \lim_{x \to 0^+} \frac{e^{\frac{\ln(1+x)}{x}} + ax - e}{x}$

$$= \lim_{x \to 0+}\left[e^{\frac{\ln(1+x)}{x}}\left(\frac{\frac{x}{1+x}-\ln(1+x)}{x^2}\right)+a\right]=-\frac{e}{2}+a$$

$$\left(\because \lim_{x \to 0+}e^{\frac{\ln(1+x)}{x}}=e,\ \lim_{x \to 0+}\left(\frac{\frac{x}{1+x}-\ln(1+x)}{x^2}\right)=-\frac{1}{2}\right)$$

$x=0$에서 좌미분계수는 $\displaystyle\lim_{x \to 0-}\frac{|x|^{\frac{3}{2}}\sin\frac{1}{x}}{x}=0$

STEP 3 $x=0$에서 좌·우미분계수가 동일함 이용하기

$-\dfrac{e}{2}+a=0$에서 $a=\dfrac{e}{2}$

STEP 4 $a+b+c$의 값 구하기

$\therefore\ a+b+c=\dfrac{e}{2}-e+0=-\dfrac{e}{2}$

고득점 KEY

$x=a$에서 미분가능할 조건

① $x=a$에서 연속이다.

$f(a)=\displaystyle\lim_{x \to a}f(x)$

② $x=a$에서 좌·우미분계수가 존재한다.

$\displaystyle\lim_{h \to 0^-}\frac{f(a+h)-f(a)}{h}=\alpha,\ \lim_{h \to 0^+}\frac{f(a+h)-f(a)}{h}=\beta$

③ 좌·우미분계수가 같다.

$\alpha=\beta$

12 다변수 미적분 ①

사면체 T의 꼭짓점은
$(0,0,0),\ (2,0,0),\ (1,1,0),\ (0,0,2)$이며,

사면체의 무게중심의 y좌표는 $\dfrac{1}{4}(0+0+1+0)=\dfrac{1}{4}$,

사면체의 부피는 $\dfrac{1}{6}\begin{vmatrix}0&0&2\\2&0&0\\1&1&0\end{vmatrix}=\dfrac{2}{3}$ 이다.

$\therefore\ \displaystyle\iiint_T y\,dV=\dfrac{2}{3}\times\dfrac{1}{4}=\dfrac{1}{6}$

| 다른 풀이 |

사면체 T의 내부 영역은
$\{(x,y,z)\mid 0 \le z \le 2-x-y,\ y \le x \le 2-y,\ 0 \le y \le 1\}$

$\therefore\ \displaystyle\iiint_T y\,dV=\int_0^1\int_y^{2-y}\int_0^{2-x-y}y\,dz\,dx\,dy$

$=\displaystyle\int_0^1\int_y^{2-y}y(2-x-y)\,dx\,dy$

$=\displaystyle\int_0^1(2y^3-4y^2+2y)\,dy$

$=\dfrac{1}{6}$

13 공학수학 ④

$F=\sqrt{x^2+y^2+z^2}(x,y,z)$일 때, $\text{div}\,F=4\sqrt{x^2+y^2+z^2}$ 이다.

주어진 곡면은 단순폐곡면이며, 벡터장 F는 주어진 곡면과 내부에서 미분가능하므로, 발산정리에 의하여

$\displaystyle\iint_S F\cdot\vec{n}\,dS=\iiint_E \text{div}\,F\,dV\ (E\text{는 }S\text{의 내부영역})$

$=\displaystyle\iiint_E 4\sqrt{x^2+y^2+z^2}\,dV$

$=\displaystyle\int_0^{2\pi}\int_0^{\frac{\pi}{6}}\int_0^1 4\rho\cdot\rho^2\sin\phi\,d\rho\,d\phi\,d\theta$

$=2\pi\displaystyle\int_0^{\frac{\pi}{6}}\sin\phi\,d\phi\times\int_0^1 4\rho^3\,d\rho$

$=2\pi\left[-\cos\phi\right]_0^{\frac{\pi}{6}}\times 1$

$=(2-\sqrt{3})\pi$

14 공학수학 ③

주어진 미분방정식의 특성방정식은
$D^2+4D+4=0 \Leftrightarrow (D+2)^2=0 \Leftrightarrow D=-2$

이므로 $y_c=(c_1+c_2 x)e^{-2x}$이다. 역연산자법에 의해

(ⅰ) $\dfrac{1}{(D+2)^2}\{e^{-2x}\}=\dfrac{x^2}{2}e^{-2x}$

(ⅱ) $\dfrac{1}{4+4D+D^2}\{2x\}=\dfrac{1}{4}(1-D+\cdots)\{2x\}=\dfrac{x}{2}-\dfrac{1}{2}$

이므로 $y_p=\dfrac{x^2}{2}e^{-2x}+\dfrac{x}{2}-\dfrac{1}{2}$ 이다.

따라서 $y=\left(c_1+c_2 x+\dfrac{x^2}{2}\right)e^{-2x}+\dfrac{x}{2}-\dfrac{1}{2}$ 이며,

$y(0)=\dfrac{1}{2},\ y(1)=2e^{-2}$에 의해 $c_1=1,\ c_2=\dfrac{1}{2}$

$\therefore\ y(-1)=e^2-1$

15 신유형 & 고난도 선형대수 ②

STEP 1 행렬 A의 각 열벡터들의 관계 파악하기

A는 직교행렬이므로 A의 1열부터 4열까지 열벡터를 순서대로 $\vec{v_1},\ \vec{v_2},\ \vec{v_3},\ \vec{a}$라 할 때, 각 벡터는 수직이며 크기가 1이다.

따라서 $\vec{v_1},\ \vec{v_2},\ \vec{v_3}$로 생성하는 공간 W의 법선벡터는 $\vec{a}$와 평행하다.

STEP 2 $\vec{p}$와 $proj_W \vec{b}$ 사이 관계 파악하기

$\vec{p}=proj_{\vec{a}}\vec{b}=\vec{b}-proj_W \vec{b}$

STEP 3 $proj_W \vec{b}$ 구하기

$proj_W \vec{b}$
$= proj_{\vec{v_1}}\vec{b} + proj_{\vec{v_2}}\vec{b} + proj_{\vec{v_3}}\vec{b}$
$= \frac{7}{2}\left(\frac{1}{2}, \frac{1}{2}, \frac{1}{2}, \frac{1}{2}\right) + \frac{2}{\sqrt{6}}\left(\frac{-1}{\sqrt{6}}, \frac{2}{\sqrt{6}}, \frac{-1}{\sqrt{6}}, 0\right)$
$\qquad - \frac{5}{\sqrt{20}}\left(\frac{3}{\sqrt{20}}, \frac{1}{\sqrt{20}}, \frac{-1}{\sqrt{20}}, \frac{-3}{\sqrt{20}}\right)$

STEP 4 $\vec{p}$의 성분 p_1 구하기

$p_1 = 1 - \left(\frac{7}{4} - \frac{2}{6} - \frac{15}{20}\right) = \frac{1}{3}$

고득점 KEY

직교행렬(orthogonal matrix)

(1) 정의: 정방행렬 A에 대하여 $A^{-1} = A^T$를 만족하는 행렬을 직교행렬이라 한다.

(2) 정리
① $AA^T = A^TA = I$ (I는 n차 단위행렬)
② 직교행렬 A의 행벡터, 열벡터들이 유클리드 내적에 관하여 정규직교집합을 이룬다.
③ 길이 보존: $\|A\vec{x}\| = \|\vec{x}\|$ ($\vec{x} \in \mathbb{R}^n$)
④ 각 보존: $A\vec{x} \cdot A\vec{y} = \vec{x} \cdot \vec{y}$

정규직교기저를 이용한 정사영

$\{\vec{u_1}, \vec{u_2}, \cdots, \vec{u_n}\}$이 내적공간 W의 정규직교기저라고 할 때, W위로의 $\vec{v}$의 직교사영은 다음과 같다.

$proj_W \vec{v} = \frac{<\vec{u_1}, \vec{v}>}{<\vec{u_1}, \vec{u_1}>}\vec{u_1} + \cdots + \frac{<\vec{u_n}, \vec{v}>}{<\vec{u_n}, \vec{u_n}>}\vec{u_n}$
$\qquad = \sum_{i=1}^{n} \frac{<\vec{u_i}, \vec{v}>}{<\vec{u_i}, \vec{u_i}>} = proj_{\vec{u_1}}\vec{v} + \cdots + proj_{\vec{u_n}}\vec{v}$

16 선형대수   ⑤

$A\vec{v_1} = \vec{v_2} \Rightarrow A^2\vec{v_1} = A\vec{v_2} = \vec{v_1}$,
$A\vec{v_2} = \vec{v_1} \Rightarrow A^2\vec{v_2} = A\vec{v_1} = \vec{v_2}$,
$A\vec{v_3} = 2\vec{v_3} \Rightarrow A^2\vec{v_3} = A(2\vec{v_3}) = 2A\vec{v_3} = 4\vec{v_3}$

이므로 A^2의 고유치는 1, 1, 4이고,
각 고유치에 대응하는 고유벡터는 $\vec{v_1}, \vec{v_2}, \vec{v_3}$이다.

ㄱ. A의 고유치 중 0은 존재하지 않으므로
A는 가역행렬이다. (참)

ㄴ. 고유치 1에 대응하는 고유벡터 $\vec{v_1}, \vec{v_2}$가 독립이고, 서로 다른 고유치에 대응하는 고유벡터들은 일차독립이므로 $\vec{v_1}, \vec{v_2}, \vec{v_3}$은 일차 독립이다. 따라서 A^2은 대각화 가능하다. (참)

ㄷ. $tr(A^2) = 1 + 1 + 4 = 6$ (참)

17 적분법   26

$\cos 2x - \sin x = 0$을 만족하는 1사분면의 가장 작은 x는 $\frac{\pi}{6}$이다.

회전체의 부피를 V라 하면

$V = \pi \int_0^{\frac{\pi}{6}} (\cos 2x - \sin x)^2 dx$
$= \pi \int_0^{\frac{\pi}{6}} (\cos^2 2x - 2\cos 2x \sin x + \sin^2 x) dx$
$= \pi \int_0^{\frac{\pi}{6}} \left\{\frac{1}{2}(1+\cos 4x) - \sin 3x + \sin x \right.$
$\qquad \left. + \frac{1}{2}(1 - \cos 2x)\right\} dx$
$= \pi \int_0^{\frac{\pi}{6}} \left(1 + \frac{1}{2}\cos 4x - \frac{1}{2}\cos 2x - \sin 3x + \sin x\right) dx$
$= \pi \left[x + \frac{1}{8}\sin 4x - \frac{1}{4}\sin 2x + \frac{1}{3}\cos 3x - \cos x\right]_0^{\frac{\pi}{6}}$
$= \pi \left(\frac{\pi}{6} + \frac{2}{3} - \frac{9}{16}\sqrt{3}\right)$

이므로 $a = \frac{1}{6}$, $b = -\frac{9}{16}$, $c = \frac{2}{3}$이다.

$\therefore 96(a+b+c) = 26$

18 다변수 미적분   8

곡면 위의 점을 $P(x, y, z)$라 할 때, 원점과 점 P 사이의 거리 $d = \sqrt{x^2 + y^2 + z^2}$이며, $f = x^2 + y^2 + z^2$가 최소일 때, d가 최소이다.

$xy^2z = 8$에서 산술·기하 평균에 의하여

$\frac{x^2 + \frac{y^2}{2} + \frac{y^2}{2} + z^2}{4} \geq \sqrt[4]{\left(\frac{xy^2z}{2}\right)^2} = \sqrt[4]{4^2} = 2$

따라서 $x^2 + y^2 + z^2 \geq 8$이므로 f의 최솟값은 8이고,
원점과 곡면 $xy^2z = 8$ 사이의 거리 d의 최솟값은 $\sqrt{8}$이다.

$\therefore d^2 = 8$

19 공학수학   7

$(\pi, 0)$에서 $(0, 0)$으로 선분으로 가는 경로를 C_1이라 하자.
$C \cup C_1$을 C_2라 하면,

$\int_C F \cdot dr$
$= \int_{C_2} F \cdot dr - \int_{C_1} F \cdot dr$
$= \int_{C_2} F \cdot dr + \int_{-C_1} F \cdot dr$

(ⅰ) 그린정리에 의하여
$$\int_{C_2} F \cdot dr = \iint_D 1\,dxdy = \int_0^\pi 0-(-\sin t)dt = 2$$

(ⅱ) $-C_1$를 매개화 하면 $x=t, \ y=0 \ (0 \leq t \leq \pi)$ 이며,
$$\int_{-C_1} F \cdot dr = \int_0^\pi \frac{1}{\pi^2}t\,dt = \frac{1}{\pi^2}\left[\frac{t^2}{2}\right]_0^\pi = \frac{1}{2}$$

$$\therefore \int_C F \cdot dr = 2 + \frac{1}{2} = \frac{5}{2}$$

$$\therefore p+q = 7$$

20 공학수학 11

$$\begin{aligned}
f(t) &= \mathcal{L}^{-1}\left\{\frac{s+2}{s^2+1} + \frac{3se^{-\pi s}}{(s^2+4)(s^2+1)}\right\}(t) \\
&= \mathcal{L}^{-1}\left\{\frac{s}{s^2+1}\right\} + \mathcal{L}^{-1}\left\{\frac{2}{s^2+1}\right\} \\
&\quad + U(t-\pi)\,\mathcal{L}^{-1}\left\{\frac{3s}{(s^2+4)(s^2+1)}\right\}\bigg|_{t-\pi} \\
&= \cos t + 2\sin t \\
&\quad + U(t-\pi)\,\mathcal{L}^{-1}\left\{\frac{-s}{s^2+4} + \frac{s}{s^2+1}\right\}\bigg|_{t-\pi} \\
&= \cos t + 2\sin t + U(t-\pi)[-\cos t - \cos 2t]_{t-\pi}
\end{aligned}$$

이므로
$f\left(\dfrac{\pi}{2}\right) = 0+2 = 2, \ f(2\pi) = 1+0+(-1-1) = -1$ 이다.

$$\therefore 5f\left(\frac{\pi}{2}\right) - f(2\pi) = 10+1 = 11$$

2022학년도 서강대학교

문항 수: 20문항 | 제한시간: 60분

TEST p. 28~33

01	⑤	02	④	03	④	04	②	05	②	06	③	07	③	08	①	09	⑤	10	④
11	③	12	③	13	①	14	⑤	15	②	16	①	17	12	18	149	19	4	20	7

01 미분법 ⑤

$g(0)=0$이고 $f'(x)=1+\sin x \Rightarrow f'(0)=1$,
$f''(x)=\cos x \Rightarrow f''(0)=1$이므로
역함수 미분법에 의하여
$g'(0)=g'(f(0))=\dfrac{1}{f'(0)}=1$,
$g''(0)=g''(f(0))=-\dfrac{f''(0)}{\{f'(0)\}^3}=-1$
이다. 그러므로 로피탈 정리를 이용하면
$$\lim_{x\to 0}\dfrac{\{g(x)\}^2}{x-g(x)}\left(\dfrac{0}{0}\right)=\lim_{x\to 0}\dfrac{2g(x)g'(x)}{1-g'(x)}\left(\dfrac{0}{0}\right)$$
$$=\lim_{x\to 0}\dfrac{2\{g'(x)g'(x)+g(x)g''(x)\}}{-g''(x)}$$
$$=\dfrac{2\{g'(0)\}^2}{-g''(0)}$$
$$=2$$

02 미분법 ④

$\lim\limits_{x\to -\infty}(1-x)^{\frac{1}{x}}$ ($-x=t$라고 치환)
$=\lim\limits_{t\to\infty}(1+t)^{-\frac{1}{t}}=\lim\limits_{t\to\infty}e^{-\frac{\ln(1+t)}{t}}\left(\dfrac{\infty}{\infty}\right)$
$=\lim\limits_{t\to\infty}e^{-\frac{\frac{1}{1+t}}{1}}=e^0=1=b$

이고 구간 $(-\infty, 1]$에서 연속이므로
$a=f(0)=\lim\limits_{x\to 0}f(x)$
$=\lim\limits_{x\to 0}(1-x)^{\frac{1}{x}}$
$=\lim\limits_{x\to 0}e^{\frac{\ln(1-x)}{x}}\left(\dfrac{0}{0}\right)$
$=\lim\limits_{x\to 0}e^{\frac{-1}{1-x}}=e^{-1}$
이다. 그러므로 $\dfrac{b}{a}=\dfrac{1}{\frac{1}{e}}=e$ 이다.

03 다변수 미적분 ④

ㄱ. $\lim\limits_{n\to\infty}\left\{\left(\dfrac{n}{n-1}\right)^{n^2}\right\}^{\frac{1}{n}}=\lim\limits_{n\to\infty}\left(1+\dfrac{1}{n-1}\right)^n$
$=\lim\limits_{n\to\infty}e^{\frac{n}{n-1}}=e>1$

이므로 n승근 판정법에 의하여 $\sum\limits_{n=2}^{\infty}\left(\dfrac{n}{n-1}\right)^{n^2}$ 은 발산한다.

ㄴ. $\sum\limits_{n=1}^{\infty}\dfrac{1}{n}\sin\dfrac{1}{\sqrt{n}}<\sum\limits_{n=1}^{\infty}\dfrac{1}{n\sqrt{n}}=\sum\limits_{n=1}^{\infty}\dfrac{1}{n^{\frac{3}{2}}}$ 이고

$p=\dfrac{3}{2}>1$이므로 p급수 판정법에 의하여 $\sum\limits_{n=1}^{\infty}\dfrac{1}{n\sqrt{n}}$ 이 수

렴한다. 그러므로 비교 판정법에 의하여 $\sum\limits_{n=1}^{\infty}\dfrac{1}{n}\sin\dfrac{1}{\sqrt{n}}$ 이

수렴한다.

ㄷ. $\lim\limits_{n\to\infty}\dfrac{\ln n}{n}=0$이므로 교대 급수 판정법에 의하여

$\sum\limits_{n=1}^{\infty}(-1)^n\dfrac{\ln n}{n}$ 이 수렴한다.

04 다변수 미적분 ②

$a_n=\dfrac{(-1)^n}{3^n\sqrt{3n-1}}(x-2)^n$이라 하면

$\lim\limits_{n\to\infty}\left|\dfrac{a_{n+1}}{a_n}\right|=\dfrac{|x-2|}{3}<1$

이므로 비율판정법에 의하여 $-1<x<5$에서 수렴한다.

(i) $x=5$일 때, $\sum\limits_{n=1}^{\infty}\dfrac{(-1)^n}{\sqrt{3n-1}}$ 이고 $\lim\limits_{n\to\infty}\dfrac{1}{\sqrt{3n-1}}=0$이므

로 교대 급수 판정법에 의하여 $\sum\limits_{n=1}^{\infty}\dfrac{(-1)^n}{\sqrt{3n-1}}$ 이 수렴한다.

(ii) $x=-1$일 때, $\sum\limits_{n=1}^{\infty}\dfrac{1}{\sqrt{3n-1}}>\dfrac{1}{2}\sum\limits_{n=1}^{\infty}\dfrac{1}{n}$ 이고

$p=1$이므로 p급수 판정법에 의하여 $\dfrac{1}{2}\sum\limits_{n=1}^{\infty}\dfrac{1}{n}$ 이 발산한다.

따라서 비교판정법에 의하여 $\sum\limits_{n=1}^{\infty}\dfrac{1}{\sqrt{3n-1}}$ 은 발산한다.

그러므로 $\sum_{n=1}^{\infty} \frac{(-1)^n}{3^n \sqrt{3n-1}} (x-2)^n$의 수렴구간은
$-1 < x \leq 5 \Leftrightarrow (-1, 5]$이다.

05 다변수 미적분 ②

편도함수의 정의를 이용하면
$f_x(0, 0) = \lim_{h \to 0} \frac{f(0+h, 0) - f(0, 0)}{h}$
$= \lim_{h \to 0} \frac{f(h, 0)}{h} = \lim_{h \to 0} \frac{h^2 - h}{h}$
$= \lim_{h \to 0} h - 1 = -1$
$f_y(0, 0) = \lim_{h \to 0} \frac{f(0, 0+h) - f(0, 0)}{h} = \lim_{h \to 0} \frac{f(0, h)}{h}$
$= \lim_{h \to 0} \frac{0}{h} = 0$

그러므로 $\nabla f(0, 0) = (-1, 0)$이고 $\alpha + \beta = -1$이다.

06 다변수 미적분 ③

ㄱ. (i) x축을 따라 접근: $\lim_{x \to 0} \frac{0}{\sqrt{y^2}} = 0$,

(ii) y축을 따라 접근: $\lim_{y \to 0} \frac{0}{\sqrt{x^2}} = 0$

(iii) 직선 $y = mx$를 따라 접근:
$\lim_{x \to 0} \frac{x^2}{\sqrt{(1+m^2)x^2}} = \lim_{x \to 0} \frac{x^2}{\sqrt{2}|x|} = 0$

이므로 (i)~(iii)에 의하여 $\lim_{(x, y) \to (0, 0)} \frac{xy}{\sqrt{x^2 + y^2}} = 0$이 성립한다.

ㄴ. (i) x축을 따라 접근: $\lim_{x \to 0} \frac{0}{y^4} = 0$,

(ii) y축을 따라 접근: $\lim_{y \to 0} \frac{0}{x^2} = 0$

(iii) 곡선 $x = y^2$을 따라 접근: $\lim_{y \to 0} \frac{y^4}{y^4 + y^4} = \frac{1}{2}$

이므로 (i)~(iii)에 의하여 $\lim_{(x, y) \to (0, 0)} \frac{xy^2}{x^2 + y^4}$은 발산한다.

ㄷ. (i) x축을 따라 접근: $\lim_{x \to 0} \frac{0}{|x|} = 0$,

(ii) y축을 따라 접근: $\lim_{y \to 0} \frac{0}{|y|} = 0$

(iii) 직선 $y = mx$를 따라 접근: $\lim_{x \to 0} \frac{\sin(x^2)}{(1+|m|)|x|} = 0$

이므로 (i)~(iii)에 의하여 $\lim_{(x, y) \to (0, 0)} \frac{\sin(xy)}{|x| + |y|} = 0$이 성립한다.

07 다변수 미적분 ③

$f(x, y, z) = x^2 + 4y^2 + 4z^2 - 9$이라 할 때,
접평면의 법선 벡터는 $\nabla f(x, y, z) = (2x, 8y, 8z)$에서
$\nabla f(1, -1, 1) = (2, -8, 8)$과 평행하고
점 $(1, -1, 1)$을 지나므로 접평면의 방정식은
$x - 4y + 4z = 9 \Leftrightarrow \frac{1}{9}x - \frac{4}{9}y + \frac{4}{9}z = 1$이므로
$a + b + c = \frac{1}{9}$이다.

08 다변수 미적분 ①

(i) 영역 안에서
$f_x(x, y) = 2x - 2$, $f_y(x, y) = -2y$이므로 $(1, 0)$에서 임계점을 가지며 $f(1, 0) = 1 - 0 - 2 = -1$이다.

(ii) 테두리에서
ⓐ $x = 0$, $-2 \leq y \leq 2$일 때, $f(y) = -y^2$이므로
$f(0) = 0$, $f(-2) = f(2) = -4$이다.

ⓑ $x^2 + y^2 = 4$, $0 \leq x \leq 2$일 때,
라그랑주 승수법을 이용하면
$(2x, 2y) // (2x-2, -2y)$
$\Rightarrow \lambda(x, y) = (x-1, -y)$
$\Leftrightarrow \lambda x = x - 1$, $\lambda y = -y$이다.

먼저, $\lambda = -1$일 때, $x = \frac{1}{2}$, $y^2 = \frac{15}{4}$이므로
$f\left(\frac{1}{2}, \pm \frac{\sqrt{15}}{2}\right) = \frac{1}{4} - \frac{15}{4} - 1 = -\frac{9}{2}$

$\lambda = a$ (단, $a \neq -1$)일 때, $y = 0$, $x = 2$이므로
$f(2, 0) = 4 - 0 - 4 = 0$이다.

(i), (ii)에 의하여 최댓값은 0, 최솟값은 $-\frac{9}{2}$이다.

09 공학수학 ⑤

제차 미분방정식 $y'' + 2y' + \left(\frac{\pi^2}{4} + 1\right)y = 0$의 보조 방정식이
$t^2 + 2t + \left(\frac{\pi^2}{4} + 1\right) = 0$이고, $t = -1 \pm \frac{\pi}{2}i$이므로
일반해는 $y = e^{-x}\left(c_1 \cos\left(\frac{\pi}{2}x\right) + c_2 \sin\left(\frac{\pi}{2}x\right)\right)$이다.
초기 조건 $y(1) = 1$, $y'(1) = -1$을 대입하면
$c_1 = 0$, $c_2 = e$이므로 $y = e^{-x+1} \sin\left(\frac{\pi}{2}x\right)$이다.

그러므로 $y(-1) = e^2 \sin\left(-\frac{\pi}{2}\right) = -e^2$이다.

10 선형대수 ④

$\begin{vmatrix} 1-\lambda & 0 & 0 \\ 2 & 3-\lambda & -1 \\ 0 & 2 & -\lambda \end{vmatrix} = (1-\lambda)(\lambda^2 - 3\lambda + 2)$
$= -(\lambda-1)^2(\lambda-2)$

이므로 $\lambda = 1, 1, 2$이다.
또한 $\lambda = 2$일 때,

$\begin{pmatrix} -1 & 0 & 0 \\ 2 & 1 & -1 \\ 0 & 2 & -2 \end{pmatrix} \begin{pmatrix} x \\ y \\ z \end{pmatrix} = \begin{pmatrix} 0 \\ 0 \\ 0 \end{pmatrix} \Leftrightarrow \begin{cases} -x = 0 \\ 2x+y-z = 0 \\ 2y-2z = 0 \end{cases}$

이므로 $x = 0$, $y = z$를 만족한다. 그러므로 $\dfrac{y}{z} = 1$이다.

11 적분법 ③

$\int_0^\infty \dfrac{1}{\sqrt{x}(1+2x)} dx$ ($\sqrt{x} = t$라고 치환)

$= \int_0^\infty \dfrac{2t}{t(1+2t^2)} dt = 2\int_0^\infty \dfrac{1}{1+(\sqrt{2}t)^2} dt$

$= 2\left[\dfrac{1}{\sqrt{2}} \tan^{-1}(\sqrt{2}t)\right]_0^\infty = \dfrac{2}{\sqrt{2}} \times \dfrac{\pi}{2} = \dfrac{\pi}{\sqrt{2}}$

12 선형대수 ③

$O(0, 0, 0)$, $A(x, 1, 0)$, $B(0, x, 3)$, $C(-1, 1, x)$를 꼭짓점으로 갖는 사면체의 부피를 V라고 할 때,

$V = \dfrac{1}{6} |\overrightarrow{OA} \cdot (\overrightarrow{OB} \times \overrightarrow{OC})|$

$= \dfrac{1}{6} \begin{vmatrix} x & 1 & 0 \\ 0 & x & 3 \\ -1 & 1 & x \end{vmatrix}$

$= \dfrac{1}{6} |x^3 - 3x - 3|$

$f(x) = x^3 - 3x - 3$이라 할 때, $f'(x) = 3x^2 - 3$이므로 $x = \pm 1$일 때, 임계점을 갖는다.
또한 $f(1) = 1 - 3 - 3 = -5$, $f(-1) = -1 + 3 - 3 = -1$, $f(2) = 8 - 6 - 3 = -1$, $f(-2) = -8 + 6 - 3 = -5$이므로 사면체의 부피의 최댓값은 $\dfrac{5}{6}$이다.

13 다변수 미적분 ①

$x = u$, $\dfrac{x^2}{y} = v$ 라고 할 때,

$|J| = \dfrac{1}{\left\| \begin{matrix} 1 & 0 \\ \dfrac{2x}{y} & -\dfrac{x^2}{y^2} \end{matrix} \right\|} = \dfrac{y^2}{x^2} = \dfrac{u^2}{v^2}$ 이고

$1 \leq u \leq 2$, $\dfrac{1}{2} \leq v \leq 1$이므로

$\iint_R \dfrac{x^4}{y^3} exp\left(\dfrac{x^2}{y}\right) dxdy$

$= \int_{\frac{1}{2}}^1 \int_1^2 \dfrac{v^3}{u^2} e^v \dfrac{u^2}{v^2} dudv = \int_{\frac{1}{2}}^1 \int_1^2 v e^v dudv = \int_{\frac{1}{2}}^1 v e^v dv$

$= [ve^v - e^v]_{\frac{1}{2}}^1 = 0 - \left(\dfrac{1}{2}e^{\frac{1}{2}} - e^{\frac{1}{2}}\right) = \dfrac{1}{2}e^{\frac{1}{2}}$

14 신유형 & 고난도 공학수학 ⑤

STEP 1 벡터장 F의 특이점 유무 확인하기

벡터장 F는 적분경로 상에 특이점 $(0, 0)$이 존재한다.

STEP 2 적분 경로를 나누어 선적분 계산하기

$P(1, 0)$에서 $Q(0, 1)$까지의 선분을 C_1,
Q에서 $R(-1, 0)$까지의 선분을 C_2,
R에서 P까지의 선분을 C_3라고 할 때,

(i) $\int_{C_1} \left(-\dfrac{y}{x^2+y^2} dx + \dfrac{x}{x^2+y^2} dy\right)$

$= \left[\tan^{-1}\left(\dfrac{y}{x}\right)\right]_{(1, 0^+)}^{(0^+, 1)} = \dfrac{\pi}{2}$

(ii) $\int_{C_2} \left(-\dfrac{y}{x^2+y^2} dx + \dfrac{x}{x^2+y^2} dy\right)$

$= \left[\tan^{-1}\left(\dfrac{y}{x}\right)\right]_{(0^-, 1)}^{(-1, 0^+)} = \dfrac{\pi}{2}$

(iii) $\int_{C_3} \left(-\dfrac{y}{x^2+y^2} dx + \dfrac{x}{x^2+y^2} dy\right)$

$= \left[\tan^{-1}\left(\dfrac{y}{x}\right)\right]_{(-1, 0^+)}^{(1, 0^+)} = 0$

이므로 (i)~(iii)에 의하여

$\int_C F \cdot dr = \int_{C_1} F \cdot dr + \int_{C_2} F \cdot dr + \int_{C_3} F \cdot dr = \pi$

| 참고 |

적분 경로상에 특이점을 포함하고 있으므로 그린 정리를 이용할 수 없다.

고득점 KEY

곡선이 유한개의 합으로 표현된 경우의 선적분

적분경로 C가 구분적으로 매끄러운 곡선이고, C가 유한개의 부분곡선으로 이루어져 있다면 C위에서 f의 선적분은 각각의 부분곡선들의 합으로 정의한다. 즉,

$\int_C f(x, y) ds = \int_{C_1} f(x, y) ds + \cdots + \int_{C_n} f(x, y) ds$

그린정리

적분경로 C가 매끄러운 단순폐곡선이고 그 내부 영역이 D일 때, $F = P\vec{i} + Q\vec{j}$에서 P, Q가 D에서 연속인 편도함수를 가지면

$\int_C F \cdot dr = \int_C Pdx + Qdy = \iint_D \left(\dfrac{\partial Q}{\partial x} - \dfrac{\partial P}{\partial y}\right) dA$

15 신유형 & 고난도 공학수학 ②

STEP 1 주어진 미분방정식의 형태 확인하기

주어진 미분방정식은 1계 미분방정식이지만 비선형이다.

STEP 2 변수변환에 의해 분리형 미분방정식 만들기

$y' = (x-y+1)^2$ 에서 $x-y+1 = u$ 라고 치환하면

$$1 - \frac{dy}{dx} = \frac{du}{dx} \Rightarrow 1 - u^2 = \frac{du}{dx}$$

$$\Leftrightarrow dx = \frac{1}{1-u^2} du$$

$$\Leftrightarrow dx = \frac{1}{2}\left(\frac{1}{1+u} + \frac{1}{1-u}\right) du$$

STEP 3 미분 방정식의 해 구하기

변수 분리형이므로 일반해는

$$x + c = \frac{1}{2}\{\ln(1+u) - \ln(1-u)\}$$

$\Leftrightarrow \ln\left(\frac{1+u}{1-u}\right) = 2x + c \Leftrightarrow \frac{1+u}{1-u} = ce^{2x}$

$\Leftrightarrow u(1+ce^{2x}) = ce^{2x} - 1 \Leftrightarrow u = \frac{ce^{2x}-1}{ce^{2x}+1}$

$\Leftrightarrow x - y + 1 = \frac{ce^{2x}-1}{ce^{2x}+1} \Leftrightarrow y = x + 1 - \frac{ce^{2x}-1}{ce^{2x}+1}$ 이고

초기 조건 $y(0) = 1$을 대입하면 $c = 1$이다.

그러므로 $y = x + 1 - \frac{e^{2x}-1}{e^{2x}+1}$

STEP 4 함숫값 $f(1)$ 구하기

따라서 $y(1) = 2 - \frac{e^2-1}{e^2+1} = \frac{e^2+3}{e^2+1}$

고득점 KEY

치환형 1계 미분방정식

$\frac{dy}{dx} = f(ax+by+c)$ 꼴의 1계 미분방정식은 $u = ax+by+c$ 라 치환하면 $\frac{du}{dx} = a + b\frac{dy}{dx}$ 이므로 $\frac{du}{dx} = a + bf(u)$ 꼴로 변형된다. 따라서 변수분리형 미분방정식 풀이를 이용하여 구할 수 있다.

16 선형대수 ①

$A^{-1} = \frac{1}{|A|} adj(A)$ 이므로 C_{14}를 행렬 A의 $(1, 4)$의 여인수라 할 때,

$|A| = -3 \begin{vmatrix} 1 & 0 & -2 \\ 0 & 3 & 0 \\ -2 & -1 & 3 \end{vmatrix} = -9 \begin{vmatrix} 1 & -2 \\ -2 & 3 \end{vmatrix}$

$= -9 \times (-1) = 9$

이고 $C_{14} = -\begin{vmatrix} 0 & 4 & 3 \\ 0 & 3 & 0 \\ -2 & 1 & -1 \end{vmatrix} = -18$이므로

역행렬 A^{-1}의 $(4, 1)$성분은 $\frac{1}{9} \times (-18) = -2$이다.

17 적분법 12

곡선 $r = 1 + \cos\theta$과 원 $r = \sqrt{3}\sin\theta$을 연립하면

$1 + \cos\theta = \sqrt{3}\sin\theta \Leftrightarrow \sqrt{3}\sin\theta - \cos\theta = 1$

$\Leftrightarrow 2\sin\left(\theta - \frac{\pi}{6}\right) = 1 \Leftrightarrow \sin\left(\theta - \frac{\pi}{6}\right) = \frac{1}{2}$

이므로 교점이 $\theta = \frac{\pi}{3}$과 $\theta = \pi$이다.

따라서

$L = \int_{\frac{\pi}{3}}^{\pi} \sqrt{(1+\cos\theta)^2 + (-\sin\theta)^2} \, d\theta$

$= \int_{\frac{\pi}{3}}^{\pi} \sqrt{2(1+\cos\theta)} \, d\theta = 2\int_{\frac{\pi}{3}}^{\pi} \sqrt{\frac{1+\cos\theta}{2}} \, d\theta$

$= 2\int_{\frac{\pi}{3}}^{\pi} \cos\frac{\theta}{2} \, d\theta = 4\left[\sin\frac{\theta}{2}\right]_{\frac{\pi}{3}}^{\pi} = 4\left\{1 - \frac{1}{2}\right\} = 2$

이므로 $6L = 12$이다.

18 공학수학 149

곡면 $x^2 + 2y^2 + 3z^2 = 6$으로 둘러싸인 영역을 T라고 할 때, 영역 T에서

벡터장 $F(x, y, z) = (x^3 - xy^2)\vec{i} - 2x^2 y\vec{j} + (3y^2 z + z^3)\vec{k}$는 해석적이므로 가우스 발산정리에 의하여

$\iint_S F \cdot n \, dS = \iiint_T \text{div} F \, dV$

$= \iiint_T (3x^2 - y^2 - 2x^2 + 3y^2 + 3z^2) dV$

$= \iiint_T (x^2 + 2y^2 + 3z^2) dV$

$(x = u, y = \frac{1}{\sqrt{2}}v, z = \frac{1}{\sqrt{3}}w$로 치환$)$

$= \frac{1}{\sqrt{6}} \iiint_{T'} (u^2 + v^2 + w^2) dV$

(단, $T' : u^2 + v^2 + w^2 \leq 6$)

$= \frac{1}{\sqrt{6}} \int_0^{2\pi} \int_0^{\pi} \int_0^{\sqrt{6}} \rho^2 \cdot \rho^2 \sin\phi \, d\rho \, d\phi \, d\theta$

$= \frac{1}{\sqrt{6}} \int_0^{2\pi} \int_0^{\pi} \int_0^{\sqrt{6}} \rho^4 \sin\phi \, d\rho \, d\phi \, d\theta$

$= \frac{1}{\sqrt{6}} \int_0^{2\pi} 1 \, d\theta \int_0^{\pi} \sin\phi \, d\phi \int_0^{\sqrt{6}} \rho^4 d\rho$

$= \frac{1}{\sqrt{6}} 2\pi \times 2 \times \left[\frac{1}{5}\rho^5\right]_0^{\sqrt{6}}$

$= \frac{1}{\sqrt{6}} \frac{4}{5}\pi \times 36\sqrt{6} = \frac{144}{5}\pi$

이다. 그러므로 $p + q = 149$이다.

19 공학수학   4

$$f(t) = \mathcal{L}^{-1}\left\{\frac{1}{s^4+5s^2+4}\right\}$$

$$= \mathcal{L}^{-1}\left\{\frac{1}{(s^2+1)(s^2+4)}\right\}$$

$$= \mathcal{L}^{-1}\left\{\frac{\frac{1}{3}}{s^2+1}-\frac{\frac{1}{3}}{s^2+4}\right\}$$

$$= \frac{1}{3}\mathcal{L}^{-1}\left\{\frac{1}{s^2+1}-\frac{1}{s^2+4}\right\}$$

$$= \frac{1}{3}\left\{\sin t - \frac{1}{2}\sin 2t\right\}$$ 이므로 $f\left(\frac{\pi}{2}\right)=\frac{1}{3}$ 이다.

그러므로 $p+q=4$ 이다.

20 선형대수   7

$\mathbb{R}^4$의 부분공간
$V=\{(x_1, x_2, x_3, x_4)\in \mathbb{R}^4 \mid x_1+x_2-x_4=0\}$ 의
법선벡터를 $\vec{n}=(1, 1, 0, -1)$,
사영시키는 벡터를 $\vec{b}=(3, -4, 1, 5)$,
정사영된 벡터를 $\vec{Ax}=(a, b, c, d)$ 라고 할 때,
$\vec{Ax}=\vec{b}-proj_{\vec{n}}\vec{b}$

$= (3, -4, 1, 5) - \dfrac{(1,1,0,-1)\cdot(3,-4,1,5)}{(1,1,0,-1)\cdot(1,1,0,-1)}(1,1,0,-1)$

$= (3, -4, 1, 5) - \dfrac{3-4-5}{3}(1, 1, 0, -1)$

$= (3, -4, 1, 5) + (2, 2, 0, -2)$

$= (5, -2, 1, 3)$

이므로 $a+b+c+d=7$ 이다.

2021학년도 서강대학교

문항 수: 20문항 | 제한시간: 60분

TEST p. 34~39

| 01 | ③ | 02 | ④ | 03 | ④ | 04 | ② | 05 | ① | 06 | ⑤ | 07 | ① | 08 | ③ | 09 | ⑤ | 10 | ① |
| 11 | ③ | 12 | ⑤ | 13 | ④ | 14 | ② | 15 | ④ | 16 | ② | 17 | 1 | 18 | 13 | 19 | 8 | 20 | 6 |

01 미분법   ③

$y = f^{-1}(x) = g(x)$ 라고 하면

$g'(f(x)) = \dfrac{1}{f'(x)} \Leftrightarrow g'(f(f^{-1}(x))) = \dfrac{1}{f'(f^{-1}(x))}$

$\Leftrightarrow g'(x) = \dfrac{1}{f'(y)}$

을 만족한다. 따라서 다음과 같다.

$\lim\limits_{x \to 0} \dfrac{\{g(x)\}^3}{3x} \left(\dfrac{0}{0}\right)$

$= \lim\limits_{x \to 0} \dfrac{3\{g(x)\}^2 \cdot g'(x)}{3} = \lim\limits_{x \to 0} \{g(x)\}^2 g'(x)$

$= \lim\limits_{y \to 0} \dfrac{y^2}{f'(y)} = \lim\limits_{y \to 0} \dfrac{y^2}{1 - \cos y} \left(\dfrac{0}{0}\right)$

$= \lim\limits_{y \to 0} \dfrac{2}{\cos y} = 2$

02 적분법   ④

$h(x) = f(x) + g(x)$ 라 하면 $h(x)$는 미분가능하다.

$h'(x) = f'(x) + g'(x) = \cos^{-1}x + \sin^{-1}x = \dfrac{\pi}{2}$

$\Rightarrow h(x) = \dfrac{\pi}{2}x + c$

$h(0) = 0$ 이므로 $c = 0$ 이고, $h(x) = \dfrac{\pi}{2}x$ 이다.

$f\left(\dfrac{1}{3}\right) + g\left(-\dfrac{1}{3}\right) = \int_0^{\frac{1}{3}} \cos^{-1}t\, dt + \int_0^{-\frac{1}{3}} \sin^{-1}t\, dt$

$= \int_0^{\frac{1}{3}} \cos^{-1}t\, dt - \int_{-\frac{1}{3}}^0 \sin^{-1}t\, dt$

$= \int_0^{\frac{1}{3}} \cos^{-1}t\, dt + \int_0^{\frac{1}{3}} \sin^{-1}t\, dt$

$= f\left(\dfrac{1}{3}\right) + g\left(\dfrac{1}{3}\right)$

$= h\left(\dfrac{1}{3}\right) = \dfrac{\pi}{6}$

03 다변수 미적분   ④

$\lim\limits_{n \to \infty} \dfrac{\sqrt{4n+n^2}\tan\left(\dfrac{1}{n^p}\right)}{\dfrac{1}{n^{p-1}}} = \lim\limits_{n \to \infty} \dfrac{\sqrt{4n+n^2}}{n} \cdot \dfrac{\tan\left(\dfrac{1}{n^p}\right)}{\dfrac{1}{n^p}}$

$= \lim\limits_{n \to \infty} \dfrac{\tan\left(\dfrac{1}{n^p}\right)}{\dfrac{1}{n^p}} = \lim\limits_{t \to 0} \dfrac{\tan t}{t}$

$= \lim\limits_{t \to 0} \sec^2 t = 1$

이므로 극한비교 판정법에 의해 $\sum\limits_{n=1}^{\infty} \sqrt{4n+n^2}\tan\left(\dfrac{1}{n^p}\right)$와

$\sum\limits_{n=1}^{\infty} \dfrac{1}{n^{p-1}}$ 은 수렴성을 같이 한다.

p-판정법에 의해 $p - 1 > 1 \Leftrightarrow p > 2$일 때,

$\sum\limits_{n=1}^{\infty} \dfrac{1}{n^{p-1}}$ 는 수렴한다.

따라서 $p > 2$일 때, $\sum\limits_{n=1}^{\infty} \sqrt{4n+n^2}\tan\left(\dfrac{1}{n^p}\right)$도 수렴한다.

04 다변수 미적분   ②

$X = \rho \sin\phi \cos\theta$, $Y = \rho \sin\phi \sin\theta$, $z = \rho \cos\phi$ 의

야코비안은 $J = \begin{vmatrix} \dfrac{\partial X}{\partial \rho} & \dfrac{\partial X}{\partial \phi} & \dfrac{\partial X}{\partial \theta} \\ \dfrac{\partial Y}{\partial \rho} & \dfrac{\partial Y}{\partial \phi} & \dfrac{\partial Y}{\partial \theta} \\ \dfrac{\partial z}{\partial \rho} & \dfrac{\partial z}{\partial \phi} & \dfrac{\partial z}{\partial \theta} \end{vmatrix} = \rho^2 \sin\phi$ 이다.

$\begin{vmatrix} \dfrac{\partial x}{\partial \rho} & \dfrac{\partial x}{\partial \theta} & \dfrac{\partial x}{\partial \phi} \\ \dfrac{\partial y}{\partial \rho} & \dfrac{\partial y}{\partial \theta} & \dfrac{\partial y}{\partial \phi} \\ \dfrac{\partial z}{\partial \rho} & \dfrac{\partial z}{\partial \theta} & \dfrac{\partial z}{\partial \phi} \end{vmatrix} = \begin{vmatrix} 2\dfrac{\partial X}{\partial \rho} & 2\dfrac{\partial X}{\partial \theta} & 2\dfrac{\partial X}{\partial \phi} \\ 2\dfrac{\partial Y}{\partial \rho} & 2\dfrac{\partial Y}{\partial \theta} & 2\dfrac{\partial Y}{\partial \phi} \\ \dfrac{\partial z}{\partial \rho} & \dfrac{\partial z}{\partial \theta} & \dfrac{\partial z}{\partial \phi} \end{vmatrix} = 4\begin{vmatrix} \dfrac{\partial X}{\partial \rho} & \dfrac{\partial X}{\partial \theta} & \dfrac{\partial X}{\partial \phi} \\ \dfrac{\partial Y}{\partial \rho} & \dfrac{\partial Y}{\partial \theta} & \dfrac{\partial Y}{\partial \phi} \\ \dfrac{\partial z}{\partial \rho} & \dfrac{\partial z}{\partial \theta} & \dfrac{\partial z}{\partial \phi} \end{vmatrix}$

$= -4 \begin{vmatrix} \dfrac{\partial X}{\partial \rho} & \dfrac{\partial X}{\partial \phi} & \dfrac{\partial X}{\partial \theta} \\ \dfrac{\partial Y}{\partial \rho} & \dfrac{\partial Y}{\partial \phi} & \dfrac{\partial Y}{\partial \theta} \\ \dfrac{\partial z}{\partial \rho} & \dfrac{\partial z}{\partial \phi} & \dfrac{\partial z}{\partial \theta} \end{vmatrix} = -4\rho^2 \sin\phi$

05 다변수 미적분   ①

(i) p, q, r 중 어느 하나라도 0 인 경우, $A = 0$이다.

(ii) $p, q, r > 0$ 인 경우,

$f(p, q, r) = pq^2r^3$, $g(p, q, r) = p+2q+3r-1$이라 하자.

$$\nabla f = \lambda \nabla g \Leftrightarrow (q^2r^3, 2pqr^3, 3pq^2r^2) = \lambda(1, 2, 3)$$
$$\Leftrightarrow qr = pr = pq$$
$$\Leftrightarrow p = q = r$$

$g(p, p, p) = 6p = 1 \Rightarrow p = q = r = \dfrac{1}{6}$

따라서 $\left(\dfrac{1}{6}, \dfrac{1}{6}, \dfrac{1}{6}\right)$에서 f 는 극값을 갖는다.

$f\left(\dfrac{1}{6}, \dfrac{1}{6}, \dfrac{1}{6}\right) = \left(\dfrac{1}{6}\right)^6 = A^6$이므로 A의 최댓값은 $\dfrac{1}{6}$이다.

06 공학수학   ⑤

$\displaystyle\int_C F \cdot dr$

$= \displaystyle\int_0^{2\pi} (4\cos t - 3t, 3t - 4\sin t, 4\sin t - 4\cos t)$
$\qquad\qquad\qquad\qquad \cdot (-4\sin t, 3, 4\cos t)\,dt$

$= \displaystyle\int_0^{2\pi} (12t\sin t + 9t - 12\sin t - 16\cos^2 t)\,dt$

$= \displaystyle\int_0^{2\pi} (12t\sin t + 9t - 12\sin t - 8 - 8\cos 2t)\,dt$

$= 18\pi^2 - 40\pi$

07 공학수학   ①

D를 곡선 C의 내부 영역이라 하면
$P = 2x^2y^2 + y^4$, $Q = ye^{-2y}$는 D에서 미분가능하다.
그린정리에 의해 선적분은 다음과 같다.

$\displaystyle\int_C (2x^2y^2 + y^4)\,dx + (ye^{-2y})\,dy$

$= -\displaystyle\iint_D (4x^2y + 4y^3)\,dxdy \quad (\because \text{그린정리})$

$= -4\displaystyle\iint_D y(x^2 + y^2)\,dxdy$

$= -4\displaystyle\int_{\frac{\pi}{2}}^{\pi} \int_1^2 r^4 \sin\theta\,drd\theta \quad (x = r\cos\theta, y = r\sin\theta)$

$= -\dfrac{124}{5}$

08 공학수학   ③

곡면 S의 내부 영역을 E라 할 때, P, Q, R이 E에서 연속인 편도함수를 가지므로 발산정리에 의해 다음이 성립한다.

$\displaystyle\iint_S F \cdot dS = \iiint_E \text{div}\,F\,dV$

$\qquad\qquad = \displaystyle\iiint_E 3\,dV$

$\qquad\qquad = 3 \times (\text{사면체의 부피})$

$\qquad\qquad = 3 \cdot \dfrac{1}{6}\left\|\begin{matrix} 1 & 0 & 0 \\ 0 & 2 & 0 \\ 1 & 2 & 3 \end{matrix}\right\| = 3$

09 선형대수   ⑤

고유벡터 $\vec{v} = \begin{pmatrix} 1 \\ b \\ -2 \end{pmatrix}$에 대응하는 고유치를 λ라 하면

$A\vec{v} = \lambda\vec{v} \Leftrightarrow \begin{pmatrix} 1 & 0 & 1 \\ 0 & 1 & a \\ 2 & 1 & 1 \end{pmatrix}\begin{pmatrix} 1 \\ b \\ -2 \end{pmatrix} = \lambda\begin{pmatrix} 1 \\ b \\ -2 \end{pmatrix}$

$\Leftrightarrow \begin{pmatrix} -1 \\ b-2a \\ b \end{pmatrix} = \lambda\begin{pmatrix} 1 \\ b \\ -2 \end{pmatrix}$

이므로 $\lambda = -1, a = 2, b = 2$이다.

$|\lambda I - A| = \begin{vmatrix} \lambda-1 & 0 & -1 \\ 0 & \lambda-1 & -2 \\ -2 & -1 & \lambda-1 \end{vmatrix}$

$\qquad\qquad = (\lambda-1)(\lambda-3)(\lambda+1) = 0$

이므로 A의 가장 큰 고유벡터 $c = 3$이다.
따라서 $a + b + c = 7$이다.

10 공학수학   ①

$f(t) = \mathcal{L}^{-1}\left\{\dfrac{s+15}{s^3 + 2s^2 + 5s}\right\}$

$= \mathcal{L}^{-1}\left\{\dfrac{3}{s} - \dfrac{3s+5}{s^2 + 2s + 5}\right\}$

$= \mathcal{L}^{-1}\left\{\dfrac{3}{s}\right\} - \mathcal{L}^{-1}\left\{\dfrac{3(s+1) + 2}{(s+1)^2 + 4}\right\}$

$= \mathcal{L}^{-1}\left\{\dfrac{3}{s}\right\} - \mathcal{L}^{-1}\left\{\dfrac{3(s+1)}{(s+1)^2 + 4} - \dfrac{2}{(s+1)^2 + 4}\right\}$

$= 3 - 3e^{-t}\cos 2t - e^{-t}\sin 2t$

이므로 $f(0) = 3 - 3 = 0$이다.

11 미분법   ③

$f'(x) = \begin{cases} -\dfrac{2e^{-x}\{e^x(x-2) + x + 2\}}{x^3} & (x \neq 0) \\ -\dfrac{1}{3} & (x = 0) \end{cases}$

$f''(x) = \begin{cases} \dfrac{2e^{-x}\{x^2 + 4x + 2e^x(x-3) + 6\}}{x^4} & (x \neq 0) \\ \dfrac{1}{6} & (x = 0) \end{cases}$

이므로

$$f'''(0) = \lim_{h \to 0} \frac{f^{(2)}(h) - f^{(2)}(0)}{h}$$
$$= \lim_{h \to 0} \frac{12e^{-h}\{h^2 + 4h + 2e^h(h-3) + 6\} - h^4}{6h^5}$$
$$= -\frac{1}{10}$$

이다.

| 다른 풀이 |

$$f(x) = \frac{2}{x^2}\left\{\left(1 - x + \frac{1}{2!}x^2 - \frac{1}{3!}x^3 + \frac{1}{4!}x^4 - \cdots\right) - 1 + x\right\}$$
$$= 1 - \frac{1}{3}x + \frac{1}{12}x^2 - \frac{1}{60}x^3 + \cdots$$

이므로 $f'''(0) = -\frac{1}{60} \times 3! = -\frac{1}{10}$ 이다.

12 다변수 미적분   ⑤

$$a_n = \int_0^4 x\sin\left(\frac{n\pi x}{4}\right)dx$$
$$= \left[-\frac{4x}{n\pi}\cos\left(\frac{n\pi}{4}x\right) + \left(\frac{4}{n\pi}\right)^2\sin\left(\frac{n\pi}{4}x\right)\right]_0^4$$
$$= (-1)^{n+1}\frac{16}{n\pi}$$

$$b_n = \int_0^2 x\cos\left(\frac{n\pi x}{2}\right)dx$$
$$= \left[\frac{2x}{n\pi}\sin\left(\frac{n\pi x}{2}\right) + \left(\frac{2}{n\pi}\right)^2\cos\left(\frac{n\pi x}{2}\right)\right]_0^2$$
$$= \left(\frac{2}{n\pi}\right)^2\{(-1)^n - 1\} = -\frac{8}{\pi^2}\frac{1}{(2n-1)^2}$$

ㄱ. $\sum_{n=1}^{\infty} a_n = \frac{16}{\pi}\sum_{n=1}^{\infty}(-1)^{n+1}\frac{1}{n}$ 에서 $\lim_{n \to \infty}\frac{1}{n} = 0$ 이므로 교대급수 판정법에 의해 수렴한다.

ㄴ. $\sum_{n=1}^{\infty} b_n = -\frac{8}{\pi^2}\sum_{n=1}^{\infty}\frac{1}{(2n-1)^2}$ 이고

$\sum_{n=1}^{\infty}\frac{1}{4n^2 - 4n + 1} < \frac{1}{4}\sum_{n=1}^{\infty}\frac{1}{n^2}$ 일 때, $p = 2$ 이므로 p-급수 판정법에 의하여 수렴한다. 비교 판정법에 의하여 $\sum_{n=1}^{\infty}\frac{1}{4n^2 - 4n + 1}$ 이 수렴하므로 $\sum_{n=1}^{\infty} b_n$ 은 수렴한다.

ㄷ. $\sum_{n=1}^{\infty}|a_n| = \frac{16}{\pi}\sum_{n=1}^{\infty}\frac{1}{n}$ 은 $p = 1$ 이므로 p-급수 판정법에 의하여 발산한다. 따라서 $\sum_{n=1}^{\infty} a_n$ 은 조건 수렴한다.

ㄹ. $\sum_{n=1}^{\infty}|b_n| = \frac{8}{\pi^2}\sum_{n=1}^{\infty}\frac{1}{(2n-1)^2}$ 이고

$\sum_{n=1}^{\infty}\frac{1}{4n^2 - 4n + 1} < \frac{1}{4}\sum_{n=1}^{\infty}\frac{1}{n^2}$ 일 때, $p = 2$ 이므로 p-급수 판정법에 의하여 수렴한다. 비교 판정법에 의하여 $\sum_{n=1}^{\infty}\frac{1}{4n^2 - 4n + 1}$ 이 수렴하므로 $\sum_{n=1}^{\infty} b_n$ 은 절대수렴한다.

13 다변수 미적분   ④

$$\int_0^1\int_0^{1-z}\int_0^{1-z}2e^{(1-x)^2}dx\,dy\,dz$$
$$= \int_0^1\int_0^{1-x}\int_0^{1-z}2e^{(1-x)^2}dy\,dz\,dx$$
$$= \int_0^1\int_0^{1-x}2(1-z^2)e^{(1-x)^2}dz\,dx$$
$$= \int_0^1 2\left[z - \frac{1}{3}z^3\right]_0^{1-x}e^{(1-x)^2}dx$$
$$= \int_0^1 2\left\{(1-x) - \frac{1}{3}(1-x)^3\right\}e^{(1-x)^2}dx$$
$$\quad\quad\quad\quad\quad\quad ((1-x)^2 = t \text{ 치환})$$
$$= 2\int_0^1\left(t - \frac{1}{3}t^3\right)e^{t^2}dt = 2\int_0^1\left(te^{t^2} - \frac{1}{3}t^3e^{t^2}\right)dt$$
$$= \int_0^1\left(e^w - \frac{1}{3}we^w\right)dw \quad (t^2 = w \text{ 치환})$$
$$= \left[e^w - \frac{1}{3}(we^w - e^w)\right]_0^1 = e - \frac{4}{3}$$

14 선형대수   ②

$\vec{v_3} // \begin{vmatrix} \vec{i} & \vec{j} & \vec{k} \\ 1 & 1 & 1 \\ 1 & 0 & -1 \end{vmatrix} = (-1, 2, -1)$ 이고 $\vec{v_3}$는 정규기저이므로 $\vec{v_3} = \frac{1}{\sqrt{6}}(-1, 2, -1)$ 이다.

$A = \frac{1}{\sqrt{6}}\begin{pmatrix} \sqrt{2} & \sqrt{3} & 1 \\ \sqrt{2} & 0 & -2 \\ \sqrt{2} & -\sqrt{3} & 1 \end{pmatrix}$ 에 대해 $|A| = -1$ 이므로

$A^{-1} = |A|adj(A) = -adj(A)$ 이고, $adj(A)$의 $(3, 2)$ 성분은 $\frac{1}{|A|} \cdot (-1)^{2+3}M_{23} = M_{23}$ 이다. 이때, M_{23}은 행렬 A의 $(2, 3)$ 성분에 대한 소행렬식이다.

$M_{23} = \frac{1}{6}\begin{vmatrix} \sqrt{2} & \sqrt{3} \\ \sqrt{2} & -\sqrt{3} \end{vmatrix} = -\frac{\sqrt{6}}{3}$ 이다.

15 공학수학   ④

$$y' - 2y = -4y^2 \Rightarrow \frac{dy}{dx} = -4y^2 + 2y$$
$$\Rightarrow \frac{dy}{2y - 4y^2} = dx$$
$$\Rightarrow \left(\frac{1}{2y} + \frac{1}{1 - 2y}\right)dy = dx$$
$$\Rightarrow \frac{1}{2}\ln y - \frac{1}{2}\ln(1 - 2y) = x + c$$

$y(0) = \frac{1}{4}$ 이므로 $c = \frac{1}{2}\ln\frac{1}{2}$ 이고, $x = \ln 2$ 를 대입하면 $y(\ln 2) = \frac{2}{5}$ 이다.

16 신유형 & 고난도 다변수 미적분 ②

STEP 1 함수식 $u(x,y)$ 파악하기

함수 $u(x,y) = f(\sqrt{x^2+y^2})$는
함수 $w = u(t)$와 함수 $t = f(x,y)$의 합성함수이다.

STEP 2 편도함수 $u_{xx}(x,y)$, $u_{yy}(x,y)$ 구하기

$$u_x(x,y) = f'(\sqrt{x^2+y^2})\frac{x}{\sqrt{x^2+y^2}},$$

$$u_{xx} = f''(\sqrt{x^2+y^2})\frac{x^2}{x^2+y^2} + f'(\sqrt{x^2+y^2})\frac{y^2}{(x^2+y^2)^{\frac{3}{2}}}$$

$$u_y = f'(\sqrt{x^2+y^2})\frac{y}{\sqrt{x^2+y^2}},$$

$$u_{yy} = f''(\sqrt{x^2+y^2})\frac{y^2}{x^2+y^2} + f'(\sqrt{x^2+y^2})\frac{x^2}{(x^2+y^2)^{\frac{3}{2}}}$$

STEP 3 $u_{xx}(x,y) + u_{yy}(x,y) = 0$을 이용하여 숨은 조건 찾기

$$u_{xx} + u_{yy}$$
$$= f''(\sqrt{x^2+y^2})\frac{x^2+y^2}{x^2+y^2} + f'(\sqrt{x^2+y^2})\frac{x^2+y^2}{(x^2+y^2)^{\frac{3}{2}}}$$
$$= f''(\sqrt{x^2+y^2}) + \frac{1}{\sqrt{x^2+y^2}}f'(\sqrt{x^2+y^2})$$
$$= f''(r) + \frac{1}{r}f'(r) = 0$$
$$\Rightarrow f''(r) = -\frac{1}{r}f'(r)$$

STEP 4 이상적분 $\int_0^1 f(r)\,dr$ 구하기

$$\int_0^1 f(r)\,dr = [rf(r)]_0^1 - \int_0^1 rf'(r)\,dr \ (\because 부분적분)$$
$$= f(1) - \int_0^1 rf'(r)\,dr = -\int_0^1 rf'(r)\,dr$$

이고,
$$\int_0^1 rf'(r)\,dr = \left[\frac{1}{2}r^2 f'(r)\right]_0^1 - \int_0^1 \frac{1}{2}r^2 f''(r)\,dr$$
$$= \frac{1}{2}f'(1) - \frac{1}{2}\int_0^1 r^2\left(-\frac{1}{r}f'(r)\right)dr$$
$$= \frac{1}{2}f'(1) + \frac{1}{2}\int_0^1 rf'(r)\,dr$$

에서 $\int_0^1 rf'(r)\,dr = \frac{1}{2}f'(1) + \frac{1}{2}\int_0^1 rf'(r)\,dr$이므로
$\int_0^1 rf'(r)\,dr = f'(1)$이다.

그러므로
$$\int_0^1 f(r)\,dr = -\int_0^1 rf'(r)\,dr = -f'(1) = -1이다.$$

고득점 KEY

이변수 합성함수의 이계 미분
$y = f(x)$이고 $x = g(s,t)$일 때,

(1) $\dfrac{\partial y}{\partial s} = \dfrac{dy}{dx}\dfrac{\partial x}{\partial s}$, $\dfrac{\partial y}{\partial t} = \dfrac{dy}{dx}\dfrac{\partial x}{\partial t}$

(2) $\dfrac{\partial^2 y}{\partial s^2} = \dfrac{d^2 y}{dx^2}\left(\dfrac{\partial x}{\partial s}\right)^2 + \dfrac{dy}{dx}\dfrac{\partial^2 x}{\partial s^2}$

$\dfrac{\partial^2 y}{\partial t^2} = \dfrac{d^2 y}{dx^2}\left(\dfrac{\partial x}{\partial t}\right)^2 + \dfrac{dy}{dx}\dfrac{\partial^2 x}{\partial t^2}$

17 신유형 & 고난도 미분법 1

STEP 1 $|g(x) - 1 + x - 2x^2| \le f(x)$에서 숨은 조건 파악하기

$|g(x) - 1 + x - 2x^2| \le f(x)$일 때,
$-f(x) \le g(x) - 1 + x - 2x^2 \le f(x)$을 만족한다.
직접적으로 $f'(0)$, $g'(0)$를 구할 수 없으므로
정의를 이용하여 그 값을 구해보자.

STEP 2 $x = 0$에서의 함수 f와 g의 미분 계수 정의 유도하기

(ⅰ) $x = 0$일 때, $-f(0) \le g(0) - 1 \le f(0)$이고
$f(0) = 0$이므로 $g(0) - 1 = 0 \Leftrightarrow g(0) = 1$이다.

(ⅱ) $x > 0$일 때,
$$-f(x) + f(0) \le g(x) - g(0) + x - 2x^2 \le f(x) - f(0)$$
$$\Rightarrow -\frac{f(x) - f(0)}{x} \le \frac{g(x) - g(0)}{x} + 1 - 2x$$
$$\le \frac{f(x) - f(0)}{x}$$
$$\Rightarrow -\lim_{x \to 0^+}\frac{f(x) - f(0)}{x} \le \lim_{x \to 0^+}\left\{\frac{g(x) - g(0)}{x} + 1 - 2x\right\}$$
$$\le \lim_{x \to 0^+}\frac{f(x) - f(0)}{x}$$
$$\Leftrightarrow -f'(0) \le g'(0) + 1 \le f'(0) \text{ 이므로}$$
$1 \le f'(0) - g'(0)$ 가 성립한다.

(ⅲ) $x < 0$일 때,
$$-f(x) + f(0) \le g(x) - g(0) + x - 2x^2 \le f(x) - f(0)$$
$$\Rightarrow -\frac{f(x) - f(0)}{x} \ge \frac{g(x) - g(0)}{x} + 1 - 2x$$
$$\ge \frac{f(x) - f(0)}{x}$$
$$\Rightarrow -\lim_{x \to 0^-}\frac{f(x) - f(0)}{x} \ge \lim_{x \to 0^-}\left\{\frac{g(x) - g(0)}{x} + 1 - 2x\right\}$$
$$\ge \lim_{x \to 0^-}\frac{f(x) - f(0)}{x}$$
$$\Leftrightarrow -f'(0) \ge g'(0) + 1 \ge f'(0)$$
이므로 $f'(0) - g'(0) \le 1$가 성립한다.

STEP 3 $f'(0) - g'(0)$의 값 구하기

(ⅰ), (ⅱ)에 의하여 $f'(0) - g'(0) = 1$이다.

고득점 KEY

$x = a$에서 함수 f의 미분계수

$$f'(a) = \lim_{h \to 0} \frac{f(a+h)-f(a)}{h}$$

압축정리(스퀴즈 정리)

$x = \alpha$ 근방에서 $f(x) \leq g(x) \leq h(x)$이고,
$\lim_{x \to a} f(x) = \lim_{x \to a} h(x) = \alpha$ 이면 $\lim_{x \to a} g(x) = \alpha$

18 공학수학   13

평면 S의 법선 벡터 $\vec{n} // \overrightarrow{AB} \times \overrightarrow{AC} = (6, 3, 2)$이므로 평면 S의 방정식은 $6x+3y+2z = 6$이다.

$$\iint_S F \cdot n\, dS = \iint_S (xy, z, y) \cdot (-z_x, -z_y, 1)\, dx\, dy$$

$$= \int_0^1 \int_0^{-2x+2} \left(x-y, -3x-\frac{3}{2}y+3, y\right)$$
$$\cdot \left(3, \frac{3}{2}, 1\right) dy\, dx$$

$$= \frac{1}{2}\int_0^1 \int_0^{-2x+2} \left(-3x - \frac{17}{2}y + 9\right) dy\, dx$$

$$= \frac{1}{2}\int_0^1 \left[-2xy - \frac{17}{4}y^2 + 9y\right]_0^{2-2x} dx$$

$$= \frac{1}{2}\int_0^1 (-11x^2 + 10x + 1)\, dx = \frac{7}{6}$$

$\therefore p+q = 6+7 = 13$

19 공학수학   8

$$\begin{cases} (D+2)y_1 + y_2 = e^{-2t} & \cdots \text{㉠} \\ -y_1 + (D+2)y_2 = -3e^{-2t} & \cdots \text{㉡} \end{cases}$$

㉠$-(D+2)\times$㉡를 하면

$(D^2+4D+5)y_2 = e^{-2t}$

$\Leftrightarrow y_2 = \dfrac{1}{D^2+4D+5}\{e^{-2t}\}$

$\Leftrightarrow y_2 = e^{-2t}\{c_1\cos t + c_2\sin t\} + e^{-2t}$

이고 초기 조건 $y_2(0) = 1$을 대입하면 $c_1 = 0$이다.

따라서 $y_2 = c_2 e^{-2t}\sin t + e^{-2t}$이고

$y_1 = y_2' + 2y_2 + 3e^{-2t}$
$\quad = c_2(-2e^{-2t}\sin t + e^{-2t}\cos t) - 2e^{-2t}$
$\qquad + 2(c_2 e^{-2t}\sin t + e^{-2t}) + 3e^{-2t}$
$\quad = c_2 e^{-2t}\cos t + 3e^{-2t}$

이므로 초기 조건 $y_1(0) = 8$을 대입하면 $c_2 = 5$이다.

그러므로

$y_1(t) = 5e^{-2t}\cos t + 3e^{-2t}$, $y_2 = 5e^{-2t}\sin t + e^{-2t}$이고

$$\frac{y_1(2\pi)}{y_2(2\pi)} = \frac{5e^{-4\pi}+3e^{-4\pi}}{e^{-2\pi}} = 8$$이다.

20 선형대수   6

$A \sim \begin{pmatrix} 1 & 2 & 3 & 4 \\ 0 & 1 & 2 & 3 \\ 0 & 0 & 0 & 0 \end{pmatrix} \sim \begin{pmatrix} 1 & 0 & -1 & -2 \\ 0 & 1 & 2 & 3 \\ 0 & 0 & 0 & 0 \end{pmatrix}$이고

$\begin{pmatrix} 1 & 0 & -1 & -2 \\ 0 & 1 & 2 & 3 \\ 0 & 0 & 0 & 0 \end{pmatrix}\begin{pmatrix} a \\ b \\ c \\ d \end{pmatrix} = \begin{pmatrix} 0 \\ 0 \\ 0 \end{pmatrix} \Leftrightarrow \begin{cases} a-c-2d = 0 \\ b+2c+3d = 0 \end{cases}$ 이므로

행렬 A의 해공간은

$W = <(1, -2, 1, 0), (2, -3, 0, 1)>$이다.

또한 두 벡터 $(1, -2, 1, 0)$, $(2, -3, 0, 1)$을 열로 받아 만든

행렬을 $A = \begin{pmatrix} 1 & 2 \\ -2 & -3 \\ 1 & 0 \\ 0 & 1 \end{pmatrix}$이라 할 때, 영공간에 속한 벡터

$\vec{x_n} = A(A^TA)^{-1}A^T b$

$= \begin{pmatrix} 1 & 2 \\ -2 & -3 \\ 1 & 0 \\ 0 & 1 \end{pmatrix}\left\{\begin{pmatrix} 1 & -2 & 1 & 0 \\ 2 & -3 & 0 & 1 \end{pmatrix}\begin{pmatrix} 1 & 2 \\ -2 & -3 \\ 1 & 0 \\ 0 & 1 \end{pmatrix}\right\}^{-1}\begin{pmatrix} 1 & -2 & 1 & 0 \\ 2 & -3 & 0 & 1 \end{pmatrix}\begin{pmatrix} -7 \\ -5 \\ 1 \\ 1 \end{pmatrix}$

$= \begin{pmatrix} 0 \\ -1 \\ 2 \\ -1 \end{pmatrix}$

이다. 그러므로 $\|\vec{x_n}\|^2 = 0 + (-1)^2 + 2^2 + (-1)^2 = 6$이다.

SUNGKYUNKWAN UNIVERSITY

성균관대학교

KIM & BOOK

2025학년도 성균관대학교

26	③	27	⑤	28	④	29	②	30	①	31	④	32	②	33	②	34	⑤	35	②
36	②	37	⑤	38	④	39	①	40	②	41	①	42	⑤	43	③	44	③	45	③

26 신유형 & 고난도 다변수 미적분 ③

STEP 1 조건 (가), (나) 파악하기

(가)에 의해 $0 < \dfrac{1}{f(x)} < 1$, $0 < \dfrac{1}{f(x)^2} < 1$이다.

(나)에 의해 임의의 $\epsilon > 0$에 대해 충분히 큰 $M > 0$이 존재하여 $x > M$일 때,

$$\left|\dfrac{f(x)}{x} - 1\right| < \epsilon \Leftrightarrow 1 - \epsilon < \dfrac{f(x)}{x} < 1 + \epsilon$$

을 만족한다. $\epsilon = \dfrac{1}{10}$이라 하면 충분히 큰 자연수 n에 대하여

$$\dfrac{10}{11n} < \dfrac{1}{f(n)} < \dfrac{10}{9n}, \ \dfrac{100}{121n^2} < \dfrac{1}{f(n)^2} < \dfrac{100}{81n^2}$$

을 만족한다.

STEP 2 $\sum\limits_{n=1}^{\infty}\dfrac{1}{f(n)}$, $\sum\limits_{n=1}^{\infty}\dfrac{1}{f(n)^2}$의 수렴성 판정하기

$\dfrac{10}{11}\sum\limits_{n=1}^{\infty}\dfrac{1}{n}$은 p 급수 판정법에 의해 발산하므로 비교판정법에 의해 $\sum\limits_{n=1}^{\infty}\dfrac{1}{f(n)}$은 발산하고,

$\dfrac{100}{81}\sum\limits_{n=1}^{\infty}\dfrac{1}{n^2}$은 p 급수 판정법에 의해 수렴하므로 비교판정법에 의해 $\sum\limits_{n=1}^{\infty}\dfrac{1}{f(n)^2}$은 수렴한다.

STEP 3 $\sum\limits_{n=1}^{\infty}\sin\left(\dfrac{1}{f(n)}\right)$, $\sum\limits_{n=1}^{\infty}\sin\left(\dfrac{1}{f(n)^2}\right)$의 수렴성 판정하기

(ⅰ) $\lim\limits_{n\to\infty}\dfrac{\sin\left(\dfrac{1}{f(n)}\right)}{\dfrac{1}{f(n)}} = 1$이고 $\sum\limits_{n=1}^{\infty}\dfrac{1}{f(n)}$은 발산하므로 극한비교 판정법에 의해 S_1은 발산한다.

(ⅱ) $\lim\limits_{n\to\infty}\dfrac{\sin\left(\dfrac{1}{f(n)^2}\right)}{\dfrac{1}{f(n)^2}} = 1$이고 $\sum\limits_{n=1}^{\infty}\dfrac{1}{f(n)^2}$은 수렴하므로 극한비교판정법에 의해 S_2는 수렴한다.

고득점 KEY

$\lim\limits_{x\to\infty}f(x) = \alpha$의 $\epsilon - \delta$ 표현

임의의 $\epsilon > 0$에 대해 충분히 큰 $M > 0$이 존재하여 $x > M$일 때, $|f(x) - \alpha| < \epsilon$

비교 판정법

모든 n에 대하여 $0 < a_n \le b_n$일 때,

① $\sum\limits_{n=1}^{\infty}b_n$이 수렴하면 $\sum\limits_{n=1}^{\infty}a_n$도 수렴한다.

② $\sum\limits_{n=1}^{\infty}a_n$이 발산하면 $\sum\limits_{n=1}^{\infty}b_n$도 발산한다.

극한 비교 판정법

$a_n > 0$, $b_n > 0$에 대하여

① $\lim\limits_{n\to\infty}\dfrac{a_n}{b_n} = k \ (k \ne 0)$이면 $\sum\limits_{n=1}^{\infty}a_n$과 $\sum\limits_{n=1}^{\infty}b_n$은 수렴, 발산을 같이한다.

② $\lim\limits_{n\to\infty}\dfrac{a_n}{b_n} = 0$이고, $\sum\limits_{n=1}^{\infty}b_n$이 수렴하면 $\sum\limits_{n=1}^{\infty}a_n$도 수렴한다.

③ $\lim\limits_{n\to\infty}\dfrac{a_n}{b_n} = \infty$이고, $\sum\limits_{n=1}^{\infty}b_n$이 발산하면 $\sum\limits_{n=1}^{\infty}a_n$도 발산한다.

27 선형대수 ⑤

A의 고유방정식은 $x^2 - 3x - 4 = 0$이므로 $x = -1, 4$

$x = -1$에 대응되는 고유벡터 $\begin{pmatrix} 3 \\ \sqrt{6} \end{pmatrix}$이고

$x = 4$에 대응되는 고유벡터 $\begin{pmatrix} \sqrt{6} \\ -3 \end{pmatrix}$이므로

$P = \begin{pmatrix} 3 & \sqrt{6} \\ \sqrt{6} & -3 \end{pmatrix}$이다.

28 공학수학 ④

$y'' + 3y' + 2y = g(t)$의 양변에 라플라스 변환을 적용하면

$\mathcal{L}\{y''\} + 3\mathcal{L}\{y'\} + 2\mathcal{L}\{y\} = \mathcal{L}\{g(t)\}$

$\mathcal{L}\{y\} = Y(s)$, $\mathcal{L}\{g(t)\} = G(s)$라 하자.

$s^2 Y(s) - 2s + 4 + 3(sY(s) - 2) + 2Y(s) = G(s)$

$$\Rightarrow (s^2+3s+2)Y(s) = G(s)+2s+2$$
$$\Rightarrow Y(s) = \frac{G(s)}{(s+1)(s+2)} + \frac{2(s+1)}{(s+1)(s+2)}$$
$$\Rightarrow Y(s) = \frac{G(s)}{(s+1)(s+2)} + \frac{2}{s+2}$$
$$\therefore y(t) = \mathcal{L}^{-1}\{Y(s)\}$$
$$= \mathcal{L}^{-1}\left\{\frac{2}{s+2}\right\} + \mathcal{L}^{-1}\left\{\frac{G(s)}{(s+1)(s+2)}\right\}$$
$$= \mathcal{L}^{-1}\left\{\frac{2}{s+2}\right\}$$
$$\quad + \mathcal{L}^{-1}\{G(s)\} * \mathcal{L}^{-1}\left\{\frac{1}{s+1} - \frac{1}{s+2}\right\}$$
$$= 2e^{-2t} + g(t) * (e^{-t} - e^{-2t})$$
$$= 2e^{-2t} + \int_0^t g(t-v)(e^{-v} - e^{-2v})dv$$

29 미분법 ②

$\lim_{x \to 0} \frac{f(x)-g(x)}{x^7}$ 가 존재하므로 $f(x)$와 $g(x)$의 6 차항까지

의 계수가 같다.

따라서 $g(x)$의 x^6 의 계수와 $f(x)$의 x^6의 계수는 같다.

$$f(x) = \frac{x}{\sin x - x + 1} = \frac{x}{1 - \frac{x^3}{3!} + \frac{x^5}{5!} - \cdots}$$
$$= x + \frac{x^4}{3!} - \frac{x^6}{5!} + \cdots$$

이므로 x^6 의 계수는 $-\frac{1}{5!}$ 이다.

30 다변수 미적분 ①

$x = -1$, $y = 1$을 대입하면 $z^3 - z = 0$에서
$z = -1$ ($\because z < 0$)
$F(x, y, z) = xyz + x + y^2 + z^3$이라 하면
$$\frac{\partial z}{\partial x} = -\frac{F_x}{F_z} = -\frac{yz+1}{xy+3z^2} \Rightarrow \frac{\partial z}{\partial x}(-1, 1, -1) = 0,$$
$$\frac{\partial z}{\partial y} = -\frac{F_y}{F_z} = -\frac{xz+2y}{xy+3z^2} \Rightarrow \frac{\partial z}{\partial y}(-1, 1, -1) = -\frac{3}{2}$$

따라서 선형근사식은 다음과 같다.
$L(x, y)$
$= f(-1, 1) + (x+1)f_x(-1, 1) + (y-1)f_y(-1, 1)$
$= -1 - \frac{3}{2}(y-1)$

$\therefore f(-1.02, 0.97) \approx -1 - \frac{3}{2}(0.97-1)$
$\qquad = -0.955$

31 선형대수 ④

A 의 고유치 $2, \frac{1}{2}, -1$ 이므로

A^{-1}의 고유치는 $-1, 2, \frac{1}{2}$ 이고

$A^{-3} = (A^{-1})^3$ 의 고유치는 $(-1)^3, 2^3, \frac{1}{2^3}$

$\therefore tr(A^{-3}) = -1 + 8 + \frac{1}{8} = \frac{57}{8}$

32 다변수 미적분 ②

$$\iiint_E f(x,y,z)dV$$
$$= \int_0^3 \int_0^{9-x^2} \int_0^{9-x^2-y} f(x,y,z)\,dz\,dy\,dx$$
$$= \int_0^9 \int_0^{\sqrt{9-y}} \int_0^{9-x^2-y} f(x,y,z)\,dz\,dx\,dy$$
$$= \int_0^3 \int_0^{9-x^2} \int_0^{9-x^2-z} f(x,y,z)\,dy\,dz\,dx$$
$$= \int_0^9 \int_0^{\sqrt{9-z}} \int_0^{9-x^2-z} f(x,y,z)\,dy\,dx\,dz$$
$$= \int_0^9 \int_0^{9-z} \int_0^{\sqrt{9-y-z}} f(x,y,z)\,dx\,dy\,dz$$
$$= \int_0^9 \int_0^{9-y} \int_0^{\sqrt{9-y-z}} f(x,y,z)\,dx\,dz\,dy$$

33 공학수학 ②

$$W = \begin{vmatrix} x & \frac{1}{x} \\ 1 & -\frac{1}{x^2} \end{vmatrix} = -\frac{2}{x}, \quad W_1 = \begin{vmatrix} 0 & \frac{1}{x} \\ \frac{2}{x^2} & -\frac{1}{x^2} \end{vmatrix} = -\frac{2}{x^3},$$

$$W_2 = \begin{vmatrix} x & 0 \\ 1 & \frac{2}{x^2} \end{vmatrix} = \frac{2}{x}$$

$$\therefore y_p = x \int \frac{-\frac{2}{x^3}}{-\frac{2}{x}}dx + \frac{1}{x}\int \frac{\frac{2}{x}}{-\frac{2}{x}}dx$$
$$= x\int \frac{1}{x^2}dx - \frac{1}{x}\int dx$$
$$= -1 - 1 = -2$$

34 다변수 미적분 ⑤

선형동차점화식 $2a_{n+2} + 3a_{n+1} + a_n = 0$의

보조방정식 $2m^2 + 3m + 1 = 0$에서 $m = -\frac{1}{2}, -1$ 이므로

$a_n = c_1\left(-\dfrac{1}{2}\right)^n + c_2(-1)^n$, $\lim\limits_{n\to\infty} a_n = 0$이므로 $c_2 = 0$이다.

따라서 $a_n = c_1\left(-\dfrac{1}{2}\right)^n$

$\sum\limits_{n=1}^{\infty} a_n = \sum\limits_{n=1}^{\infty} c_1\left(-\dfrac{1}{2}\right)^n = c_1 \dfrac{-\dfrac{1}{2}}{1+\dfrac{1}{2}} = 1$

$\therefore c_1 = -3$

그러므로 $\sum\limits_{n=1}^{\infty} a_n x^n = \sum\limits_{n=1}^{\infty} (-3)\left(-\dfrac{1}{2}\right)^n x^n$이고 n승근 판정법에 의해 $\dfrac{1}{2}|x| < 1 \Leftrightarrow |x| < 2$이므로 수렴반경은 2이다.

35 선형대수 ②

열공간은
$span\{(1, 0, 2), (0, 1, -1)\}$
$= \{(x, y, z) \in \mathbb{R}^2 \mid -2x + y + z = 0\}$
이고 $\vec{v} = (-2, 1, 1)$이 x 축의 방향벡터 $\vec{i} = (1, 0, 0)$과 이루는 각을 θ라 할 때,

$\cos\theta = \dfrac{\vec{v} \cdot \vec{i}}{\|\vec{v}\|\|\vec{i}\|} = -\dfrac{2}{\sqrt{6}}$

$\therefore |\cos\theta| = \dfrac{\sqrt{6}}{3}$

36 다변수 미적분 ②

$u = x^2 y$, $v = x^3 y$으로 변수 변환하면

$|J| = \dfrac{1}{\left|\begin{vmatrix} 2xy & x^2 \\ 3x^2y & x^3 \end{vmatrix}\right|} = \dfrac{1}{x^4 y}$

$\iint_A x^4 y \, dx \, dy = \int_2^4 \int_1^2 du \, dv = 2$

37 다변수 미적분 ⑤

영역 $E = \{(x, y, z) \in \mathbb{R}^3 \mid x^2 + y^2 + z^2 \leq 1\}$이라 하면 구의 질량은 다음과 같다.

$M = \iiint_E \sqrt{(x^2+y^2)(x^2+y^2+z^2)} \, dV$
$= \int_0^{2\pi} \int_0^{\pi} \int_0^1 \sqrt{\rho^2 \sin^2\phi \cdot \rho^2} \, \rho^2 \sin\phi \, d\rho \, d\phi \, d\theta$
$= \int_0^1 \rho^4 d\rho \int_0^{\pi} \sin^2\phi \, d\phi \int_0^{2\pi} d\theta$
$= \dfrac{1}{5} \cdot \dfrac{\pi}{2} \cdot 2\pi = \dfrac{\pi^2}{5}$

38 미분법 ④

조건 (가)에서 $f(0) \geq 1$ ...... ㉠
조건 (나)에서 $f(0) = f(0+0) \geq f(0)f(0) = \{f(0)\}^2$
$\Rightarrow 0 \leq f(0) \leq 1$ ...... ㉡
㉠, ㉡에 의하여 $f(0) = 1$

$f'(0^-) = \lim\limits_{h\to 0^-} \dfrac{f(h)-1}{h} \leq 2$ ...... ㉢

$f'(0^+) = \lim\limits_{h\to 0^+} \dfrac{f(h)-1}{h} \geq 2$ ...... ㉣

㉢, ㉣에 의해 $f'(0) = 2$

39 신유형 & 고난도 선형대수 ①

STEP 1 조건 (가) 파악하기

평면 p의 법선벡터를 $\vec{n} = (1, 1, 1)$이라 하자.
(가)에 의해
$\dfrac{2\vec{v} + T(\vec{v})}{3} \cdot \vec{n} = 0 \Rightarrow \dfrac{2\vec{v} + T(\vec{v})}{3} = \vec{0}$
$\Rightarrow T(\vec{v}) = -2\vec{v}$

이므로 고윳값 -2를 가진다.

STEP 2 조건 (나) 파악하기

(나)에 의해 $T(\vec{v}) - \vec{v}$가 평면 p의 법선벡터가 아니면
$T(\vec{v}) - \vec{v} = \vec{0}$
$\vec{v}$에 p 위의 벡터를 대입하면 $T(\vec{v}) = \vec{v}$이므로 고윳값은 1이다.

STEP 3 행렬식 구하기

따라서 모든 고윳값은 $-2, 1, 1$이므로 행렬식은 -2이다.

고득점 KEY

고윳값과 고유벡터
n차 정방행렬 A에 대하여
$A\vec{x} = \lambda \vec{x}$를 만족하는 0이 아닌 벡터 $\vec{v} \in \mathbb{R}^n$이 존재할 때, λ를 A의 고윳값, $\vec{x}$를 λ에 대응하는 A의 고유벡터라 한다.

40 공학수학 ③

$(x^4 + y^4)dx - xy^3 dy = 0$
$Q_x - P_y = -y^3 - 4y^3 = -5y^3$
$\mu = \dfrac{-5y^3}{-xy^3} = \dfrac{5}{x}$ 이므로 적분인수는 $I = e^{-\int \frac{5}{x}dx} = \dfrac{1}{x^5}$

$(x^4 + y^4)dx - xy^3 dy = 0 \Rightarrow \left(\dfrac{1}{x} + \dfrac{y^4}{x^5}\right)dx - \dfrac{y^3}{x^4}dy = 0$

일반해는 $\ln x - \dfrac{y^4}{4x^4} = C$이고 $y(e) = e$이므로 $C = \dfrac{3}{4}$

$\ln x - \dfrac{y^4}{4x^4} = \dfrac{3}{4}$에서 $y = x(4\ln x - 3)^{\frac{1}{4}}$

41 공학수학   ①

$$\iiint_E \text{div}\, F\, dV$$
$$= 3\iiint_E (x^2+y^2+z^2) - 1\, dV$$
$$= 3\int_{-\frac{3\pi}{4}}^{\frac{\pi}{4}} \int_0^\pi \int_0^1 (\rho^4 \sin\phi - \rho^2 \sin\phi)\, d\rho\, d\phi\, d\theta$$
$$= 3\int_{-\frac{3\pi}{4}}^{\frac{\pi}{4}} \int_0^\pi \left(\frac{1}{5}\sin\phi - \frac{1}{3}\sin\phi\right) d\phi\, d\theta$$
$$= 3\int_{-\frac{3\pi}{4}}^{\frac{\pi}{4}} \left[-\frac{1}{5}\cos\phi + \frac{1}{3}\cos\phi\right]_0^\pi d\theta$$
$$= 3\int_{-\frac{3\pi}{4}}^{\frac{\pi}{4}} \left[-\frac{1}{5}\cos\phi + \frac{1}{3}\cos\phi\right]_0^\pi d\theta$$
$$= 3\pi\left(-\frac{4}{15}\right) = -\frac{4\pi}{5}$$

42 공학수학   ⑤

$$\int_C F \cdot dr$$
$$= \int_0^{2\pi} (2\cos t + 3t, e^{\sin t}, \cos t) \cdot (-\sin t, \cos t, 3)\, dt$$
$$= \int_0^{2\pi} (-2\cos t \sin t - 3t \sin t + e^{\sin t} \cos t + 3\cos t)\, dt$$
$$= [-\sin^2 t + 3t \cos t - 3\sin t + e^{\sin t} + 3\sin t]_0^{2\pi} = 6\pi$$

43 선형대수   ③

ㄱ. $\mathbb{R}^3$ 공간상의 임의의 벡터 $\vec{u}$, $\vec{v}$와 $c \in \mathbb{R}$에 대하여
$T(\vec{u}+\vec{v}) = \vec{0} = T(\vec{u}) + T(\vec{v})$이고 $T(c\vec{u}) = \vec{0} = cT(\vec{u})$
이므로 선형변환이다.

ㄴ. 원점을 지나는 직선 위로의 정사영은 선형변환이다.

ㄷ. [반례] $T(0,0,0) = \left(\frac{2}{7}, \frac{4}{7}, \frac{6}{7}\right) \neq (0,0,0)$

44 공학수학   ③

$y'' + x^2 y' + 2xy = 0$

$y = \sum_{n=0}^\infty a_n x^n$이라 하면

$y' = \sum_{n=1}^\infty n a_n x^{n-1}$, $y'' = \sum_{n=2}^\infty n(n-1) a_n x^{n-2}$

$y'' + x^2 y' + 2xy$
$= \sum_{n=2}^\infty n(n-1) a_n x^{n-2} + \sum_{n=1}^\infty n a_n x^{n+1} + \sum_{n=0}^\infty 2 a_n x^{n+1}$

$= \sum_{n=0}^\infty (n+2)(n+1) a_{n+2} x^n$
$\quad + \sum_{n=2}^\infty (n-1) a_{n-1} x^n + \sum_{n=1}^\infty 2 a_{n-1} x^n$

$= 2a_2 + (6a_3 + 2a_0)x$
$\quad + \sum_{n=2}^\infty [(n+2)(n+1) a_{n+2} + (n+1) a_{n-1}] x^n = 0$

그러면 $a_2 = 0$, $a_{n+2} = -\dfrac{a_{n-1}}{n+2}$에서

$a_{3k+2} = 0$ ($k \geq 1$인 정수)이다.

따라서 $n = 99$일 때, $a_{101} = -\dfrac{a_{98}}{101} = 0$이므로

$y^{(101)}(0) = 0$이다.

45 다변수 미적분   ③

x축과 y축을 따라 접근할 때의 극한값은 모두 0이고,

곡선 $y^3 = x^5$을 따라 접근할 때,

$\lim_{x \to 0} \dfrac{x^{10m}}{3x^{20}} = 0$이어야 하므로 $10m > 20$ $\therefore m > 2$

따라서 자연수 m의 최솟값은 3이다.

TEST p. 48–53

26	③	27	②	28	①	29	①	30	⑤	31	②	32	③	33	⑤	34	③	35	④
36	④	37	①	38	⑤	39	①	40	④	41	④	42	①	43	⑤	44	②	45	⑤

26 다변수 미적분 ③

$a_n = \dfrac{(x-a)^{n+1}}{3^{3n+2}}$ 이라 할 때, $\lim\limits_{n \to \infty} \left| \dfrac{a_{n+1}}{a_n} \right| = \dfrac{|x-a|}{9}$ 이므로

비율판정법에 의하여

$\dfrac{|x-a|}{9} < 1 \Leftrightarrow -9+a < x < 9+a$

일 때, 수렴한다.

수렴구간이 $(-4, 14)$ 이므로 $a = 5$ 이다.

따라서 $f(x) = \sum\limits_{n=0}^{\infty} \dfrac{(x-5)^{n+1}}{3^{2n+2}}$ 이고

$f(1) = \sum\limits_{n=0}^{\infty} \dfrac{(-4)^{n+1}}{3^{2n+2}}$

$= \dfrac{-\dfrac{4}{9}}{1 - \left(-\dfrac{4}{9}\right)} = -\dfrac{4}{13}$

27 다변수 미적분 ②

$\sqrt{y} \le x \le 1,\ 0 \le y \le 1 \Leftrightarrow 0 \le y \le x^2,\ 0 \le x \le 1$

이므로

$\displaystyle\int_0^1 \int_{\sqrt{y}}^1 \tan^{-1}(x^3)\,dx\,dy$

$= \displaystyle\int_0^1 \int_0^{x^2} \tan^{-1}(x^3)\,dy\,dx$

$= \displaystyle\int_0^1 x^2 \tan^{-1}(x^3)\,dx$

$= \dfrac{1}{3} \displaystyle\int_0^1 \tan^{-1} t\,dt \quad (x^3 = t \text{로 치환})$

$= \dfrac{1}{3} \left\{ \left[t \tan^{-1} t\right]_0^1 - \displaystyle\int_0^1 \dfrac{t}{1+t^2}\,dt \right\}$

$\quad\quad (u' = 1,\ v = \tan^{-1} t \text{로 놓고 부분적분})$

$= \dfrac{1}{3} \left\{ \dfrac{\pi}{4} - \dfrac{1}{2} \left[\ln(1+t^2)\right]_0^1 \right\}$

$= \dfrac{\pi}{12} - \dfrac{1}{6} \ln 2$

28 선형대수 ①

두 벡터 $\vec{v_1} = (1, 1, 0, 0)$과 $\vec{v_2} = (1, 1, 1, 0)$를 열로 받아 만든 행렬을 A, $\vec{v_3}$를 $\vec{v_1}$과 $\vec{v_2}$가 생성하는 공간에 사영시킨 벡터를 $\vec{w}$라고 할 때,

$\vec{w} = A\hat{x} = A\left\{(A^TA)^{-1} A^T \vec{v_3}\right\}$

$= \begin{pmatrix} 1 & 1 \\ 1 & 1 \\ 0 & 1 \\ 0 & 0 \end{pmatrix} \left[\left\{ \begin{pmatrix} 1 & 1 & 0 & 0 \\ 1 & 1 & 1 & 0 \end{pmatrix} \begin{pmatrix} 1 & 1 \\ 1 & 1 \\ 0 & 1 \\ 0 & 0 \end{pmatrix} \right\}^{-1} \begin{pmatrix} 1 & 1 & 0 & 0 \\ 1 & 1 & 1 & 0 \end{pmatrix} \begin{pmatrix} 0 \\ 2 \\ 3 \\ 4 \end{pmatrix} \right]$

$= \begin{pmatrix} 1 \\ 1 \\ 3 \\ 0 \end{pmatrix}$

이다. 따라서

$\vec{w} = \begin{pmatrix} 1 \\ 1 \\ 3 \\ 0 \end{pmatrix} = -2 \begin{pmatrix} 1 \\ 1 \\ 0 \\ 0 \end{pmatrix} + 3 \begin{pmatrix} 1 \\ 1 \\ 1 \\ 0 \end{pmatrix} = -2\vec{v_1} + 3\vec{v_2}$

이므로 $a + b = 1$ 이다.

29 신유형 & 고난도 공학수학 ①

STEP 1 그래프에서 평형값 찾기

$y = 0$과 $y = 3$일 때, 기울기 $\dfrac{dy}{dt} = 0$이므로

평형값은 $y = 0,\ y = 3$

STEP 2 그래프에서 $\dfrac{dy}{dt}$의 증감 조사하기

$y < 0$일 때 $\dfrac{dy}{dt} > 0$,

$0 < y < 3$일 때 $\dfrac{dy}{dt} < 0$,

$3 < y$일 때, $\dfrac{dy}{dt} < 0$

STEP 3 적절한 자율형 미분방정식 찾기

그림과 같은 방향장을 가질 수 있는 미분 방정식은

$\dfrac{dy}{dt} = -y(y-3)^2$이다.

| 참고 |

성균관대학교 21학년도 37번 문항과 동일한 유형이 다시 한번 출제되었다.

✏️ 고득점 KEY

자율형 미분방정식

(1) 형태: $\dfrac{dy}{dx} = y' = g(y)$ 의 미분방정식이 y만의 함수

(2) 평형값(휴식점):
$y' = g(y)$가 자율방정식이면 $y' = 0$에 대한 y의 값

---

30 적분법   ⑤

$$V = 2\pi \int_1^2 y(y^2+1)\,dy$$
$$= 2\pi \int_1^2 (y^3+y)\,dy$$
$$= 2\pi \left[\dfrac{1}{4}y^4 + \dfrac{1}{2}y^2\right]_1^2 = \dfrac{21}{2}\pi$$

---

31 선형대수   ②

기본행 연산에 의하여
$$\begin{pmatrix} 1 & 0 & 1 & 0 \\ 2 & 1 & 1 & 5 \\ 2 & 0 & a & 0 \\ 4 & 1 & 2 & a \end{pmatrix} \sim \begin{pmatrix} 1 & 0 & 1 & 0 \\ 0 & 1 & -1 & 5 \\ 0 & 0 & a-2 & 0 \\ 0 & 1 & -2 & a \end{pmatrix}$$
$$\sim \begin{pmatrix} 1 & 0 & 1 & 0 \\ 0 & 1 & -1 & 5 \\ 0 & 0 & a-2 & 0 \\ 0 & 0 & -1 & a-5 \end{pmatrix}$$

이므로 $a=2$ 또는 $a=5$일 때, $rank(A)=3$이 된다.
그러므로 계수가 최소가 되도록 하는 모든 a값들의 합은 $2+5=7$이다.

---

32 다변수 미적분   ③

영역 $D = \{(x, y) \mid 1 \leq x^2+y^2 \leq 4, x \geq 0, y \geq 0\}$
의 무게중심의 좌표를 (X, Y)라 할 때,

$$X = \dfrac{\iint_D x\,dA}{\iint_D 1\,dA} = \dfrac{\int_0^{\frac{\pi}{2}} \int_1^2 r^2\cos\theta\,dr\,d\theta}{\int_0^{\frac{\pi}{2}} \int_1^2 r\,dr\,d\theta} = \dfrac{28}{9\pi},$$

$$Y = \dfrac{\iint_D y\,dA}{\iint_D 1\,dA} = \dfrac{\int_0^{\frac{\pi}{2}} \int_1^2 r^2\sin\theta\,dr\,d\theta}{\int_0^{\frac{\pi}{2}} \int_1^2 r\,dr\,d\theta} = \dfrac{28}{9\pi}$$

이므로 $(X, Y) = \left(\dfrac{28}{9\pi}, \dfrac{28}{9\pi}\right)$이다.

---

33 공학수학   ⑤

$$y_p = \dfrac{1}{D^2+8D+16}\{(3t^3+2024t^5)e^{-4t}\}$$
$$= \dfrac{1}{(D+4)^2}\{(3t^3+2024t^5)e^{-4t}\}$$
$$= e^{-4t}\dfrac{1}{D^2}\{3t^3+2024t^5\}$$
$$= e^{-4t}\iint\{3t^3+2024t^5\}\,dt\,dt$$

이므로 특수해의 꼴은
$y_p = (At^7+Bt^6+Ct^5+Dt^4+Et^3+Ft^2)e^{-4t}$이다.
그러므로 $Q(t)$의 차수는 7차이다.

---

34 다변수 미적분   ③

(가) 조건 $f(0)=0$, $f'(0)=1$, $f''(0)=2$에 의하여
$c_0 = f(0) = 0$, $c_1 = \dfrac{f'(0)}{1!} = 1$, $c_2 = \dfrac{f''(0)}{2!} = 1$

이므로 $f(x) = x + x^2 + \sum_{n=3}^{\infty} \dfrac{f^{(n)}(0)}{n!}x^n$이 성립한다.

(나) 조건에 의하여
$$f(x) = x + x^2 + \sum_{n=3}^{\infty} \dfrac{f^{(n)}(0)}{n!}x^n$$
$$\leq x + x^2 + \sum_{n=3}^{\infty} \dfrac{1}{n!} \cdot \dfrac{n!}{n^2-3n+2}x^n$$
$$= x + x^2 + \sum_{n=3}^{\infty} \dfrac{1}{n^2-3n+2}x^n.$$

(가)와 (나)에 의하여
$$f(1) \leq 1 + 1^2 + \sum_{n=3}^{\infty} \dfrac{1}{n^2-3n+2} = 2 + \sum_{n=3}^{\infty} \dfrac{1}{n^2-3n+2}$$

이고,
$$2 + \sum_{n=3}^{\infty} \dfrac{1}{n^2-3n+2} = 2 + \sum_{n=3}^{\infty} \left\{\dfrac{1}{n-2} - \dfrac{1}{n-1}\right\}$$
$$= 2 + \lim_{n \to \infty}\left\{\left(\dfrac{1}{1}-\dfrac{1}{2}\right) + \left(\dfrac{1}{2}-\dfrac{1}{3}\right) + \cdots \right.$$
$$\left. + \left(\dfrac{1}{n-2} - \dfrac{1}{n-1}\right)\right\}$$
$$= 2 + \lim_{n \to \infty}\left(1 - \dfrac{1}{n-1}\right) = 3$$

이므로 $f(1) \leq 3$이다.

---

35 선형대수   ④

선형변환 T에 대한 표준행렬을 A라고 할 때,
$$A = \begin{pmatrix} 1 & 1 & 0 & 0 \\ 1 & -1 & 0 & 0 \\ 0 & 0 & 0 & 0 \\ 0 & 0 & 0 & \sqrt{3} \end{pmatrix} \text{이고}$$

$$|A-\lambda I| = \begin{vmatrix} 1-\lambda & 1 & 0 & 0 \\ 1 & -1-\lambda & 0 & 0 \\ 0 & 0 & -\lambda & 0 \\ 0 & 0 & 0 & \sqrt{3}-\lambda \end{vmatrix}$$

$$= -\lambda(\sqrt{3}-\lambda)(\lambda^2-2)$$

이므로 A의 고유치는 0, $\sqrt{3}$, $\sqrt{2}$, $-\sqrt{2}$이다.

36 공학수학 ④

$C_1 : x = 2(1+\cos t),\ y = 1+\sin t\ \left(0 \leq t \leq \dfrac{3}{2}\pi\right)$

라 하면 C_1은 타원 $\dfrac{(x-2)^2}{4}+(y-1)^2=1$을 따라 점 $(4,1)$에서 점 $(2,0)$으로 반시계 방향으로 움직이는 곡선이다.

$C_2 : x = \dfrac{4}{\pi}t-4,\ y = \dfrac{2}{\pi}t-3\ \left(\dfrac{3}{2}\pi \leq t \leq 2\pi\right)$

라 하면, C_2는 점 $(2,0)$에서 $(4,1)$을 연결한 선분이고 $C = C_1 \cup C_2$이다.

곡선 C로 둘러싸인 영역 D에서 벡터장 $\vec{F}(x,y) = -y\vec{i}+x\vec{j}$가 해석적이므로 Green 정리에 의하여

$$\int_C \vec{F}\cdot d\vec{r} = \iint_D (1-(-1))\,dA$$
$$= 2\iint_D 1\,dA = 2\times(D\text{의 넓이})$$
$$= 2\left[2\pi - 2\times 1\times \dfrac{1}{2} + \int_{\frac{3}{2}\pi}^{2\pi}(1+\sin t)2(-\sin t)\,dt\right]$$
$$= 2\left[2\pi - 1 - 2\int_{\frac{3}{2}\pi}^{2\pi}(\sin t + \sin^2 t)\,dt\right]$$
$$= 2\left[2\pi - 1 + 2\left(1-\dfrac{\pi}{4}\right)\right]$$
$$= 2\left[\dfrac{3}{2}\pi + 1\right] = 3\pi + 2$$

37 공학수학 ①

ㄱ. $y_3(t) = e\,e^t = e\,y_1(t)$,

$y_4(t) = e^{-1}\{te^t + e^t\} = e^{-1}y_1(t) + e^{-1}y_2(t)$이므로 $y_3(t)$와 $y_4(t)$도 기본 해집합이 될 수 있다.

ㄴ. $y_1(t) = t\ln t$일 때, $y_1'(t) = \ln t + 1$, $y_1''(t) = \dfrac{1}{t}$이고

$\dfrac{1}{t} + (\ln t + 1)p(t) + (t\ln t)q(t) = 0$

$\Rightarrow (\ln t + 1)p(t) + (t\ln t)q(t) = -\dfrac{1}{t}$ ······ ㉠

$y_2(t) = t^2$일 때, $y_2'(t) = 2t$, $y_2''(t) = 2$이고

$2 + 2tp(t) + t^2 q(t) = 0 \Leftrightarrow 2tp(t) + t^2 q(t) = -2$ ······ ㉡

이다. ㉠, ㉡에 의해

$\begin{pmatrix} \ln t + 1 & t\ln t \\ 2t & t^2 \end{pmatrix}\begin{pmatrix} p(t) \\ q(t) \end{pmatrix} = \begin{pmatrix} -\dfrac{1}{t} \\ -2 \end{pmatrix}$이고 크라메르 공식을 사용하면

$$p(t) = \dfrac{\begin{vmatrix} -\dfrac{1}{t} & t\ln t \\ -2 & t^2 \end{vmatrix}}{\begin{vmatrix} \ln t + 1 & t\ln t \\ 2t & t^2 \end{vmatrix}} = \dfrac{-t + 2t\ln t}{t^2\ln t + t^2 - 2t^2\ln t}$$

$$= \dfrac{t(-1+2\ln t)}{t^2(1-\ln t)} = \dfrac{-1+2\ln t}{t(1-\ln t)},$$

$$q(t) = \dfrac{\begin{vmatrix} \ln t + 1 & -\dfrac{1}{t} \\ 2t & -2 \end{vmatrix}}{\begin{vmatrix} \ln t + 1 & t\ln t \\ 2t & t^2 \end{vmatrix}}$$

$$= \dfrac{-2\ln t - 2 + 2}{t^2\ln t + t^2 - 2t^2\ln t} = \dfrac{-2\ln t}{t^2(1-\ln t)}$$

이 때, $p(t)$와 $q(t)$는 $x = e$일 때, 불연속이므로 연속인 $p(t)$와 $q(t)$는 존재하지 않는다.

ㄷ. $R(t) = \dfrac{e^{-3t}}{t^3}$은 기본 꼴이 아니므로 미정계수법을 이용하여 미분방정식 $y'' + 2y' - 3y = \dfrac{e^{-3t}}{t^3}$의 특수해를 구할 수 없다.

따라서 보기 중 옳은 것은 ㄱ이다.

38 적분법 ⑤

극좌표로 나타내면

$x^3 + y^3 = 6xy \Rightarrow (r\cos\theta)^3 + (r\sin\theta)^3 = 6r^2\sin\theta\cos\theta$

$\Leftrightarrow r^3(\cos^3\theta + \sin^3\theta) = 6r^2\sin\theta\cos\theta$

$\Leftrightarrow r = \dfrac{6\sin\theta\cos\theta}{\cos^3\theta + \sin^3\theta}$

$\Leftrightarrow r = \dfrac{6\tan\theta\sec\theta}{1+\tan^3\theta}$

다시 $\tan\theta = t$로 치환하면 $r = \dfrac{6t\sqrt{1+t^2}}{1+t^3}$이다.

영역 D의 넓이를 A라고 할 때,

$$A = \dfrac{1}{2}\int_0^{\frac{\pi}{2}} r^2\,d\theta \qquad (\tan\theta = t\text{라고 치환})$$

$$= \dfrac{1}{2}\int_0^{\infty} \dfrac{36t^2(1+t^2)}{(1+t^3)^2}\cdot \dfrac{1}{1+t^2}\,dt$$

$$= 18\int_0^{\infty} \dfrac{t^2}{(1+t^3)^2}\,dt \qquad (t^3 = u,\ 3t^2 dt = du\text{로 치환})$$

$$= 6\int_0^{\infty} \dfrac{1}{(1+u)^2}\,du = \left[-\dfrac{6}{u+1}\right]_0^{\infty} = 6$$

| 다른 풀이 |

데카르트 엽선 $x^3+y^3=3axy$로 유계된 영역의 넓이는 $\frac{3}{2}a^2$이므로 $x^3+y^3=3\cdot 2xy$로 유계된 영역의 넓이는 $\frac{3}{2}\cdot 2^2=6$이다.

39 선형대수   ⑤

$$|A-\lambda I|=\begin{vmatrix} 1-\lambda & -1 & 0 \\ -1 & -\lambda & -1 \\ 0 & -1 & -1-\lambda \end{vmatrix}$$
$$=(1-\lambda)(\lambda^2+\lambda-1)+(1+\lambda)=-\lambda^3+3\lambda$$
$$=-\lambda(\lambda^2-3)$$

이므로 행렬 A의 고유치는 0, $\sqrt{3}$, $-\sqrt{3}$이다.

ㄱ. 행렬 A의 특성다항식의 세 근이 모두 다르다. (참)

ㄴ. A는 서로 다른 세 개의 고유치를 가지므로 대각화 가능하다. (참)

ㄷ. 대칭행렬 A는 서로 다른 고유치에 대한 고유벡터가 서로 수직이다. 그러므로 A의 두 고유벡터 $\vec{v_1}$, $\vec{v_2}$는 서로 수직이다. (참)

40 공학수학   ④

$F(x,y,z)=(y, 3x, z^5)$이라 할 때,
$$\text{curl }F=\begin{vmatrix} \vec{i} & \vec{j} & \vec{k} \\ \frac{\partial}{\partial x} & \frac{\partial}{\partial y} & \frac{\partial}{\partial z} \\ y & 3x & z^5 \end{vmatrix}=(0,0,2)$$이고

$ndS=(-2x, -2y, 1)dA$이므로

스토크스 정리에 의하여
$$\int_C y\,dx+3x\,dy+z^5 dz=\iint_S \text{curl }F\cdot n\,dS$$
$$=\iint_D (0,0,2)\cdot(-2x,-2y,1)\,dA$$
(단, $D: (x-1)^2+(y-1)^2\leq 4$)
$$=\iint_D 2\,dA=2\times(D\text{의 넓이})=8\pi$$

41 공학수학   ④

울타리를 매개화 하면
$x=t$, $y=t\sqrt{t}$, $z=u$ ($0\leq t\leq 1$, $0\leq u\leq 27$)
이고 곡면의 방정식을 $r(t,u)$라고 하면
$r(t,u)=(t, t\sqrt{t}, u)$이다. 또한

$$r_t\times r_u=\begin{vmatrix} i & j & k \\ 1 & \frac{3}{2}t^{\frac{1}{2}} & 0 \\ 0 & 0 & 1 \end{vmatrix}=\left(\frac{3}{2}t^{\frac{1}{2}},-1,0\right)$$

$$\Rightarrow |r_t\times r_u|=\sqrt{1+\frac{9}{4}t}$$

이므로 울타리의 넓이를 S라 하면
$$S=\iint_D |r_t\times r_u|\,du\,dt=\int_0^1 \int_0^{27}\sqrt{1+\frac{9}{4}t}\,du\,dt$$
$$=\int_0^1 27\sqrt{1+\frac{9}{4}t}\,dt$$
$$=27\left[\frac{2}{3}\left(1+\frac{9}{4}t\right)^{\frac{3}{2}}\frac{4}{9}\right]_0^1$$
$$=13\sqrt{13}-8$$

42 공학수학   ①

$y'(x)=\sum_{n=1}^{\infty}na_n x^{n-1}$, $y''(x)=\sum_{n=2}^{\infty}n(n-1)a_n x^{n-2}$이므로
$(1+x)y''-2xy'-4y=0$
$$\Rightarrow (1+x)\sum_{n=2}^{\infty}n(n-1)a_n x^{n-2}$$
$$-2x\sum_{n=1}^{\infty}na_n x^{n-1}-4\sum_{n=0}^{\infty}a_n x^n=0$$
$$\Leftrightarrow 2a_2+\sum_{n=3}^{\infty}n(n-1)a_n x^{n-2}+\sum_{n=2}^{\infty}n(n-1)a_n x^{n-1}$$
$$-2\sum_{n=1}^{\infty}na_n x^n-4a_0-4\sum_{n=1}^{\infty}a_n x^n=0$$
$$\Leftrightarrow (2a_2-4a_0)+\sum_{n=1}^{\infty}\{(n+2)(n+1)a_{n+2}$$
$$+(n+1)na_{n+1}-2(n+2)a_n\}x^n=0$$

따라서 $a_2=2a_0$와 $a_{n+2}=-\frac{n}{n+2}a_{n+1}+\frac{2}{n+1}a_n$을 만족해야 한다.

43 선형대수   ③

$\vec{v_i}\cdot\vec{w_j}=\begin{cases} 1, & i=j \\ 0, & i\neq j \end{cases}$에 의하여

(ⅰ) $\vec{v_1}\cdot\vec{w_1}=a+2b+3c=1$, $\vec{v_2}\cdot\vec{w_1}=-2b+c=0$,
$\vec{v_3}\cdot\vec{w_3}=3b+c=0$

이므로 $a=1$, $b=0$, $c=0$

(ⅱ) $\vec{v_1}\cdot\vec{w_2}=d+2e+3f=0$, $\vec{v_2}\cdot\vec{w_2}=-2e+f=1$,
$\vec{v_3}\cdot\vec{w_2}=3e+f=0$

이므로 $d=-\frac{7}{5}$, $e=-\frac{1}{5}$, $f=\frac{3}{5}$

(ⅲ) $\vec{v_1}\cdot\vec{w_3}=g+2h+3i=0$, $\vec{v_2}\cdot\vec{w_3}=-2h+i=0$,
$\vec{v_3}\cdot\vec{w_3}=3h+i=1$

이므로 $g=-\frac{8}{5}$, $h=\frac{1}{5}$, $i=\frac{2}{5}$

(i), (ii), (iii)에 의하여

$$\begin{vmatrix} a & b & c \\ d & e & f \\ g & h & i \end{vmatrix} = \begin{vmatrix} 1 & 0 & 0 \\ -\frac{7}{5} & -\frac{1}{5} & \frac{3}{5} \\ -\frac{8}{5} & \frac{1}{5} & \frac{2}{5} \end{vmatrix} = \frac{1}{25}\begin{vmatrix} 1 & 0 & 0 \\ -7 & -1 & 3 \\ -8 & 1 & 2 \end{vmatrix}$$

$$= -\frac{1}{5}$$

44 다변수 미적분 ②

$$\int_{-2}^{2}\int_{0}^{\sqrt{4-x^2}}\int_{\sqrt{x^2+y^2}}^{\sqrt{8-x^2-y^2}}(x^2+y^2)dz\,dy\,dx$$

$$=\int_{0}^{\pi}\int_{0}^{\frac{\pi}{4}}\int_{0}^{\sqrt{8}}(\rho\sin\phi)^2\rho^2\sin\phi\,d\rho\,d\phi\,d\theta$$

$$=\int_{0}^{\pi}\int_{0}^{\frac{\pi}{4}}\int_{0}^{\sqrt{8}}\rho^4\sin^3\phi\,d\rho\,d\phi\,d\theta$$

$$\therefore \alpha+\beta+\gamma=\pi+\frac{\pi}{4}+\sqrt{8}=\frac{5}{4}\pi+\sqrt{8}$$

45 신유형 & 고난도 공학수학 ⑤

STEP 1 미분방정식의 해를 멱급수로 표현하기

$x=0$이 정칙특이점이므로

$xy''-7y'+2024y=0$의 해는 $y=\sum_{n=0}^{\infty}a_n x^{n+r}$

STEP 2 결정방정식 찾기

$y'=\sum_{n=0}^{\infty}a_n(n+r)x^{n+r-1}$,

$y''=\sum_{n=0}^{\infty}a_n(n+r)(n+r-1)x^{n+r-2}$이므로

$xy''-7y'+2024y=0$

$\Rightarrow x\sum_{n=0}^{\infty}a_n(n+r)(n+r-1)x^{n+r-2}$

$\qquad -7\sum_{n=0}^{\infty}a_n(n+r)x^{n+r-1}+2024\sum_{n=0}^{\infty}a_n x^{n+r}=0$

$\Leftrightarrow r(r-1)a_0 x^{r-1}+\sum_{n=1}^{\infty}a_n(n+r)(n+r-1)x^{n+r-1}$

$\qquad -7ra_0 x^{r-1}-7\sum_{n=1}^{\infty}a_n(n+r)x^{n+r-1}$

$\qquad\qquad +2024\sum_{n=0}^{\infty}a_n x^{n+r}=0$

$\Leftrightarrow \{r(r-1)-7r\}a_0 x^{r-1}+\sum_{n=1}^{\infty}a_n(n+r)(n+r-1)x^{n+r-1}$

$\qquad -7\sum_{n=1}^{\infty}a_n(n+r)x^{n+r-1}+2024\sum_{n=1}^{\infty}a_{n-1}x^{n+r-1}=0$

$\Leftrightarrow \{r(r-1)-7r\}a_0 x^{r-1}+\sum_{n=1}^{\infty}\{a_n(n+r)(n+r-1)$

$\qquad\qquad -7a_n(n+r)+2024a_{n-1}\}x^{n+r-1}=0$

$\Leftrightarrow (r^2-8r)a_0 x^{r-1}$

$\qquad +\sum_{n=1}^{\infty}\{a_n(n+r)(n+r-8)+2024a_{n-1}\}x^{n+r-1}=0$

이므로 결정방정식은

$r(r-1)-7r=0 \Leftrightarrow r(r-8)=0$이고, $r=8$, $r=0$

STEP 3 해의 꼴 구하기

해의 꼴은

$y_1(x)=\sum_{n=0}^{\infty}a_n x^{n+8}=x^8\sum_{n=0}^{\infty}a_n x^n$,

$y_2(x)=Cy_1(x)\ln x+\sum_{n=0}^{\infty}b_n x^{n+0}$

$\qquad =Cy_1(x)\ln x+\sum_{n=0}^{\infty}b_n x^n$ (단, $C=0$일 수 있다.)

🖋 고득점 KEY

멱급수를 이용한 미분방정식의 해법

① 미분방정식의 해를 x에 관한 멱급수로 놓으면 다음과 같다.

$$y=\sum_{m=0}^{\infty}a_m x^m=a_0+a_1 x+a_2 x^2+\cdots$$

② 주어진 미분방정식에 멱급수를 대입한 후, 미정계수의 관계식을 구하여 해를 구한다.

급수해가 존재하기 위한 조건

2계 미분방정식 $y''+P(x)y'+Q(x)y=0$에 대하여

$P(x)$, $Q(x)$가 $x=a$에서 해석적일 때, $(x-a)$에 관한 멱급수해가 존재한다.

급수해 판단

2계 미분방정식 $y''+P(x)y'+Q(x)y=0$의 특이점을

$x=0$이라 할 때, 형식이 $y=\sum_{m=0}^{\infty}a_m x^m$인 해를 구하는 것은 불가능하다. 이때, $y=\sum_{m=0}^{\infty}a_m x^{m+r}$인 꼴의 해를 구할 수 있다.

이 급수를 Frobenius 급수라 한다.

결정방정식

급수해를 방정식에 대입하여 a_0의 계수를 $f(r)$이라 할 때, $f(r)=0$을 결정방정식이라 한다.

이를 정리하면 $x^2 y''+xp(x)y'+q(x)y=0$의 결정방정식은 $r(r-1)+p(0)r+q(0)=0$이다.

TEST p. 54~59

| 26 | ④ | 27 | ③ | 28 | ④ | 29 | ③ | 30 | ① | 31 | ② | 32 | ② | 33 | ④ | 34 | ② | 35 | ① |
| 36 | ⑤ | 37 | ① | 38 | ③ | 39 | ⑤ | 40 | ④ | 41 | ① | 42 | ③ | 43 | ⑤ | 44 | ④ | 45 | ⑤ |

26 다변수 미적분 ④

구면좌표(spherical coordinates) (ρ, θ, ϕ)를 사용하여 나타내면

$0 \leq \rho \leq 2$, $0 \leq \phi \leq \dfrac{3}{4}\pi$, $0 \leq \theta \leq 2\pi$

27 다변수 미적분 ③

(ⅰ) $x^2 + y^2 + z^2 < 10$일 때,
$f_x(x, y, z) = 0$, $f_y(x, y, z) = 1$, $f_z(x, y, z) = 2$이므로 임계점이 존재하지 않는다.

(ⅱ) $x^2 + y^2 + z^2 = 10$일 때, 코시-슈바르츠 부등식을 이용하여 최댓값과 최솟값을 구하자.
$(ax + by + cz)^2 \leq (a^2 + b^2 + c^2)(x^2 + y^2 + z^2)$
$a = 0$, $b = 1$, $c = 2$를 대입하면
$(y + 2z)^2 \leq (0^2 + 1^2 + 2^2)(x^2 + y^2 + z^2)$
$\Leftrightarrow (y + 2z)^2 \leq 5 \times 10$
$\Leftrightarrow -\sqrt{50} \leq y + 2z \leq \sqrt{50}$
$\Leftrightarrow -5\sqrt{2} \leq y + 2z \leq 5\sqrt{2}$
이므로 최댓값은 $5\sqrt{2}$, 최솟값은 $-5\sqrt{2}$이다.

28 선형대수 ④

$A = \begin{pmatrix} 1 & 0 & 1 & 1 \\ 1 & -1 & 0 & 0 \\ 1 & 0 & 1 & 1 \\ 0 & 1 & 1 & 1 \\ 0 & 1 & 1 & 1 \\ 0 & 1 & 1 & 1 \end{pmatrix}$ 이라 할 때, 상공간 $\operatorname{Im} T$은 A의

열공간(A^T의 행공간)과 같고 A^T에 수직인 공간은 A^T의 해공간과 같다.

따라서 $A^T = \begin{pmatrix} 1 & 1 & 1 & 0 & 0 & 0 \\ 0 & -1 & 0 & 1 & 1 & 1 \\ 1 & 0 & 1 & 1 & 1 & 1 \\ 1 & 0 & 1 & 1 & 1 & 1 \end{pmatrix}$ 이고 기본행 연산에 의하여

$\begin{pmatrix} 1 & 1 & 1 & 0 & 0 & 0 \\ 0 & -1 & 0 & 1 & 1 & 1 \\ 1 & 0 & 1 & 1 & 1 & 1 \\ 1 & 0 & 1 & 1 & 1 & 1 \end{pmatrix} \sim \begin{pmatrix} 1 & 1 & 1 & 0 & 0 & 0 \\ 0 & -1 & 0 & 1 & 1 & 1 \\ 0 & -1 & 0 & 1 & 1 & 1 \\ 0 & -1 & 0 & 1 & 1 & 1 \end{pmatrix}$

$\sim \begin{pmatrix} 1 & 1 & 1 & 0 & 0 & 0 \\ 0 & -1 & 0 & 1 & 1 & 1 \\ 0 & 0 & 0 & 0 & 0 & 0 \\ 0 & 0 & 0 & 0 & 0 & 0 \end{pmatrix}$

이므로 $\dim(W) = 6 - 2 = 4$이다.

29 공학수학 ③

③ $\lambda(x) = \dfrac{1}{x^2}$이라 하면

$-\dfrac{2y}{x^3}dx + \left(y\cos y + \dfrac{1}{x^2}\right)dy = 0$이고

$\dfrac{\partial}{\partial y}\left(-\dfrac{2y}{x^3}\right) = -\dfrac{2}{x^3} = \dfrac{\partial}{\partial x}\left(y\cos y + \dfrac{1}{x^2}\right)$이므로

$\lambda(x) = \dfrac{1}{x^2}$은 적분인자이다.

30 미분법 ①

$\sin x = x - \dfrac{1}{3!}x^3 + \dfrac{1}{5!}x^5 - \dfrac{1}{7!}x^7 + \cdots$

$\Rightarrow \dfrac{\sin x}{x} = 1 - \dfrac{1}{3!}x^2 + \dfrac{1}{5!}x^4 - \dfrac{1}{7!}x^6 + \cdots$ 이므로

$f(-(n\pi)^2) = 1 - \dfrac{(n\pi)^2}{3!} + \dfrac{(n\pi)^4}{5!} - \dfrac{(n\pi)^6}{7!} + \cdots$

$= \dfrac{\sin(n\pi)}{n\pi} = 0$

이다. 따라서 해집합은 ① $\{-(n\pi)^2 \mid n = 1, 2, 3\}$이다.

31 신유형 & 고난도 미분법 ②

STEP 1 $y = f(x)$의 그래프의 개형 파악하기

$x \leq 1$일 때, $f'(x) \geq 0$이므로 $f(x)$는 증가하고
$1 < x < 4$일 때, $f'(x) \leq 0$이므로 $f(x)$는 감소하며
$4 \leq x$일 때, $f'(x) \geq 0$이므로 $f(x)$는 증가한다.
따라서 $f(x)$의 개형은 아래 그림과 같다.

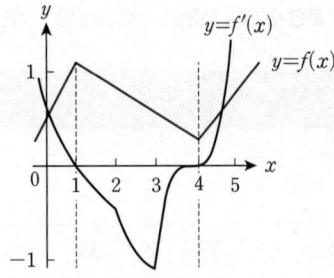

STEP 2 선다지 중 가장 큰 값 찾기

그래프 개형에 의해 가장 큰 값은 $f(1)$이다.

|참고|

위의 그래프에서 선다지 중 가장 작은 값은 알 수 없다.

고득점 KEY

극대, 극소 판정(1계 도함수)

① $a<c$에서 $f'(x)>0$이고 $x>c$에서 $f'(x)<0$이면 함수 $f(x)$는 $x=c$에서 극댓값을 갖는다.

② $x<c$에서 $f'(x)<0$이고 $x>c$에서 $f'(x)>0$이면 함수 $f(x)$는 $x=c$에서 극솟값을 갖는다.

③ $x<c$와 $x>c$에서 $f'(x)$의 부호가 바뀌지 않으면, 함수 $f(x)$는 $x=c$에서 극값을 갖지 않는다.

32 공학수학 ②

$ydx+\sqrt{x^2+1}\,dy=0 \Leftrightarrow \dfrac{1}{\sqrt{x^2+1}}dx+\dfrac{1}{y}dy=0$

은 변수분리형이므로 일반해는 다음과 같다.

$\sinh^{-1}x+\ln y=C \Leftrightarrow \ln(x+\sqrt{x^2+1})+\ln y=C$
$\Leftrightarrow \ln\{y(x+\sqrt{x^2+1})\}=C$
$\Leftrightarrow y(x+\sqrt{x^2+1})=C$

33 공학수학 ④

급수해 $y(x)=\sum_{n=0}^{\infty}a_n(x-1)^n$의 중심은 $x=1$이고

$(x+2)(x^2+4)=0$이 되는 값(특이점)은 $x=-2$, $x=2i$와 $x=-2i$이므로

(i) $x=1$과 $x=-2$사이의 거리는 3이다.

(ii) $x=1$과 $x=2i$ 사이의 거리는 $\sqrt{5}$이다.

(iii) $x=1$과 $x=-2i$의 거리는 $\sqrt{5}$이다.

따라서, 멱급수해의 수렴반경은 $\sqrt{5}$이다.

34 적분법 ②

$\int_0^{\infty}[x]e^{-x}dx$
$=\int_0^1 0\,e^{-x}dx+\int_1^2 e^{-x}dx+\int_2^3 2e^{-x}dx+\int_3^4 3e^{-x}dx+\cdots$
$=[-e^{-x}]_1^2+2[-e^{-x}]_2^3+3[-e^{-x}]_3^4+\cdots$
$=(-e^{-2}+e^{-1})+2(-e^{-3}+e^{-2})+3(-e^{-4}+e^{-3})+\cdots$
$=e^{-1}+e^{-2}+e^{-3}+e^{-4}+\cdots = \dfrac{e^{-1}}{1+e^{-1}}=\dfrac{1}{e-1}$

35 적분법 ①

영역 $D=\{(x,y)\mid x^2+y^2\leq 1, (x-1)^2+y^2\leq 1\}$를 y-축을 중심으로 회전시킬 때, 얻어지는 입체의 부피를 V_y라 할 때, $x^2+y^2=1$과 $(x-1)^2+y^2=1$을 연립하면 $x=\dfrac{1}{2}$이고 x축에 대하여 대칭이므로

V_y
$=\left(2\pi\int_0^{\frac{1}{2}}x\sqrt{1-(x-1)^2}\,dx+2\pi\int_{\frac{1}{2}}^1 x\sqrt{1-x^2}\,dx\right)\times 2$
$=4\pi\left(\int_0^{\frac{1}{2}}x\sqrt{1-(x-1)^2}\,dx+\int_{\frac{1}{2}}^1 x\sqrt{1-x^2}\,dx\right)$
$=4\pi\left(\dfrac{\pi}{6}-\dfrac{\sqrt{3}}{4}+\dfrac{\sqrt{3}}{8}\right)=4\pi\left(\dfrac{\pi}{6}-\dfrac{\sqrt{3}}{8}\right)$
$=\dfrac{2}{3}\pi^2-\dfrac{\sqrt{3}}{2}\pi$

($\because$) (i) $\int_0^{\frac{1}{2}}x\sqrt{1-(x-1)^2}\,dx$
$=\int_{-\frac{\pi}{2}}^{-\frac{\pi}{6}}(1+\sin\theta)\sqrt{1-\sin^2\theta}\cos\theta\,d\theta$

 $(x-1=\sin\theta$라고 치환$)$

$=\int_{-\frac{\pi}{2}}^{-\frac{\pi}{6}}(\cos^2\theta+\cos^2\theta\sin\theta)d\theta$
$=\left[\dfrac{\theta}{2}+\dfrac{1}{4}\sin 2\theta-\dfrac{1}{3}\cos^3\theta\right]_{-\frac{\pi}{2}}^{-\frac{\pi}{6}}$
$=-\dfrac{\pi}{12}-\dfrac{\sqrt{3}}{8}-\dfrac{\sqrt{3}}{8}-\left(-\dfrac{\pi}{4}\right)$
$=\dfrac{\pi}{6}-\dfrac{\sqrt{3}}{4}$

(ii) $\int_{\frac{1}{2}}^1 x\sqrt{1-x^2}\,dx=-\dfrac{1}{2}\left[\dfrac{2}{3}(1-x^2)^{\frac{3}{2}}\right]_{\frac{1}{2}}^1$
$=-\dfrac{1}{3}\left[0-\left(\dfrac{3}{4}\right)^{\frac{3}{2}}\right]=\dfrac{\sqrt{3}}{8}$

36 신유형 & 고난도 일반수학 ⑤

STEP 1 정의역에 포함된 원소에 대해 반전의 개수 확인하기

⑤ $\begin{pmatrix} 1 & 2 & 3 & 4 & 5 & 6 \\ 2 & 1 & 4 & 5 & 6 & 3 \end{pmatrix}$에서 2에 대한 반전의 개수는 1개, 1에 대한 반전의 개수는 0개, 4에 대한 반전의 개수는 1개, 5에 대한 반전의 개수는 1개, 6에 대한 반전의 개수는 1개, 3에 대한 반전의 개수는 0개

STEP 2 반전의 개수의 총합 구하기

모든 원소에 대한 반전의 개수는 4개다.
따라서 ⑤의 주어진 치환은 짝치환이다.

고득점 KEY

치환(permutation)
자연수의 집합에서 자연수의 집합으로 가는 전단사함수의 일종으로 그 수는 $n!$이다. (간단하게 고등학교에 배운 순열을 생각하면 된다.)

반전(inversion)
치환 $(j_1, \cdots, j_n)$에서 큰 자연수가 작은 자연수보다 왼쪽에 나타나는 경우를 말하고 이 반전의 수가 짝수이면 짝치환, 홀수이면 홀치환이라 한다.

37 다변수 미적분 ①

$C_1 : \{(x, y) \mid x = y, 0 \leq x \leq 1\}$,
$C_2 : \{(x, y) \mid x = t^2, y = t^3, 0 \leq t \leq 1\}$
$\Leftrightarrow \{(x, y) \mid y = x^{\frac{3}{2}}, 0 \leq x \leq 1\}$

이므로 영역 $D = \{(x, y) \mid x^{\frac{3}{2}} \leq y \leq x, 0 \leq x \leq 1\}$
이고 D의 무게 중심을 $(\overline{x}, \overline{y})$라면

$\overline{x} = \dfrac{\iint_D x \, dy dx}{\iint_D 1 \, dy dx} = \dfrac{\int_0^1 \int_{x^{\frac{3}{2}}}^x x \, dy dx}{\int_0^1 \int_{x^{\frac{3}{2}}}^x 1 \, dy dx}$

$= \dfrac{\int_0^1 x\left(x - x^{\frac{3}{2}}\right) dx}{\int_0^1 \left(x - x^{\frac{3}{2}}\right) dx} = \dfrac{\int_0^1 \left(x^2 - x^{\frac{5}{2}}\right) dx}{\int_0^1 \left(x - x^{\frac{3}{2}}\right) dx}$

$= \dfrac{\dfrac{1}{3} - \dfrac{2}{7}}{\dfrac{1}{2} - \dfrac{2}{5}} = \dfrac{10}{21}$

$\overline{y} = \dfrac{\iint_D y \, dy dx}{\iint_D 1 \, dy dx} = \dfrac{\int_0^1 \int_{x^{\frac{3}{2}}}^x y \, dy dx}{\int_0^1 \int_{x^{\frac{3}{2}}}^x 1 \, dy dx}$

$= \dfrac{\int_0^1 \dfrac{1}{2}\left[y^2\right]_{x^{\frac{3}{2}}}^x dx}{\int_0^1 \left(x - x^{\frac{3}{2}}\right) dx} = \dfrac{\dfrac{1}{2}\int_0^1 (x^2 - x^3) dx}{\int_0^1 \left(x - x^{\frac{3}{2}}\right) dx}$

$= \dfrac{\dfrac{1}{2}\left(\dfrac{1}{3} - \dfrac{1}{4}\right)}{\dfrac{1}{2} - \dfrac{2}{5}} = \dfrac{10}{24}$

38 적분법 ③

$f(x) = \int_x^1 e^{t^2 + xt} dt$일 때,

$f'(x) = -e^{x^2 + x^2} + \int_x^1 t e^{t^2 + xt} dt$이므로

$f'(0) = -e^0 + \int_0^1 t e^{t^2} dt = -1 + \dfrac{1}{2}\left[e^{t^2}\right]_0^1$

$= -1 + \dfrac{1}{2}(e - 1) = \dfrac{1}{2}e - \dfrac{3}{2}$이다.

39 선형대수 ⑤

ㄱ. A의 모든 고윳값(eigenvalue)의 합은 $tr(A) = 3$이다.

ㄴ, ㄷ. $A = A^T$이므로 행렬 A는 대칭행렬이다.

따라서 A는 대각화 가능하며 $\mathbb{R}^3$상에서 3개의 독립인 고유벡터를 갖는다. 그러므로 A의 모든 고유벡터(eigenvector)에 의해 벡터 $\mathbb{R}^3$를 생성할 수 있다.

40 공학수학 ④

$F(s) = \mathcal{L}\{f(t)\} = \mathcal{L}\left\{\int_0^t \sin(2v) dv\right\} = \dfrac{1}{s}\mathcal{L}\{\sin(2t)\}$

$= \dfrac{1}{s} \dfrac{2}{s^2 + 4}$

이므로 $F(2) = \dfrac{1}{8}$이다.

41 선형대수 ①

$\begin{vmatrix} 1 & 1 & 1 & 9^3 \\ 1 & 2 & 2^2 & 8^3 \\ 1 & 3 & 3^2 & 7^3 \\ 1 & 4 & 4^2 & 6^3 \end{vmatrix} = \begin{vmatrix} 1 & 1 & 1 & 729 \\ 1 & 2 & 4 & 512 \\ 1 & 3 & 9 & 343 \\ 1 & 4 & 16 & 216 \end{vmatrix} = \begin{vmatrix} 0 & -3 & -15 & 513 \\ 0 & -2 & -12 & 296 \\ 0 & -1 & -7 & 127 \\ 1 & 4 & 16 & 216 \end{vmatrix}$

$= -\begin{vmatrix} -3 & -15 & 513 \\ -2 & -12 & 296 \\ -1 & -7 & 127 \end{vmatrix}$

$= -\begin{vmatrix} 0 & 6 & 132 \\ 0 & 2 & 42 \\ -1 & -7 & 127 \end{vmatrix} = \begin{vmatrix} 6 & 132 \\ 2 & 42 \end{vmatrix}$

$= 252 - 264 = -12$

42 공학수학 ③

ㄱ. $curl(\nabla f) = \begin{vmatrix} \vec{i} & \vec{j} & \vec{k} \\ \frac{\partial}{\partial x} & \frac{\partial}{\partial y} & \frac{\partial}{\partial z} \\ y+x^3 & x+z\sin y & -\cos y \end{vmatrix}$

$= \vec{i}(\sin y - \sin y) - \vec{j}(0-0) + \vec{k}(1-1)$

$= (0, 0, 0) = \vec{O}$

이므로 $\nabla f = (y+x^3)\vec{i} + (x+z\sin y)\vec{j} - \cos y\vec{k}$을 만족하는 함수 $f : \mathbb{R}^3 \to \mathbb{R}$ 가 존재한다. (참)

ㄴ. $\text{div}(curl\ \vec{F}) = 1 \neq 0$이므로 $curl\ F = y^2\vec{i} + x^3\vec{j} + z\vec{k}$을 만족하는 $\mathbb{R}^3$상의 벡터장 F가 존재하지 않는다. (거짓)

ㄷ. S가 구면 $x^2+y^2+z^2 = z$이고 S의 내부영역을 T라 할 때, F가 상수벡터장(constant vector field)이면 해석적이므로 가우스의 발산정리에 의하여

$\iint_S F \cdot dS = \iiint_T \text{div}\ F\, dV = \iiint_T 0\, dV = 0$ (참)

43 선형대수 ⑤

$T(4\vec{v_1} + 3\vec{v_2} - 5\vec{v_3})$
$= T\{1(\vec{v_1}+\vec{v_2}) + 2(\vec{v_2}-\vec{v_3}) + 3(\vec{v_1}-\vec{v_3})\}$
$= T(\vec{v_1}+\vec{v_2}) + 2T(\vec{v_2}-\vec{v_3}) + 3T(\vec{v_1}-\vec{v_3})$
$= (\vec{v_1}-\vec{v_3}) + 2(\vec{v_1}+\vec{v_2}) + 3(\vec{v_2}+\vec{v_3})$
$= 3\vec{v_1} + 5\vec{v_2} + 2\vec{v_3}$

44 공학수학 ④

자율방정식 $y' = (y^2-1)e^{2023y+1}$의 임계점(평형점)은 $y = -1$, $y = 1$이다.

또한 $y(0) = \frac{1}{2}$을 포함한 구간 $-1 < y < 1$에서 $y'(t) < 0$이므로 해의 꼴은 아래와 같다.

그러므로 $\lim_{t \to \infty} y(t) = -1$이고 모든 t에 대하여 $-1 < y(t) < 1$이 성립한다.

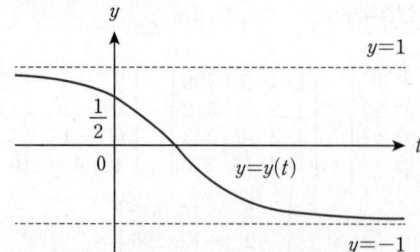

45 공학수학 ⑤

스토크스 정리에 의하여

$\iint_S curl\ F \cdot dS$

$= \int_C F \cdot dr$ (단, $C: z=1,\ x^2+y^2=9$)

$= \int_C (e^{y+z}-2y)dx + (xe^{y+z}+y)dy + (e^{x+y})dz$

$= \int_C (e^y-2y)dx + (xe^y+y)dy$

이고 C로 둘러싸인 영역을 D라고 할 때, 영역 D에서 벡터장 $G(x,y) = (e^y-2y,\ xe^y+y)$이 해석적이므로 그린정리에 의하여

$\int_C (e^y-2y)dx + (xe^y+y)dy = \iint_D (e^y-(e^y-2))dA$

$= 2\iint_D 1\, dA$

$= 2 \times (D\text{의 넓이})$

$= 2 \times 9\pi = 18\pi$

2022학년도 성균관대학교

문항 수: 영어 25문항, 수학 20문항 | 제한시간: 90분

| 26 | ⑤ | 27 | ② | 28 | ① | 29 | ③ | 30 | ② | 31 | ② | 32 | ④ | 33 | ② | 34 | ④ | 35 | ⑤ |
| 36 | ⑤ | 37 | ④ | 38 | ④ | 39 | ⑤ | 40 | ② | 41 | ① | 42 | ④ | 43 | ④ | 44 | ② | 45 | ② |

26 일반수학 ⑤

$$\frac{x^2+2x-1}{(x^2-9)(x^2+2)^2}$$
$$= \frac{x^2+2x-1}{(x+3)(x-3)(x^2+2)^2}$$
$$= \frac{A}{x+3} + \frac{B}{x-3} + \frac{Cx+D}{x^2+2} + \frac{Ex+F}{(x^2+2)^2}$$

의 꼴이다.

27 선형대수 ②

기본 행 연산을 이용하면

$$\begin{pmatrix} 1 & 0 & 1 & 0 & 1 & 1 \\ 1 & 0 & 0 & 1 & 1 & 0 \\ 0 & 1 & 0 & 0 & 0 & 1 \\ 1 & 1 & 0 & 1 & 1 & 1 \end{pmatrix} \sim \begin{pmatrix} 1 & 0 & 1 & 0 & 1 & 1 \\ 0 & 0 & -1 & 1 & 0 & -1 \\ 0 & 1 & 0 & 0 & 0 & 1 \\ 0 & 1 & -1 & 1 & 0 & 0 \end{pmatrix}$$
$$\sim \begin{pmatrix} 1 & 0 & 1 & 0 & 1 & 1 \\ 0 & 0 & -1 & 1 & 0 & -1 \\ 0 & 1 & 0 & 0 & 0 & 1 \\ 0 & 0 & -1 & 1 & 0 & -1 \end{pmatrix}$$
$$\sim \begin{pmatrix} 1 & 0 & 1 & 0 & 1 & 1 \\ 0 & 1 & 0 & 0 & 0 & 1 \\ 0 & 0 & -1 & 1 & 0 & -1 \\ 0 & 0 & 0 & 0 & 0 & 0 \end{pmatrix}$$

이므로 $rank(A)=3$이다.

28 다변수 미적분 ①

$x+y=u$, $x-y=v$라고 치환하면

$$|J| = \frac{1}{\left\| \begin{matrix} 1 & 1 \\ 1 & -1 \end{matrix} \right\|} = \frac{1}{2}$$ 이다.

$$\therefore \iint_R f(x+y)dA$$
$$= \iint_{R'} f(u)|J|dvdu$$

(단, $R': -1 \leq u \leq 1, -1 \leq v \leq 1$)

$$= \int_{-1}^{1}\int_{-1}^{1} f(u)\frac{1}{2}dvdu$$
$$= \frac{1}{2}\int_{-1}^{1} 2f(u)du$$
$$= \int_{-1}^{1} f(u)du = 1$$

29 공학수학 ③

$$\mathcal{L}^{-1}\{F(s)\} = \mathcal{L}^{-1}\left\{\frac{e^{-3s}s}{s^2+4}\right\}$$
$$= \left[\mathcal{L}^{-1}\left\{\frac{s}{s^2+4}\right\}\right]_{t=t-3} u(t-3)$$
$$= [\cos 2t]_{t=t-3} u(t-3)$$
$$= \cos 2(t-3) u(t-3)$$
$$= \cos(2t-6) u(t-3)$$

30 공학수학 ②

$$\frac{\partial}{\partial y}\{y\cos(xy)-1\} = \cos(xy) - xy\sin(xy)$$
$$= \frac{\partial}{\partial x}\{x\cos(xy)+1\}$$

이므로 보존적 벡터장이다. 그러므로

$$\int_C (y\cos(xy)-1)dx + (x\cos(xy)+1)dy$$
$$= [\sin(xy) - x + y]_{(1,0)}^{(0,1)}$$
$$= 1 - (-1) = 2$$

이다.

31 선형대수 ②

$T(\vec{v_1}) = \vec{v_2} = 0 \cdot \vec{v_1} + 1 \cdot \vec{v_2} + 0 \cdot \vec{v_3}$,
$T(\vec{v_2}) = \vec{v_3} = 0 \cdot \vec{v_1} + 0 \cdot \vec{v_2} + 1 \cdot \vec{v_3}$,
$T(\vec{v_3}) = \vec{v_1} = 1 \cdot \vec{v_1} + 0 \cdot \vec{v_2} + 0 \cdot \vec{v_3}$ 이므로

선형사상 T의 표현행렬을 A라고 할 때, $A = \begin{pmatrix} 0 & 0 & 1 \\ 1 & 0 & 0 \\ 0 & 1 & 0 \end{pmatrix}$이다.

$|A - \lambda I| = \begin{vmatrix} -\lambda & 0 & 1 \\ 1 & -\lambda & 0 \\ 0 & 1 & -\lambda \end{vmatrix} = -\lambda^3 + 1$이므로

$\lambda = 1$이다.

$\lambda=1$일 때, $\begin{pmatrix} -1 & 0 & 1 \\ 1 & -1 & 0 \\ 0 & 1 & -1 \end{pmatrix} \begin{pmatrix} x \\ y \\ z \end{pmatrix} = \begin{pmatrix} 0 \\ 0 \\ 0 \end{pmatrix}$

$\Leftrightarrow -x+z=0,\ x-y=0,\ y-z=0$

이므로 $x=1$일 때, $y=1=a$, $z=1=b$이다.

따라서 $a+b=2$이다.

32 적분법 ④

$\lim_{x \to 0} \left\{ \frac{1}{x^2} \int_0^{2x} \ln(1+\tan^{-1}t)dt \right\}$

$= \lim_{x \to 0} \frac{\int_0^{2x} \ln(1+\tan^{-1}t)dt}{x^2} \quad \left(\frac{0}{0}\right)$

$= \lim_{x \to 0} \frac{2\ln(1+\tan^{-1}(2x))}{2x}$

$= \lim_{x \to 0} \frac{\ln(1+\tan^{-1}(2x))}{x} \quad \left(\frac{0}{0}\right)$

$= \lim_{x \to 0} \frac{\frac{1}{1+\tan^{-1}(2x)} \times \frac{2}{1+(2x)^2}}{1} = 2$

33 공학수학 ②

(i) 제차 미분 방정식 $y''+2y'+y=0$의 보조 방정식이
$t^2+2t+1=0 \Leftrightarrow (t+1)^2=0$이므로 보조해는
$y_c = c_1 e^{-t} + c_2 t e^{-t}$이다.

(ii) 역연산자를 이용하여 특수해를 구하면
$y_p = \frac{1}{D^2+2D+1}\{2e^{-t}\} = 2\frac{1}{(D+1)^2}\{e^{-t}\} = t^2 e^{-t}$
이다.

그러므로 미분방정식 $y''+2y'+y=2e^{-t}$의 일반해는
$y = c_1 e^{-t} + c_2 t e^{-t} + t^2 e^{-t}$이고 초기 조건 $y(0)=1$,
$y'(0)=0$을 대입하면 $c_1=1$, $c_2=1$이므로
$y = e^{-t} + te^{-t} + t^2 e^{-t}$이다.

따라서 $y(1) = 3e^{-1}$이다.

34 다변수 미적분 ④

ㄱ. $a_n = \frac{1}{n^2}$이라 하면 $\sum_{n=1}^{\infty} a_n = \sum_{n=1}^{\infty} \frac{1}{n^2}$은 수렴하지만

$\sum_{n=1}^{\infty} \sqrt{a_n} = \sum_{n=1}^{\infty} \frac{1}{n}$은 발산한다. (거짓)

ㄴ. $a_n \geq 0$일 때, $\lim_{n \to \infty} \frac{a_n}{na_n} = \lim_{n \to \infty} \frac{1}{n} = 0$이고

$\sum_{n=1}^{\infty} na_n$이 수렴하므로 극한 비교 판정법에 의하여 $\sum_{n=1}^{\infty} a_n$은
수렴한다. (참)

ㄷ. $a_n \geq 0$이고 $a_{n+1} \leq a_n$이므로 a_n은 감소하는 양항 급수이고
$\sum_{n=1}^{\infty} a_n^{2022}$이 수렴하면 발산 정리에 의하여 $\lim_{n \to \infty} a_n^{2022} = 0$
이다. 그러므로 $\lim_{n \to \infty} a_n = 0$이고 교대급수 판정법에 의하여
$\sum_{n=1}^{\infty} (-1)^n a_n$은 수렴한다. (참)

35 선형대수 ⑤

$\vec{w_1}$과 $\vec{w_2}$를 열로 받아 만든 행렬을 A라 할 때,

$A = \begin{pmatrix} 1 & -1 \\ 0 & 0 \\ 0 & \frac{1}{\sqrt{2}} \\ 0 & \frac{1}{\sqrt{2}} \end{pmatrix}$이고 $A^T A = \begin{pmatrix} 1 & -1 \\ -1 & 2 \end{pmatrix}$,

$A^T \vec{v} = \begin{pmatrix} 1 \\ -1+\frac{7}{\sqrt{2}} \end{pmatrix}$이므로

$proj_W \vec{v} = A(A^T A)^{-1}(A^T \vec{v})$

$= \begin{pmatrix} 1 & -1 \\ 0 & 0 \\ 0 & \frac{1}{\sqrt{2}} \\ 0 & \frac{1}{\sqrt{2}} \end{pmatrix} \begin{pmatrix} 2 & 1 \\ 1 & 1 \end{pmatrix} \begin{pmatrix} 1 \\ -1+\frac{7}{\sqrt{2}} \end{pmatrix}$

$= \begin{pmatrix} 1 & -1 \\ 0 & 0 \\ 0 & \frac{1}{\sqrt{2}} \\ 0 & \frac{1}{\sqrt{2}} \end{pmatrix} \begin{pmatrix} 1+\frac{7}{\sqrt{2}} \\ \frac{7}{\sqrt{2}} \end{pmatrix} = \begin{pmatrix} 1 \\ 0 \\ \frac{7}{2} \\ \frac{7}{2} \end{pmatrix}$

그러므로 $a+b+c+d = 1+0+\frac{7}{2}+\frac{7}{2} = 8$이다.

36 미분법 ⑤

Maclaurin 급수를 이용하면

$\lim_{x \to 0} \frac{(e^{x^2}-x^2-1)(\sin x - x)}{x^\beta}$

$= \lim_{x \to 0} \frac{\left[\left\{1+x^2+\frac{1}{2!}x^4+\cdots\right\}-x^2-1\right]\left\{\left(x-\frac{1}{3!}x^3+\cdots\right)-x\right\}}{x^\beta}$

$= \lim_{x \to 0} \frac{\left(\frac{1}{2!}x^4+\cdots\right)\left(-\frac{1}{3!}x^3+\cdots\right)}{x^\beta}$

$= \lim_{x \to 0} \frac{-\frac{1}{12}x^7+\cdots}{x^\beta}$

이므로 $\beta=7$일 때, $-\frac{1}{12}$로 수렴한다.

37 공학수학 ④

초기에 100 kg의 소금이 녹아 있으므로 $x(0)=100$이고 1 kg/L인 소금물을 분당 3 L씩 유입되므로 분당 3 kg의 소금이 주입되며 분당 2 L씩 소금물이 유출되므로 물의 양이 분당 1 L씩 증가하며 물의 유출되는 비율과 소금이 유출되는 비율이 같으므로

$$x'(t) = 3 - \frac{2}{200+t}x(t)$$

가 성립한다.

38 선형대수 ④

행렬 B의 고유치는 1, 3, 5이고
A는 가역행렬이므로
$$2A = A^2 + BA \Rightarrow 2AA^{-1} = (A^2 + BA)A^{-1}$$
$$\Leftrightarrow 2I = A + B$$
$$\Leftrightarrow A = 2I - B$$

가 성립한다. 또한 행렬 B와 I의 고유벡터는 평행하므로 행렬 A의 고유치는
$2-1$, $2-3$, $2-5 \Leftrightarrow 1, -1, -3$이다.

39 공학수학 ⑤

곡면 S는 폐곡면이지만 S의 내부 영역에 특이점이 포함 되므로 발산정리를 사용할 수 없다. 여기서 S 내에 완전히 포함되는 반지름 $a < 1$이고 중심이 원점인 구 S_0을 생각하자. D를 S의 내부, S_0의 외부인 영역이라 하면 D에서 주어진 벡터장은 해석적이므로 발산정리를 사용할 수 있다.

$\sqrt{x^2+y^2+z^2} = \rho$라 하면
$F = \left\langle \frac{x}{\rho^3}, \frac{y}{\rho^3}, \frac{z}{\rho^3} \right\rangle$이고 발산은 다음과 같다.

$\nabla \cdot F$
$= \frac{1}{\rho^3} - \frac{3x}{\rho^4} \cdot \frac{\partial \rho}{\partial x} + \frac{1}{\rho^3} - \frac{3y}{\rho^4} \cdot \frac{\partial \rho}{\partial y} + \frac{1}{\rho^3} - \frac{3z}{\rho^4} \cdot \frac{\partial \rho}{\partial z}$
$= \frac{3}{\rho^3} - \frac{3}{\rho^5}(x^2+y^2+z^2) \quad \left(\because \frac{\partial \rho}{\partial x} = \frac{x}{\rho}, \frac{\partial \rho}{\partial y} = \frac{y}{\rho}, \frac{\partial \rho}{\partial z} = \frac{z}{\rho} \right)$
$= \frac{3}{\rho^3} - \frac{3}{\rho^3} = 0$

이 결과로 S_0을 통과하여 D를 떠나는 유출은 S를 통과하여 D를 떠나는 유출과 부호가 반대임을 알 수 있다. 즉, S_0을 통과하여 원점과 멀어지는 방향으로의 유출은 S를 통과하여 원점과 멀어지는 방향으로의 유출과 일치한다. 따라서 원점을 중심으로 하는 임의의 폐곡면을 통과하는 F의 유출은 곡면의 반지름에 독립적이다. 따라서 유출은 다음과 같이 계산할 수 있다.

$\iint_{S_0} F \cdot dS$에서

$x = a\sin\phi\sin\theta$, $y = a\sin\phi\cos\theta$, $z = a\cos\phi$,
$0 \leq \phi \leq \pi$, $0 \leq \theta \leq 2\pi$로 치환하면
$r_\phi \times r_\theta = (a^2\sin^2\phi\cos\theta, a^2\sin^2\phi\sin\theta, a^2\sin\phi\cos\phi)$
이므로

$\iint_{S_0} F \cdot dS$
$= \int_0^{2\pi} \int_0^\pi \frac{(a\sin\phi\cos\theta, a\sin\phi\sin\theta, a\cos\phi)}{(a^2)^{\frac{3}{2}}}$
$\quad \cdot (a^2\sin^2\phi\cos\theta, a^2\sin^2\phi\sin\theta, a^2\sin\phi\cos\phi) d\phi d\theta$
$= \int_0^{2\pi} \int_0^\pi (\sin^3\phi\cos^2\theta + \sin^3\phi\sin^2\theta + \sin\phi\cos^2\phi) d\phi d\theta$
$= \int_0^{2\pi} \int_0^\pi \sin\phi d\phi d\theta = \int_0^{2\pi} 2 d\theta = 4\pi$

40 공학수학 ②

$x(x-1)^2(x+3)^3(x-2)^2 y'' - (x-1)(x+2)^2 y' + xy = 0$
$\Leftrightarrow y'' - \frac{(x+2)^2}{x(x-1)(x+3)^3(x-2)^2} y'$
$\qquad + \frac{1}{(x-1)^2(x+3)^3(x-2)^2} y = 0$

이므로 $x = 0$, $x = 1$, $x = -3$, $x = 2$에서 특이점을 갖는다.

(i) $x = 0$일 때, $\frac{(x+2)^2}{(x-1)(x+3)^3(x-2)^2}$과
$\frac{x^2}{(x-1)^2(x+3)^3(x-2)^2}$이 해석적이므로
정칙특이점이다.

(ii) $x = 1$일 때, $\frac{(x+2)^2}{x(x+3)^3(x-2)^2}$과 $\frac{1}{(x+3)^3(x-2)^2}$은
해석적이므로 정칙특이점이다.

(iii) $x = -3$일 때, $\frac{(x+2)^2}{x(x-1)(x+3)^2(x-2)^2}$과
$\frac{1}{(x-1)^2(x+3)(x-2)^2}$은 해석적이지 아니므로
비정칙 특이점이다.

(iv) $x = 2$일 때, $\frac{1}{(x-1)^2(x+3)^3}$은 해석적이지만
$\frac{(x+2)^2}{x(x-1)(x+3)^2(x-2)}$은 해석적이지 아니므로 비정칙
특이점이다.

41 선형대수 ①

$A\begin{pmatrix}1\\1\\1\end{pmatrix} = \begin{pmatrix}2\\2\\2\end{pmatrix}$을 만족하면 A의 고유치 중 2가 포함되며 고유벡

터는 $\begin{pmatrix} 1 \\ 1 \\ 1 \end{pmatrix}$이다.

$A\begin{pmatrix} 2 \\ 0 \\ -1 \end{pmatrix} = \begin{pmatrix} -2 \\ 0 \\ 1 \end{pmatrix}$을 만족하면 A의 고유치 중 -1이 포함되며 고유벡터는 $\begin{pmatrix} 2 \\ 0 \\ -1 \end{pmatrix}$이다.

또한 행렬 A의 고유치를 λ, 고유벡터를 v라고 하면 $Av = \lambda v$과 $A^n v = \lambda^n v$가 성립하므로

$$A^4 \begin{pmatrix} 1 \\ 5 \\ 7 \end{pmatrix} = A^4 \left\{ 5\begin{pmatrix} 1 \\ 1 \\ 1 \end{pmatrix} - 2\begin{pmatrix} 2 \\ 0 \\ -1 \end{pmatrix} \right\}$$
$$= 5A^4 \begin{pmatrix} 1 \\ 1 \\ 1 \end{pmatrix} - 2A^4 \begin{pmatrix} 2 \\ 0 \\ -1 \end{pmatrix}$$
$$= 5 \times 2^4 \begin{pmatrix} 1 \\ 1 \\ 1 \end{pmatrix} - 2(-1)^4 \begin{pmatrix} 2 \\ 0 \\ -1 \end{pmatrix}$$
$$= 80\begin{pmatrix} 1 \\ 1 \\ 1 \end{pmatrix} - 2\begin{pmatrix} 2 \\ 0 \\ -1 \end{pmatrix}$$
$$= \begin{pmatrix} 76 \\ 80 \\ 82 \end{pmatrix}$$

42 신유형 & 고난도 적분법 ④

STEP 1 식을 간단하게 변형하기

$\int_0^{2\pi} \frac{1}{3\cos^2 t + 4\sin^2 t} dt = \int_0^{2\pi} \frac{1}{3 + \sin^2 t} dt$에서

$u = \tan t$로 치환하면

$\sin^2 t = \frac{u^2}{1+u^2}$, $dt = \frac{du}{1+u^2}$ 이므로

$$\int \frac{dt}{3+\sin^2 t} = \int \frac{\frac{du}{1+u^2}}{3+\frac{u^2}{1+u^2}} = \int \frac{du}{3+4u^2}$$

STEP 2 적분구간 내 특이점 확인하기

$t = \frac{\pi}{2}, \frac{3}{2}\pi$에서 특이점이 생긴다. ($\because u = \tan t$)

STEP 3 부정적분 구하기

부정적분을 구하면

$$\int \frac{dt}{3+\sin^2 t} = \int \frac{du}{3+4u^2} = \frac{1}{2\sqrt{3}} \tan^{-1} \frac{2}{\sqrt{3}} u + C$$

STEP 4 정적분 계산하기

정적분의 계산은 다음과 같다.

$$\int_0^{2\pi} \frac{1}{3\cos^2 t + 4\sin^2 t} dt$$

$$= \left[\frac{1}{2\sqrt{3}} \tan^{-1} \frac{2}{\sqrt{3}} u \right]_0^{\frac{\pi}{2}} + \left[\frac{1}{2\sqrt{3}} \tan^{-1} \frac{2}{\sqrt{3}} u \right]_{\frac{\pi}{2}}^{\frac{3\pi}{2}}$$
$$+ \left[\frac{1}{2\sqrt{3}} \tan^{-1} \frac{2}{\sqrt{3}} u \right]_{\frac{3\pi}{2}}^{2\pi}$$
$$= \frac{1}{2\sqrt{3}} \left\{ \frac{\pi}{2} + \frac{\pi}{2} - \left(-\frac{\pi}{2}\right) + 0 - \left(-\frac{\pi}{2}\right) \right\}$$
$$= \frac{1}{2\sqrt{3}} \times 2\pi = \frac{\pi}{\sqrt{3}}$$

고득점 KEY

역삼각함수의 미분공식

① $y = \sin^{-1} x \Rightarrow y' = \dfrac{1}{\sqrt{1-x^2}}$

② $y = \cos^{-1} x \Rightarrow y' = -\dfrac{1}{\sqrt{1-x^2}}$

③ $y = \tan^{-1} x \Rightarrow y' = \dfrac{1}{1+x^2}$

④ $y = \cot^{-1} x \Rightarrow y' = -\dfrac{1}{1+x^2}$

⑤ $y = \sec^{-1} x \Rightarrow y' = \dfrac{1}{|x|\sqrt{x^2-1}}$

⑥ $y = \csc^{-1} x \Rightarrow y' = -\dfrac{1}{|x|\sqrt{x^2-1}}$

43 공학수학 ④

$y'' + 4y = 0$의 보조 방정식이 $t^2 + 4 = 0$이므로 보조해는 $y_c = c_1 \cos 2t + c_2 \sin 2t$이다.

따라서 $W(x) = \begin{vmatrix} \cos 2t & \sin 2t \\ -2\sin 2t & 2\cos 2t \end{vmatrix} = 2$,

$W_2 R(x) = \begin{vmatrix} \cos 2t & 0 \\ -2\sin 2t & \dfrac{1}{\sin 2t} \end{vmatrix} = \cot 2t$

이므로 매개변수변화법을 이용하면

$$v_2(t) = \int \frac{W_2 R(x)}{W(x)} dx = \int \frac{\cot 2t}{2} dt = \frac{1}{4} \ln|\sin 2t|$$

44 신유형 & 고난도 다변수 미적분 ②

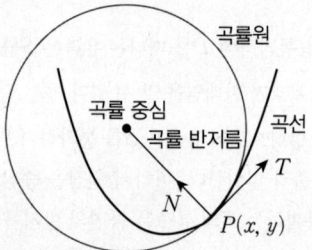

STEP 1 단위 법선벡터 N 구하기

$r(t) = (a\cos t, a\sin t, bt)$일 때,

$r'(t) = (-a\sin t, a\cos t, b)$이므로

$T(t) = \dfrac{1}{\sqrt{a^2+b^2}}(-a\sin t, a\cos t, b)$이고

$T'(t) = \dfrac{1}{\sqrt{a^2+b^2}}(-a\cos t, -a\sin t, 0)$이므로

$N(t) = (-\cos t, -\sin t, 0)$이다.

따라서 $t = \dfrac{\pi}{3}$일 때, $N\left(\dfrac{\pi}{3}\right) = \left(-\dfrac{1}{2}, -\dfrac{\sqrt{3}}{2}, 0\right)$

STEP 2 곡률 중심과 법선 사이의 관계 파악하기

곡률 중심은 법선 위에 존재하므로

점 $\left(\dfrac{a}{2}, \dfrac{\sqrt{3}}{2}a, \dfrac{b\pi}{3}\right)$와 곡률 중심을 이용하여 만든 벡터는

$N\left(\dfrac{\pi}{3}\right) = \left(-\dfrac{1}{2}, -\dfrac{\sqrt{3}}{2}, 0\right)$과

평행해야 한다.

STEP 3 곡률 중심 구하기

그러므로 곡률 중심은 $\left(-\dfrac{b^2}{2a}, -\dfrac{b^2\sqrt{3}}{2a}, \dfrac{b\pi}{3}\right)$이다.

| 참고 |

2차원에서의 곡률원 중심은 공식이 주어져 있지만 3차원에서의 곡률원의 중심을 구하는 공식은 배우지 않았으므로 곡률 중심과 법선 사이의 관계를 이용해야 한다.

고득점 KEY

T, N, B 벡터

① 단위 접선벡터 T

$$T(t) = \dfrac{r'(t)}{|r'(t)|}$$

② 단위 법선벡터 N

$$N(t) = \dfrac{T'(t)}{|T'(t)|}$$

③ 단위 종법선벡터 B

$$B(t) = T(t) \times N(t)$$

$y = f(x)$에서 곡률중심(곡률원의 중심)

$$C(X, Y) : X = x - \dfrac{y'\{1+(y')^2\}}{y''}, \quad Y = y + \dfrac{1+(y')^2}{y''}$$

45 공학수학 ②

벡터장 $F(x, y) = \dfrac{y^3dx - xy^2dy}{(x^2+y^2)^2}$에 대하여

$\dfrac{\partial}{\partial x}\left(-\dfrac{xy^2}{(x^2+y^2)^2}\right) = -\dfrac{y^2(x^2+y^2)^2 - xy^2 \cdot 2(x^2+y^2)2x}{(x^2+y^2)^4}$

$= \dfrac{(x^2+y^2)y^2\{3x^2-y^2\}}{(x^2+y^2)^4}$

$= \dfrac{3y^2(x^2+y^2)^2 - y^3 \cdot 2(x^2+y^2)2y}{(x^2+y^2)^4}$

$= \dfrac{\partial}{\partial y}\left(\dfrac{y^3}{(x^2+y^2)^2}\right)$

이므로 $F(x,y)$는 원점이 포함되지 않은 영역에서는 보존적 벡터장이다. 폐곡선 C로 둘러싸인 영역에서 벡터장 F의 특이점이 포함되므로 그린정리를 사용할 수 없다. 이때, 중심이 원점이고 반지름이 1인 원의 반시계 방향으로의 경로를 C_0라 하고 C의 내부, C_0의 외부 영역을 D라고 하면

$\displaystyle\int_C \dfrac{y^3dx - xy^2dy}{(x^2+y^2)^2}$

$= \displaystyle\int_{C-C_0} \dfrac{y^3dx - xy^2dy}{(x^2+y^2)^2} + \int_{C_0} \dfrac{y^3dx - xy^2dy}{(x^2+y^2)^2}$이 성립한다.

(i) $C-C_0$의 내부영역 D에서 특이점을 포함하지 않으므로 그린정리에 의하여

$\displaystyle\int_{C-C_0} \dfrac{y^3dx - xy^2dy}{(x^2+y^2)^2}$

$= \displaystyle\iint_D \dfrac{(x^2+y^2)y^2\{3x^2-y^2\}}{(x^2+y^2)^4} - \dfrac{(x^2+y^2)y^2\{3x^2-y^2\}}{(x^2+y^2)^4} dA$

$= 0$

(ii) C_0에서의 선적분은

$\displaystyle\int_{C_0} \dfrac{y^3dx - xy^2dy}{(x^2+y^2)^2}$

$= \displaystyle\int_0^{2\pi} \dfrac{\sin^3 t(-\sin t) - \cos t \sin^2 t \cos t}{(1)^2} dt$

$\quad (x = \cos t, y = \sin t, 0 \leq t \leq 2\pi)$

$= \displaystyle\int_0^{2\pi} (-\sin^4 t - \sin^2 t \cos^2 t) dt$

$= \displaystyle\int_0^{2\pi} \{-\sin^4 t - \sin^2 t(1 - \sin^2 t)\} dt$

$= \displaystyle\int_0^{2\pi} (-\sin^2 t) dt = -4 \times \dfrac{\pi}{4} = -\pi$

(i)과 (ii)에 의하여

$\displaystyle\int_C F \cdot dr = \int_{C-C_0} F \cdot dr + \int_{C_0} F \cdot dr = 0 - \pi = -\pi$

2021학년도 성균관대학교

문항 수: 영어 25문항, 수학 20문항 | 제한시간: 90분

TEST p. 66~71

| 26 | ⑤ | 27 | ④ | 28 | ① | 29 | ④ | 30 | ② | 31 | ③ | 32 | ② | 33 | ① | 34 | ④ | 35 | ② |
| 36 | ⑤ | 37 | ③ | 38 | ⑤ | 39 | ② | 40 | ② | 41 | ④ | 42 | ③ | 43 | ① | 44 | ① | 45 | ② |

26 적분법 ⑤

두 극곡선의 교점은

$2\cos\theta = 1 \Leftrightarrow \theta = \dfrac{\pi}{3}, \dfrac{5}{3}\pi$ 이다.

$$S = 2 \times \frac{1}{2}\int_0^{\frac{\pi}{3}}(4\cos^2\theta - 1)\,d\theta$$

$$= \int_0^{\frac{\pi}{3}}(2\cos 2\theta + 1)\,d\theta$$

$$= [\sin 2\theta + \theta]_0^{\frac{\pi}{3}} = \frac{\pi}{3} + \frac{\sqrt{3}}{2}$$

27 선형대수 ④

$$|\lambda I - A| = \begin{vmatrix} \lambda - \dfrac{9}{10} & -\dfrac{2}{10} \\ -\dfrac{1}{10} & \lambda - \dfrac{8}{10} \end{vmatrix}$$

$$= \lambda^2 - \frac{17}{10}\lambda + \frac{7}{10} = (\lambda - 1)\left(\lambda - \frac{7}{10}\right)$$

이므로 A의 고윳값은 $\dfrac{7}{10}$, 1이고, 각각에 대응하는 고유벡터는 $\begin{pmatrix} 1 \\ -1 \end{pmatrix}$, $\begin{pmatrix} 2 \\ 1 \end{pmatrix}$이다.

A를 대각화하는 정칙행렬 $P = \begin{pmatrix} 1 & 2 \\ -1 & 2 \end{pmatrix}$에 대해

$A = P\begin{pmatrix} 0.7 & 0 \\ 0 & 1 \end{pmatrix}P^{-1} = \dfrac{1}{3}\begin{pmatrix} 1 & 2 \\ -1 & 1 \end{pmatrix}\begin{pmatrix} 0.7 & 0 \\ 0 & 1 \end{pmatrix}\begin{pmatrix} 1 & -2 \\ 1 & 1 \end{pmatrix}$ 이다.

$A^k = \dfrac{1}{3}\begin{pmatrix} 1 & 2 \\ -1 & 1 \end{pmatrix}\begin{pmatrix} (0.7)^k & 0 \\ 0 & 1 \end{pmatrix}\begin{pmatrix} 1 & -2 \\ 1 & 1 \end{pmatrix}$

$= \dfrac{1}{3}\begin{pmatrix} (0.7)^k + 2 & -2(0.7)^k + 2 \\ -(0.7)^k + 1 & 2(0.7)^k + 1 \end{pmatrix}$

이므로 $\lim\limits_{k\to\infty} A^k = \dfrac{1}{3}\begin{pmatrix} 2 & 2 \\ 1 & 1 \end{pmatrix}$이다.

28 다변수 미적분 ①

$$\int_{-2}^0 \int_{-x}^2 e^{y^2}\,dy\,dx = \int_0^2 \int_{-y}^0 e^{y^2}\,dx\,dy$$

$$= \int_0^2 ye^{y^2}\,dy = \frac{1}{2}e^{y^2}\Big|_0^2 = \frac{1}{2}(e^4 - 1)$$

29 공학수학 ④

$\dfrac{dy}{dx} = -2xy$

$\Leftrightarrow \dfrac{1}{y}dy = -2x\,dx$

$\Leftrightarrow \ln y = -x^2 + C_0$ (C_0는 임의의 상수)

$\Leftrightarrow y = Ce^{-x^2}$ (C는 임의의 상수)

따라서 적절한 그래프는 ④이다.

30 선형대수 ②

① 고유치의 성질에 의하여 대칭행렬의 고유치는 실수이다. (참)
② $rank(A) = 1$이므로 차원 정리에 의해
   $nullity(A) = 3 - rank(A) = 2$이다. (거짓)
③ A가 대칭행렬일 필요충분조건은 A는 직교대각화 가능하다. (참)
④ 행렬 A에 $\vec{b}$를 최후의 열로 추가한 확장 행렬을 $(A|\vec{b})$, 행렬 A^T에 $\vec{b}^T$를 최후의 행으로 추가한 확장 행렬을 $\begin{pmatrix} A^T \\ \vec{b}^T \end{pmatrix}$라 하자.

$A\vec{x} = \vec{b}$가 해를 가진다면

$rank(A|\vec{b}) = rank(A|\vec{b})^T = rank\begin{pmatrix} A^T \\ \vec{b}^T \end{pmatrix}$

$= rank(A^T) = rank(A)$

이 성립하므로 $\vec{b}$는 A^T의 행공간에 속한다. 따라서 벡터 $\vec{b}$는 A의 열공간에 속한다. (참)

⑤ $A\vec{x} = \vec{0} \Leftrightarrow \vec{x} = A^{-1}\cdot\vec{0} = \vec{0}$

따라서 $A\vec{x} = \vec{0}$은 자명해만을 가진다. (참)

31 신유형 & 고난도 선형대수 ③

STEP 1 $\mathbb{R}^2$의 부분공간 W 구하기

$W = \{(x, mx) | x \in \mathbb{R}\} = <(1, m)>$

$= <(u_1, u_2)>$ (이때, $\sqrt{u_1^2 + u_2^2} = 1$)

STEP 2 직교행렬 P 구하기

$(\alpha, \beta) \in \mathbb{R}^2$에 대하여

$proj_W(\alpha, \beta) = \begin{pmatrix} u_1^2 & u_1u_2 \\ u_1u_2 & u_2^2 \end{pmatrix}\begin{pmatrix} \alpha \\ \beta \end{pmatrix}$이므로 $P = \begin{pmatrix} u_1^2 & u_1u_2 \\ u_1u_2 & u_2^2 \end{pmatrix}$

STEP 3 고윳값 구하기

$p(t) = |\lambda I_2 - P|$ (이때, I_2는 2×2 단위벡터)

$= (\lambda - u_1^2)(\lambda - u_2^2) - u_1^2 u_2^2$

$= \lambda^2 - (u_1^2 + u_2^2)\lambda$

$= \lambda^2 - \lambda$ ($\because u_1^2 + u_2^2 = 1$)

$= \lambda(\lambda - 1) = 0$

이므로 고윳값은 0 또는 1이다.

| 다른 풀이 |

$\vec{v} \in \mathbb{R}^2$에 대해 $\vec{v}$는 $\vec{a}$에 평행하거나 평행하지 않는 경우 뿐이다. 따라서 표현행렬 P에 대해 고윳값 1에 대응하는 고유벡터는 $\vec{a}$와 평행인 벡터들이고, 고윳값 0에 대응하는 고유벡터는 $\vec{a}$와 평행하지 않는 벡터들이다. 각각의 대수적중복도는 1이다.

✏ 고득점 KEY

$\{\vec{u_1}, \vec{u_2}, \cdots, \vec{u_k}\}$가 W의 직교기저일 때, W위로의 $\vec{v}$의 직교사영

$proj_W(\vec{v}) = \left(\frac{\vec{u_1} \cdot \vec{v}}{\vec{u_1} \cdot \vec{u_1}}\right)\vec{u_1} + \cdots + \left(\frac{\vec{u_k} \cdot \vec{v}}{\vec{u_k} \cdot \vec{u_k}}\right)\vec{u_k}$

$= proj_{\vec{u_1}}\vec{v} + \cdots + proj_{\vec{u_k}}\vec{v}$

32 다변수 미적분 ②

$\int_0^2 \int_0^{\sqrt{4-x^2}} \int_0^{\sqrt{4-x^2-y^2}} \frac{1}{\sqrt{x^2+y^2+z^2}} dz\, dy\, dx$

$= \int_0^{\frac{\pi}{2}} \int_0^{\frac{\pi}{2}} \int_0^2 \frac{1}{\rho} \cdot \rho^2 \sin\phi\, d\rho\, d\phi\, d\theta$

$= \frac{\pi}{2} \cdot \int_0^{\frac{\pi}{2}} \sin\phi\, d\phi \cdot \int_0^2 \rho\, d\rho$

$= \frac{\pi}{2} \cdot 1 \cdot 2 = \pi$

33 공학수학 ①

오차 $E = \frac{1}{2}\int_0^\pi \left(f(x) - \sum_{n=1}^{10} A_n \sin nx\right)^2 dx$이 최소가 되기 위해서는 $f(x) - \sum_{n=1}^{10} A_n \sin nx$가 최소가 되어야한다.

주기가 2π인 함수 $g(x) = \begin{cases} f(x) & (0 < x < \pi) \\ -f(x) & (-\pi < x < 0) \end{cases}$이라 하면 $g(x)$는 기함수이므로 $g(x) = \sum_{n=1}^\infty \frac{2}{\pi}\int_0^\pi b_n \sin nx\, dx$,

$b_n = \frac{2}{\pi}\int_0^\pi f(x)\sin nx\, dx$이다.

$[0, \pi]$에서 $g(x) = f(x) = \sum_{n=1}^\infty \frac{2}{\pi}\int_0^\pi b_n \sin nx\, dx$

이므로 $A_n = \frac{2}{\pi}\int_0^\pi f(x)\sin nx\, dx$일 때 오차 E는 최소가 된다.

| 참고 |

특정 구간에서 정의된 주기 함수는 푸리에 급수로 나타낸 후에도 주기성을 잃지 않는다.

| 다른 풀이 |

$\sin x, \sin 2x, \sin 3x, \cdots, \sin 10x$로 생성되는 공간을 W라고 할 때, 공간 W에 $f(x)$를 사영하면

$E = \frac{1}{2}\int_0^\pi \left(f(x) - \sum_{n=1}^{10} A_n \sin nx\right)^2 dx$이 최소가 된다. 이때,

$\int_0^\pi \sin ax \sin bx\, dx$ (단, $a \neq b$인 정수)

$= \frac{1}{2}\int_0^\pi \cos(a-b)x - \cos(a+b)x\, dx$

$= \frac{1}{2}\left[\frac{1}{a-b}\sin(a-b)x - \frac{1}{a+b}\sin(a+b)x\right]_0^x = 0$

이므로 $\sin ax$와 $\sin bx$는 수직이다.

따라서

$proj_W f(x)$

$= proj_{\sin x} f(x) + proj_{\sin 2x} f(x) + \cdots + proj_{\sin 10x} f(x)$

$= \frac{\sin x \cdot f(x)}{\sin x \cdot \sin x}\sin x + \frac{\sin 2x \cdot f(x)}{\sin 2x \cdot \sin 2x}\sin 2x$

$\qquad + \cdots + \frac{\sin 10x \cdot f(x)}{\sin 10x \cdot \sin 10x}\sin 10x$

$= \frac{2}{\pi}\left\{\left(\int_0^\pi \sin x f(x) dx\right)\sin x\right.$

$\qquad + \left(\int_0^\pi \sin 2x f(x) dx\right)\sin 2x$

$\qquad \left. + \cdots + \left(\int_0^\pi \sin 10x f(x) dx\right)\sin 10x\right\}$

이므로 $A_n = \frac{2}{\pi}\int_0^\pi f(x)\sin nx\, dx$이다.

34 다변수 미적분 ④

$b_n = a_n(x+2)^n$이라 할 때,

$\lim_{n \to \infty}\left|\frac{b_{n+1}}{b_n}\right| = \lim_{n \to \infty}\left|\frac{a_{n+1}}{a_n}\right||x+2|$이고

$\sum_{n=0}^\infty a_n(x+2)^n$의 수렴구간을 $[-9, 5]$이면

급수 $\sum_{n=0}^\infty a_n(x+2)^n$의 수렴반경은 7이므로

$\lim_{n\to\infty}\left|\dfrac{a_{n+1}}{a_n}\right|=\dfrac{1}{7}$이 성립한다.

또한 $c_n=3^n a_n(x-4)^n$이라 할 때,

$\lim_{n\to\infty}\left|\dfrac{c_{n+1}}{c_n}\right|=\lim_{n\to\infty}\left|\dfrac{a_{n+1}}{a_n}\right|3|x-4|=\dfrac{3}{7}|x-4|$

이므로 비율 판정법에 의하여

$\dfrac{3}{7}|x-4|<1 \Leftrightarrow |x-4|<\dfrac{7}{3}$일 때 수렴한다.

그러므로 $\sum_{n=0}^{\infty}3^n a_n(x-4)^n$의 수렴 반경은 $\dfrac{7}{3}$이다.

35 적분법 ②

$\triangle y=\dfrac{2}{\sqrt{8x^3+1}}\triangle x$이고, $\triangle x=0.03$이므로 $x=1$일 때 $\triangle y$의 근삿값은 다음과 같다.

$\triangle y=\dfrac{2}{3}\cdot(0.03)=0.02$

36 다변수 미적분 ⑤

$z_x=\dfrac{y}{1+(xy)^2}\Rightarrow z_x\left(2,\dfrac{1}{2}\right)=\dfrac{\frac{1}{2}}{2}=\dfrac{1}{4}$이므로

평면 $y=\dfrac{1}{2}$과 곡면 $z=\tan^{-1}(xy)$의 교선을 C에서 접선의 기울기는 $\dfrac{1}{4}$이다.

37 신유형 & 고난도 공학수학 ③

STEP 1 그래프의 평형값 파악하기

방정식 $\dfrac{dx}{dt}=f(x)$는 자율형 미분방정식이고, 주어진 그래프는 $x=0$, $x=1$일 때, $\dfrac{dx}{dt}=0$이므로 평형값은 $x=0$, $x=1$

STEP 2 평형값을 기준으로 $\dfrac{dx}{dt}$의 변화 파악하기

$x<0$일 때, $\dfrac{dx}{dt}>0$

$0<x<1$일 때, $\dfrac{dx}{dt}<0$

$x>1$일 때, $\dfrac{dx}{dt}>0$

STEP 3 선다지 중 만족하는 $f(x)$의 식 유추하기

$f(x)$의 식으로 가능한 것은 $2x(x-1)$이다.

고득점 KEY
자율형 미분방정식

(1) 형태: $\dfrac{dy}{dx}=y'=g(y)$의 미분방정식이 y만의 함수

(2) 평형값(휴식점): $y'=g(y)$가 자율방정식이면 $y'=0$에 대한 y의 값

38 적분법 ⑤

$\lim_{n\to\infty}\sum_{i=1}^{n}\dfrac{i}{n^2}e^{-\frac{2i}{n}}=\int_0^1 xe^{-2x}dx$

$=\left[\left(-\dfrac{1}{2}x-\dfrac{1}{4}\right)e^{-2x}\right]_0^1$

$=\dfrac{1}{4}-\dfrac{3}{4}e^{-2}$

39 공학수학 ②

$\begin{vmatrix}D+2 & -2 \\ -1 & D+1\end{vmatrix}=(D+2)(D+1)-2$

$=D(D+3)=0$

$D=0$일 때, 대응하는 고유벡터는 $\begin{pmatrix}1\\1\end{pmatrix}$,

$D=-3$일 때, 대응하는 고유벡터는 $\begin{pmatrix}2\\-1\end{pmatrix}$이다.

일반해는

$x(t)=\begin{pmatrix}x_1(t)\\x_2(t)\end{pmatrix}=c_1\begin{pmatrix}1\\1\end{pmatrix}+c_2 e^{-3t}\begin{pmatrix}2\\-1\end{pmatrix}$이고,

$x(0)=\begin{pmatrix}1\\0\end{pmatrix}$이므로 $c_1=c_2=\dfrac{1}{3}$이다.

$\therefore \lim_{t\to\infty}x(t)=\lim_{t\to\infty}\left\{\dfrac{1}{3}\begin{pmatrix}1\\1\end{pmatrix}+\dfrac{1}{3}e^{-3t}\begin{pmatrix}2\\-1\end{pmatrix}\right\}=\dfrac{1}{3}\begin{pmatrix}1\\1\end{pmatrix}$

40 공학수학 ②

$S_1=\{(x,y,z)\,|\,x^2+y^2\leq 1,\ z=1\}$라 하면

$\iint_{S\cup S_1}F\cdot n\,dS=\iint_{S}F\cdot dS+\iint_{S_1}F\cdot dS$이다.

유계인 폐곡면 $S\cup S_1$를 경계로 갖는 영역 E에서 벡터장 $\vec{F}=P\vec{i}+Q\vec{j}+R\vec{k}$가 E를 포함하는 열린 영역에서 연속인 편도함수를 가지므로 발산정리가 성립한다. 이때, $\vec{n}$은 $S\cup S_1$의 외향단위법선벡터이다.

$\iint_{S\cup S_1}F\cdot \vec{n}dS=\iiint_E \mathrm{div}F\,dV$

$=\iiint_E(x^2+y^2)\,dV$

$=\int_0^{2\pi}\int_0^1\int_1^{2-r}r^2\cdot r\,dz\,dr\,d\theta$

$$= \int_0^{2\pi}\int_0^1 r^3(1-r)\,dr\,d\theta$$
$$= 2\pi\left[\frac{1}{4}r^4 - \frac{1}{5}r^5\right]_0^1 = \frac{\pi}{10}$$

$$\iint_{S_1} F \cdot dS = \iint_{S_1}(xy^2 + \tan^2 1, e^{x^2} + x\sin^3 1, x^2+y^2)$$
$$\cdot (0, 0, -1)\,dS$$
$$= -\iint_{S_1}(x^2+y^2)\,dS$$
$$= -\int_0^{2\pi}\int_0^1 r^3\,dr\,d\theta = -\frac{\pi}{2}$$

이므로 다음과 같다.

$$\iint_S F \cdot dS = \iint_{S\cup S_1} F \cdot dS - \iint_{S_1} F \cdot dS$$
$$= \frac{\pi}{10} - \left(-\frac{\pi}{2}\right) = \frac{3}{5}\pi$$

41 공학수학   ④

① $y'' + y' + y = 0$, $y(0) = 1$, $y'(0) = 1$ 일 때,
$$y = \frac{1}{3}e^{-\frac{1}{2}x}\left\{\sqrt{3}\sin\left(\frac{\sqrt{3}}{2}x\right) + 3\cos\left(\frac{\sqrt{3}}{2}x\right)\right\}$$
이므로 진동하면서 감소한다. (참)

② $y'' + y = 0$, $y(0) = 1$, $y'(0) = 1$ 일 때,
$y(x) = \cos x$ 이므로 감소나 증가하지 않고 계속 진동한다.
(참)

③ $y'' - y' + y = 0$, $y(0) = 1$, $y'(0) = 1$ 일 때,
$$y = -\frac{1}{3}e^{\frac{1}{2}x}\left\{\sqrt{3}\sin\left(\frac{\sqrt{3}}{2}x\right) - 3\cos\left(\frac{\sqrt{3}}{2}x\right)\right\}$$
이므로 진동하며 증가한다. (참)

④ $y'' + 2y' + y = 0$, $y(0) = 1$, $y'(0) = 1$ 일 때,
$y = e^{-x}(x+1)$ 이므로 진동 없이 감소한다. (거짓)

⑤ $y'' + 2\sqrt{2}y' + y = 0$, $y(0) = 1$, $y'(0) = 1$ 일 때,
$$y = \frac{\sqrt{2}+1}{2}e^{(-\sqrt{2}+1)x} + \frac{-\sqrt{2}+1}{2}e^{(-\sqrt{2}-1)x}$$
이므로 진동 없이 감소한다. (참)

42 적분법   ③

$$V = 2\pi\int_0^1 x\cdot\frac{1}{2\pi}x\sin(x^2)\,dx$$
$$= \int_0^1 x^2\cdot\sin(x^2)\,dx$$
$$= \int_0^1 x^2\left(x^2 - \frac{1}{3!}x^6 + \frac{1}{5!}x^{10} - \cdots\right)dx$$
$$= \int_0^1\left(x^4 - \frac{1}{3!}x^8 + \frac{1}{5!}x^{12} - \cdots\right)dx$$

$$= \frac{1}{5}x^5 - \frac{1}{9\cdot 3!}x^9 + \frac{1}{13\cdot 5!}x^{13} - \cdots\Big]_0^1$$
$$= \frac{1}{5} - \frac{1}{9\cdot 3!} + \frac{1}{13\cdot 5!} - \cdots$$

여기서 $\frac{1}{13\cdot 5!} - \cdots$ 는 소수 아래 둘째 자리에 영향을 주지 않는다. 따라서 부피를 소수 아래 둘째 자리까지 정확히 근사하면
$$V = \frac{1}{5} - \frac{1}{9\cdot 3!} = \frac{49}{270}$$ 이다.

43 공학수학   ①

$$\mathcal{L}^{-1}\{F(s)\} = \frac{2s}{s^2 + 3s + 2}$$
$$= \mathcal{L}^{-1}\left\{\frac{2s}{(s+1)(s+2)}\right\}$$
$$= \mathcal{L}^{-1}\left\{\frac{-2}{s+1} + \frac{4}{s+2}\right\}$$
$$= -2e^{-t} + 4e^{-2t}$$

44 공학수학   ①

$P = 4x^3y + e^{x^2}$, $Q = x^4 + 2y\cos(y^2)$ 에 대해
$$\frac{\partial P}{\partial y} = 4x^3 = \frac{\partial Q}{\partial x}$$ 이므로 F는 보존적 벡터장이다.

F의 포텐셜함수 $f = x^4y + \int_0^x e^{t^2}dt + \sin(y^2)$ 이다.

곡선 C는 $(0,0)$을 시점, $(0,1)$을 종점으로 갖는 곡선이다.
$$\int_C F \cdot dr = f(x,y)\Big]_{(0,0)}^{(0,1)} = f(0,1) - f(0,0)$$
$$= \sin 1$$

45 공학수학   ②

$$y_p = \frac{1}{D^2 - D - 2}\{-8e^t\cos 2t\}$$
$$= \frac{1}{(D-2)(D+1)}\{-8e^t\cos 2t\}$$
$$= -8e^t\frac{1}{(D-1)(D+2)}\{\cos 2t\}$$
$$= -8e^t Re\left[\frac{1}{(D-1)(D+2)}\{e^{i2t}\}\right]$$
$$= -8e^t Re\left[\frac{1}{(2i-1)(2i+2)}e^{i2t}\right]$$
$$= -8e^t Re\left[\left(-\frac{3}{20} - \frac{i}{20}\right)(\cos 2t + i\sin 2t)\right]$$
$$= -8e^t\left(-\frac{3}{20}\cos 2t + \frac{1}{20}\sin 2t\right)$$

이므로 $y_p\left(\frac{\pi}{2}\right) = -\frac{6}{5}e^{\frac{\pi}{2}}$ 이다.

HANYANG UNIVERSITY

한양대학교

KIM & BOOK

2025학년도 한양대학교

문항 수: 영어 35문항, 수학 25문항 | 제한시간: 130분

TEST p. 74~81

37	④	38	③	39	②	40	③	41	②	42	⑤	43	④	44	④	45	⑤	46	⑤
47	⑤	48	①	49	①	50	③	51	①	52	④	53	③	54	④	55	①	56	④
57	16	58	94	59	35	60	103	61	13										

37 일반수학 ④

타원의 성질에 의하여 $a^2=25-9=16 \Leftrightarrow a=4$이므로
초점의 좌표는 $F(4, 0)$, $F'(-4, 0)$이고
$\overline{PF}+\overline{PF'}=10$이다.
$\overline{AP}-\overline{PF'}=\overline{AP}-(10-\overline{PF})=\overline{AP}+\overline{PF}-10$
점 A, P, F 가 일직선 위에 있을 때 $\overline{AP}+\overline{PF}$ 가 최소가 되고,
$\overline{AF}=\sqrt{(-8-4)^2+(9-0)^2}$
$\quad=\sqrt{144+81}=\sqrt{225}=15$
이므로
$\overline{AP}+\overline{PF}-10 \geq \overline{AF}-10=15-10=5$

38 미분법 ③

$f(x)=\dfrac{1}{\sqrt{4+3x}}=\dfrac{1}{2}\left(1+\dfrac{3}{4}x\right)^{-\frac{1}{2}}$ 이므로
$x=0$에서 테일러급수 전개를 하면
$f(x)=\dfrac{1}{2}\sum_{n=0}^{\infty}\binom{-\frac{1}{2}}{n}\left(\dfrac{3}{4}x\right)^n$
$\quad=\dfrac{1}{2}\left\{1+\binom{-\frac{1}{2}}{1}\left(\dfrac{3}{4}x\right)+\cdots+\binom{-\frac{1}{2}}{10}\left(\dfrac{3}{4}x\right)^{10}\right.$
$\quad\quad\left.+\binom{-\frac{1}{2}}{11}\left(\dfrac{3}{4}x\right)^{11}+\cdots\right\}$

$\therefore \dfrac{a_{11}}{a_{10}}=\dfrac{\frac{1}{2}\binom{-\frac{1}{2}}{11}\left(\frac{3}{4}\right)^{11}}{\frac{1}{2}\binom{-\frac{1}{2}}{10}\left(\frac{3}{4}\right)^{10}}=\dfrac{-\frac{1}{2}-10}{10+1}\times\dfrac{3}{4}=-\dfrac{63}{88}$

| 참고 | $\dfrac{\binom{a}{b+1}}{\binom{a}{b}}=\dfrac{a-b}{b+1}$

39 다변수 미적분 ②

$\nabla f(1, 2)=(a, b)$라고 하자.
$D_{\vec{u}}f(1, 2)=(a, b)\cdot\left(\dfrac{3}{5}, -\dfrac{4}{5}\right)$
$\quad=\dfrac{3}{5}a-\dfrac{4}{5}b=\dfrac{26}{5}$
$\Rightarrow 3a-4b=26$ ……㉠
$D_{\vec{v}}f(1, 2)=(a, b)\cdot\left(-\dfrac{12}{13}, \dfrac{5}{13}\right)$
$\quad=-\dfrac{12}{13}a+\dfrac{5}{13}b=-\dfrac{82}{13}$
$\Rightarrow -12a+5b=-82$ ……㉡
㉠, ㉡을 연립하면 $a=6$, $b=-2$이므로
$\|\nabla f(1, 2)\|^2=6^2+(-2)^2=40$이다.
따라서 접평면의 방정식은 $6x-2y-z=5$이고
점 $(3, 5, 3)$을 지나므로 $z=f(1, 2)=-3$이다.
$\therefore \|\nabla f(1, 2)\|^2+f(1, 2)=40-3=37$

40 적분법 ③

(i) $f(x)\displaystyle\int_0^x f(t)dt=e^x+3x-1$의 양변을 x에 대하여 미분하면
$f'(x)\displaystyle\int_0^x f(t)dt+\{f(x)\}^2=e^x+3$
$x=0$을 대입하면 $\{f(0)\}^2=4$

(ii) $f(x)\displaystyle\int_0^x f(t)dt=e^x+3x-1$에서 양변을 적분하면
$\dfrac{1}{2}\left\{\displaystyle\int_0^x f(t)\,dt\right\}^2=e^x+\dfrac{3}{2}x^2-x+C$
$x=0$일 때 $0=1+C \Rightarrow C=-1$이므로
$\left\{\displaystyle\int_0^x f(t)\,dt\right\}^2=2\left(e^x+\dfrac{3}{2}x^2-x-1\right)$
$x=2$를 대입하면
$\left\{\displaystyle\int_0^2 f(x)\,dx\right\}^2=2\left(e^2+\dfrac{3}{2}(2)^2-2-1\right)=2e^2+6$

(i), (ii)에 의하여

$$\{f(0)^2\}+\left\{\int_0^2 f(x)\,dx\right\}^2 = 4+2e^2+6$$
$$= 2e^2+10$$

41 다변수 미적분 ②

$0 \leq y \leq 1,\ y^{\frac{1}{3}} \leq x \leq 1 \Leftrightarrow 0 \leq x \leq 1,\ 0 \leq y \leq x^3$
이므로

$$\int_0^1 \int_{y^{1/3}}^1 \cos(\pi x^2)\,dx\,dy$$
$$= \int_0^1 \int_0^{x^3} \cos(\pi x^2)\,dy\,dx$$
$$= \int_0^1 x^3 \cos(\pi x^2)\,dx$$
$$= \int_0^1 \frac{1}{2} t \cos(\pi t)\,dt \quad (\because\ x^2=t \text{라고 치환})$$
$$= \frac{1}{2}\left[t\left(\frac{1}{\pi}\sin(\pi t)\right)+\frac{1}{\pi^2}\cos(\pi t)\right]_0^1$$
$$= \frac{1}{2}\left(-\frac{1}{\pi^2}-\frac{1}{\pi^2}\right) = -\frac{1}{\pi^2}$$

42 다변수 미적분 ⑤

ㄱ. $\sum_{n=1}^{\infty}\frac{n^2+n+3}{n^3\{\ln(n+2)\}^2} < \sum_{n=2}^{\infty}\frac{3n^2}{n^3(\ln n)^2} = 3\sum_{n=2}^{\infty}\frac{1}{n(\ln n)^2}$

이고 $\sum_{n=2}^{\infty}\frac{1}{n(\ln n)^2}$ 은 적분판정법에 의하여 수렴한다. 따라서 비교판정법에 의하여 $\sum_{n=1}^{\infty}\frac{n^2+n+3}{n^3\{\ln(n+2)\}^2}$ 도 수렴한다.

ㄴ. $a_n = \frac{2^n n!}{(n+1)^n}$ 이라 할 때

$$\lim_{n\to\infty}\frac{a_{n+1}}{a_n} = \lim_{n\to\infty}\frac{2^{n+1}(n+1)!}{(n+2)^{n+1}} \cdot \frac{(n+1)^n}{2^n n!}$$
$$= \lim_{n\to\infty}\frac{2(n+1)(n+1)^n}{(n+2)^n(n+2)}$$
$$= 2\lim_{n\to\infty}\left(1-\frac{1}{n+2}\right)^n = \frac{2}{e} < 1$$

이므로 비율판정법에 의하여 $\sum_{n=1}^{\infty}\frac{2^n n!}{(n+1)^n}$ 이 수렴한다.

ㄷ. $\lim_{n\to\infty}\frac{2-n\sin\left(\frac{2}{n}\right)}{\frac{1}{n^2}}$

$= \lim_{x\to 0}\frac{2x-\sin(2x)}{x^3} \quad (\because\ \frac{1}{n}=x \text{라고 치환})$

$= \lim_{x\to 0}\frac{2x-\left\{(2x)-\frac{1}{3!}(2x)^3+\cdots\right\}}{x^3}$

$= \lim_{x\to 0}\frac{\frac{8}{6}x^3+\cdots}{x^3} = \frac{4}{3}$

이고 $\sum_{n=1}^{\infty}\frac{1}{n^2}$ 이 수렴하므로 극한비교판정법에 의하여 $\sum_{n=1}^{\infty}\left(2-n\sin\left(\frac{2}{n}\right)\right)$ 이 수렴한다.

43 공학수학 ④

곡선 C는

$r(t)=(3\cos t,\ \sin t)\ (0\leq t\leq 2\pi) \Leftrightarrow \frac{x^2}{9}+y^2=1$

이므로 단순 폐곡선이며 곡선 C로 둘러싸인 영역을 D라고 할 때, 영역 D에서 벡터장 $F(x,y)=(e^x+xy,\ \sin y+x)$이 해석적이므로 그린정리에 의하여

$$\int_C F \cdot dr = \iint_D (1-x)\,dA$$
$$= \iint_D dA - \iint_D x\,dA = 3\pi$$

($\because \iint_D dA =$(영역 D의 넓이)$=3\pi$,

$\iint_D x\,dA =$(무게중심의 x좌표)$\times$(영역 D의 넓이)
$= 0 \times 3\pi = 0$)

44 선형대수 ④

$A^3=B^2 \Leftrightarrow \det(A^3)=\det(B^2)$
$\Leftrightarrow \{\det(A)\}^3 = \{\det(B)\}^2 = (27)^2 = 3^6$

이므로 $\det(A)=9$이다.

$\therefore\ \det(2A^T B A^{-1} B^{-1} A)$
$= 2^3 \det(A)\det(B)\frac{1}{\det(A)}\frac{1}{\det(B)}\det(A)$
$= 2^3 \det(A) = 72$

45 선형대수 ⑤

ㄱ. A가 대칭행렬 $\Leftrightarrow A^T=A$이므로 $\begin{cases} a=a+b \Rightarrow b=0 \\ 4=c+2 \Rightarrow c=2 \\ a+b=c \Rightarrow a=2 \end{cases}$

$B=\begin{pmatrix} 0 & 2 & -2 \\ -2 & 0 & 1 \\ 2 & -1 & 0 \end{pmatrix}$에서 $B^T=-B$이므로

B는 반대칭행렬이다.(참)

ㄴ. $A=\begin{pmatrix} 1 & 2 & 3 \\ 0 & -1 & 3 \\ 0 & 0 & 2 \end{pmatrix}$라 하면 A는 상삼각행렬이므로

고윳값은 1, -1, 2이다.

$\begin{pmatrix} 1 & 2 & 3 \\ 0 & -1 & 3 \\ 0 & 0 & 2 \end{pmatrix} \begin{pmatrix} 5 \\ 1 \\ 1 \end{pmatrix} = \begin{pmatrix} 10 \\ 2 \\ 2 \end{pmatrix} = 2 \begin{pmatrix} 5 \\ 1 \\ 1 \end{pmatrix}$ 이므로 $\begin{pmatrix} 5 \\ 1 \\ 1 \end{pmatrix}$ 는 고윳값 2에 대응되는 고유벡터이다. (참)

ㄷ. $tr(A) = 3 - 5 = -2$이므로
$\lambda = 1$이 고윳값이면 $\lambda = -3$도 고윳값이다. (참)

ㄹ. $\begin{vmatrix} 1-\lambda & 0 & -2 \\ 0 & 5-\lambda & 0 \\ -2 & 0 & 4-\lambda \end{vmatrix}$

$= (5-\lambda)(\lambda^2 - 5\lambda) = \lambda(5-\lambda)(\lambda-5)$

이므로 고유치는 0, 5(중근)이다.

$\lambda = 5$일 때 (대수적 중복도) = (기하적 중복도) = 2이므로

$\begin{pmatrix} 1 & 0 & -2 \\ 0 & 5 & 0 \\ -2 & 0 & 4 \end{pmatrix}$ 은 대각화 가능하다. 그러므로

$\begin{pmatrix} 1 & 0 & -2 \\ 0 & 5 & 0 \\ -2 & 0 & 4 \end{pmatrix}$ 과 $\begin{pmatrix} 0 & 0 & 0 \\ 0 & 5 & 0 \\ 0 & 0 & 5 \end{pmatrix}$ 는 닮은 행렬이다. (참)

46 선형대수 ⑤

$\vec{u_1} = (2, 1, 1)$과 $\vec{u_2} = (-1, 2, 3)$이므로

$\vec{u_1} \times \vec{u_2} = \begin{vmatrix} \vec{i} & \vec{j} & \vec{k} \\ 2 & 1 & 1 \\ -1 & 2 & 3 \end{vmatrix} = \vec{i} - 7\vec{j} + 5\vec{k}$이고

$|a_1 b_2 - a_2 b_1| = \dfrac{\|\vec{u_1} \times \vec{u_2}\|}{\|\vec{v_1}\| \|\vec{v_2}\|} = \dfrac{\sqrt{1+49+25}}{\dfrac{5}{3} \times \dfrac{1}{3}}$

$= 9\sqrt{3}$

이다.

47 선형대수 ⑤

$\begin{pmatrix} 2 & 1 & 0 & 4 & | & 2 \\ 2 & 1 & 1 & 2 & | & 3 \\ 4 & 2 & 3 & 2 & | & r \end{pmatrix} \sim \begin{pmatrix} 2 & 1 & 0 & 4 & | & 2 \\ 0 & 0 & 1 & -2 & | & 1 \\ 0 & 0 & 0 & 0 & | & r-7 \end{pmatrix}$ 이므로

$rank(A) = 2$이고 $r = 7$일 때 $A\vec{v} = \begin{pmatrix} 2 \\ 3 \\ r \end{pmatrix}$을 만족하는 벡터 $\vec{v}$가 존재한다.

$\therefore rank(A) \times r = 2 \times 7 = 14$

48 선형대수 ①

$A = \begin{pmatrix} 1 & 1 \\ 0 & -1 \\ 2 & 0 \\ 1 & 1 \end{pmatrix}$의 열벡터를 $\vec{u} = \begin{pmatrix} 1 \\ 0 \\ 2 \\ 1 \end{pmatrix}$, $\vec{w} = \begin{pmatrix} 1 \\ -1 \\ 0 \\ 1 \end{pmatrix}$이라 할 때,

그람-슈미트에 의하여

$\vec{u'} = \begin{pmatrix} 1 \\ 0 \\ 2 \\ 1 \end{pmatrix}$,

$\vec{w'} = \vec{w} - proj_{\vec{u'}} \vec{w} = \vec{w} - \dfrac{\vec{u'} \cdot \vec{w}}{\vec{u'} \cdot \vec{u'}} \vec{u'}$

$= \begin{pmatrix} 1 \\ -1 \\ 0 \\ 1 \end{pmatrix} - \dfrac{2}{6} \begin{pmatrix} 1 \\ 0 \\ 2 \\ 1 \end{pmatrix} = \dfrac{1}{3} \begin{pmatrix} 2 \\ -3 \\ -2 \\ 2 \end{pmatrix}$

이므로

$proj_V \vec{a} = proj_{\vec{u'}} \vec{a} + proj_{\vec{w'}} \vec{a}$

$= \dfrac{-1}{6} \begin{pmatrix} 1 \\ 0 \\ 2 \\ 1 \end{pmatrix} + \dfrac{-\dfrac{2}{3}}{\dfrac{21}{9}} \cdot \dfrac{1}{3} \begin{pmatrix} 2 \\ -3 \\ -2 \\ 2 \end{pmatrix}$

$= \dfrac{-1}{6} \begin{pmatrix} 1 \\ 0 \\ 2 \\ 1 \end{pmatrix} - \dfrac{2}{21} \begin{pmatrix} 2 \\ -3 \\ -2 \\ 2 \end{pmatrix} = \dfrac{1}{14} \begin{pmatrix} -5 \\ 4 \\ -2 \\ -5 \end{pmatrix}$

49 선형대수 ①

고윳값이 1, -1, 2인 3×3행렬 A에 대하여

행렬 $B = A^3 - 5A^2$의 고윳값은 -4, -6, -12이다.

그러므로 $\det(B) = (-4) \times (-6) \times (-12) = -288$이다.

50 신유형 & 고난도 선형대수 ③

A의 특이값 분해를 $A = U \Sigma V^T$라 하자.

STEP 1 행렬 Σ 구하기

$A = \begin{pmatrix} 1 & 1 & -1 \\ 1 & 1 & -1 \end{pmatrix}$일 때

$A^T A = \begin{pmatrix} 1 & 1 \\ 1 & 1 \\ -1 & -1 \end{pmatrix} \begin{pmatrix} 1 & 1 & -1 \\ 1 & 1 & -1 \end{pmatrix} = \begin{pmatrix} 2 & 2 & -2 \\ 2 & 2 & -2 \\ -2 & -2 & 2 \end{pmatrix}$

이므로

$|A^T A - \lambda I| = \begin{vmatrix} 2-\lambda & 2 & -2 \\ 2 & 2-\lambda & -2 \\ -2 & -2 & 2-\lambda \end{vmatrix}$

$= -\lambda(\lambda^2 - 6\lambda) = -\lambda^2(\lambda - 6)$

따라서 $A^T A$는 고윳값으로 $\lambda = 6$, $\lambda = 0$(중근)을 갖는다.

(i) $\lambda = 6$일 때

$\begin{pmatrix} -4 & 2 & -2 \\ 2 & -4 & -2 \\ -2 & -2 & -4 \end{pmatrix} \begin{pmatrix} x \\ y \\ z \end{pmatrix} = \begin{pmatrix} 0 \\ 0 \\ 0 \end{pmatrix}$

$\Rightarrow \begin{pmatrix} 2 & -1 & 1 \\ 0 & 1 & 1 \\ 0 & 0 & 0 \end{pmatrix} \begin{pmatrix} x \\ y \\ z \end{pmatrix} = \begin{pmatrix} 0 \\ 0 \\ 0 \end{pmatrix}$

이므로 고유벡터는 $\begin{pmatrix} 1 \\ 1 \\ -1 \end{pmatrix}$과 평행이다.

(ii) $\lambda = 0$일 때

$\begin{pmatrix} 2 & 2 & -2 \\ 2 & 2 & -2 \\ -2 & -2 & 2 \end{pmatrix} \begin{pmatrix} x \\ y \\ z \end{pmatrix} = \begin{pmatrix} 0 \\ 0 \\ 0 \end{pmatrix}$

$$\Rightarrow \begin{pmatrix} 1 & 1 & -1 \\ 0 & 0 & 0 \\ 0 & 0 & 0 \end{pmatrix} \begin{pmatrix} x \\ y \\ z \end{pmatrix} = \begin{pmatrix} 0 \\ 0 \\ 0 \end{pmatrix}$$

이므로 고유벡터는 $\begin{pmatrix} 1 \\ -1 \\ 0 \end{pmatrix}$과 $\begin{pmatrix} 1 \\ 1 \\ 2 \end{pmatrix}$에 평행이다.

따라서 $\Sigma = \begin{pmatrix} \sqrt{6} & \sigma_{12} & \sigma_{13} \\ \sigma_{21} & 0 & \sigma_{23} \end{pmatrix} = \begin{pmatrix} \sqrt{6} & 0 & 0 \\ 0 & 0 & 0 \end{pmatrix}$이고,

$\sigma_{12} = 0$, $\sigma_{13} = 0$, $\sigma_{21} = 0$, $\sigma_{23} = 0$

STEP 2 행렬 V^T 구하기

$$V^T = \begin{pmatrix} \dfrac{1}{\sqrt{3}} & v_{12} & v_{13} \\ v_{21} & -\dfrac{1}{\sqrt{2}} & v_{23} \\ v_{31} & 0 & \dfrac{2}{\sqrt{6}} \end{pmatrix}^T$$

$$= \begin{pmatrix} \dfrac{1}{\sqrt{3}} & \dfrac{1}{\sqrt{2}} & \dfrac{1}{\sqrt{6}} \\ \dfrac{1}{\sqrt{3}} & -\dfrac{1}{\sqrt{2}} & \dfrac{1}{\sqrt{6}} \\ -\dfrac{1}{\sqrt{3}} & 0 & \dfrac{2}{\sqrt{6}} \end{pmatrix}^T$$

$\therefore v_{12} = \dfrac{1}{\sqrt{2}}$, $v_{23} = \dfrac{1}{\sqrt{6}}$, $v_{31} = -\dfrac{1}{\sqrt{3}}$

STEP 3 행렬 U 구하기

$$AA^T = \begin{pmatrix} 1 & 1 & -1 \\ 1 & 1 & -1 \end{pmatrix} \begin{pmatrix} 1 & 1 \\ 1 & 1 \\ -1 & -1 \end{pmatrix} = \begin{pmatrix} 3 & 3 \\ 3 & 3 \end{pmatrix}$$

이므로

$$U = \dfrac{1}{\sqrt{2}} \begin{pmatrix} 1 & 1 \\ 1 & -1 \end{pmatrix}$$

$\therefore u_{11} = \dfrac{1}{\sqrt{2}}$

| 다른 풀이 |

$$\begin{pmatrix} u_{11} \\ u_{21} \end{pmatrix} = \dfrac{1}{\sigma_1} A \begin{pmatrix} v_{11} \\ v_{21} \\ v_{31} \end{pmatrix} = \dfrac{1}{\sqrt{6}} \begin{pmatrix} 1 & 1 & -1 \\ 1 & 1 & -1 \end{pmatrix} \dfrac{1}{\sqrt{3}} \begin{pmatrix} 1 \\ 1 \\ -1 \end{pmatrix}$$

$$= \dfrac{1}{\sqrt{18}} \begin{pmatrix} 3 \\ 3 \end{pmatrix} = \dfrac{1}{\sqrt{2}} \begin{pmatrix} 1 \\ 1 \end{pmatrix}$$

$\therefore u_{11} = \dfrac{1}{\sqrt{2}}$

STEP 4 주어진 값 구하기

$u_{11}^2 + (\sigma_{12}^2 + \sigma_{13}^2 + \sigma_{21}^2 + \sigma_{23}^2) + (v_{12}^2 + v_{23}^2 + v_{31}^2)$

$= \dfrac{1}{2} + 0 + \dfrac{1}{2} + \dfrac{1}{6} + \dfrac{1}{3} = 1 + \dfrac{1}{2} = \dfrac{3}{2}$

고득점 KEY

특이값 분해

(1) $m \times n$ 실수 행렬 A은 항상 다음과 같은 형태로 분해할 수 있다.

$$A = U\Sigma V^T$$

이때, U는 AA^T의 고유벡터를 열벡터로 갖는 $m \times m$ 직교행렬, Σ는 특이값을 대각원소로 갖는 $m \times n$ 대각행렬, V는 A^TA의 고유벡터를 열벡터로 갖는 $n \times n$ 직교행렬이다.

(2) A^TA와 AA^T는 대칭행렬이므로 고윳값을 갖고, 이 고윳값들의 양의 제곱근들을 A의 특이값이라 한다.

(3) 특이값은 보통 큰 것부터 나열한다.

$\sigma_1 \geq \sigma_2 \geq \cdots \geq \sigma_r \geq 0$

51 공학수학 ①

$$f(t) = \mathcal{L}^{-1}\left\{\dfrac{s-1}{(s+2)^2}\right\}$$

$$= e^{-2t}\mathcal{L}^{-1}\left\{\dfrac{s-3}{s^2}\right\}$$

$$= e^{-2t}\mathcal{L}^{-1}\left\{\dfrac{1}{s} - \dfrac{3}{s^2}\right\} = e^{-2t}(1-3t)$$

이므로 $f(1) = -2e^{-2}$이다.

52 공학수학 ②

(i) 제차 미분방정식 $y'' + 5y' + 4y = 0$의 보조방정식이

$t^2 + 5t + 4 = 0 \Leftrightarrow (t+1)(t+4) = 0$이므로 일반해는

$y = c_1 e^{-t} + c_2 e^{-4t}$이다.

(ii) 역연산자에 의하여

$$y_p = \dfrac{1}{(D+1)(D+4)}\{6e^{-t}\} = 2te^{-t}$$이다.

(i), (ii)에 의하여 일반해는 $y = c_1 e^{-t} + c_2 e^{-4t} + 2te^{-t}$이고

초기조건 $y(0) = 2$, $y'(0) = 3$을 대입하면

$c_1 = 3$, $c_2 = -1$이므로 $y = 3e^{-t} - e^{-4t} + 2te^{-t}$이다.

그러므로 $y(1) = 5e^{-1} - e^{-4}$이다.

53 공학수학 ③

제차 코시-오일러 미분방정식 $x^2 y'' - 15xy' + 68y = 0$의

보조방정식이

$t(t-1) - 15t + 68 = 0 \Leftrightarrow t^2 - 16t + 68 = 0$

$\Rightarrow t = 8 \pm 2i$

이므로 일반해는

$y = x^8\{c_1\cos(2\ln x) + c_2\sin(2\ln x)\}$이다.

초기조건 $y(1) = 3$, $y'(1) = 30$을 대입하면

$c_1 = 3$, $c_2 = 3$이므로

$y = x^8\{3\cos(2\ln x) + 3\sin(2\ln x)\}$이다.

$\therefore y(e^{\frac{\pi}{8}}) = e^{\pi}(3\cos(2\ln e^{\frac{\pi}{8}}) + 3\sin(2\ln e^{\frac{\pi}{8}})) = 3\sqrt{2}e^{\pi}$

54 공학수학 ④

$\begin{cases} x'(t) = x(t) + y(t) \\ y'(t) = -x(t) + y(t) \end{cases} \Leftrightarrow \begin{cases} (D-1)x - y = 0 \\ x + (D-1)y = 0 \end{cases}$

$\Leftrightarrow \begin{cases} (D-1)^2 x - (D-1)y = 0 \\ x + (D-1)y = 0 \end{cases}$

$\Rightarrow (D^2 - 2D + 2)x = 0$

따라서 $x(t) = e^t \{c_1 \cos t + c_2 \sin t\}$ 이고

$y(t) = x'(t) - x(t)$
$= e^t\{c_1 \cos t + c_2 \sin t\} + e^t\{-c_1 \sin t + c_2 \cos t\}$
$\quad - e^t\{c_1 \cos t + c_2 \sin t\}$
$= e^t\{-c_1 \sin t + c_2 \cos t\}$

이므로 초기조건 $\begin{pmatrix} x(0) \\ y(0) \end{pmatrix} = \begin{pmatrix} 2 \\ 4 \end{pmatrix}$을 대입하면 $c_1 = 2$이고 $c_2 = 4$이다.

그러므로 $x(t) = e^t\{2\cos t + 4\sin t\}$이고 $x(\pi) = -2e^\pi$이다.

55 공학수학 ①

제차방정식 $y'' + y = 0$의 보조방정식이 $t^2 + 1 = 0$이므로 일반해는 $y_c = c_1 \cos x + c_2 \sin x$이다.

$y_1 = \cos x$, $y_2 = \sin x$이라 할 때

$W(x) = \begin{vmatrix} \cos x & \sin x \\ -\sin x & \cos x \end{vmatrix} = 1$,

$W_1 R(x) = \begin{vmatrix} 0 & \sin x \\ \sec x & \cos x \end{vmatrix} = -\tan x$,

$W_2 R(x) = \begin{vmatrix} \cos x & 0 \\ -\sin x & \sec x \end{vmatrix} = 1$이므로

$y_p = \cos x \int \frac{-\tan x}{1} dx + \sin x \int \frac{1}{1} dx$
$= \cos x \ln(\cos x) + x \sin x$

미분방정식 $y'' + y = \sec x$의 일반해는

$y = c_1 \cos x + c_2 \sin x + \cos x \ln(\cos x) + x \sin x$이고

초기조건 $y(0) = \ln 2$, $y\left(\frac{\pi}{3}\right) = \frac{\sqrt{3}}{6}\pi$을 대입하면

$c_1 = \ln 2$, $c_2 = 0$이므로

$y = (\ln 2)\cos x + \cos x \ln(\cos x) + x \sin x$이다.

그러므로 $y\left(\frac{\pi}{4}\right) = \frac{\sqrt{2}}{4}\ln 2 + \frac{\sqrt{2}}{8}\pi$이다.

56 신유형 & 고난도 공학수학 ④

STEP 1 첫 번째 해 구하기

미분방정식 $(x^2 - x)y'' + (3x-1)y' + y = 0$

즉, $y'' + \frac{3x-1}{x(x-1)}y' + \frac{1}{x(x-1)}y = 0$의 한 해를

$y(x) = \sum_{n=0}^\infty a_n x^n$이라 하고 주어진 미분방정식에 대입하면

$a_0 = a_1 = a_2 = \cdots$

$\therefore y = \frac{a_0}{x-1}$

첫 번째 해를 $y_1(x) = \frac{1}{x-1}$라 하자.

STEP 2 차수 축소법을 이용하여 두 번째 해 구하기

차수축소법에 의해

$y_2 = \frac{1}{x-1}\int (x-1)^2 e^{-\int \frac{3x-1}{x^2-x}dx} dx$

$= \frac{1}{x-1}\int (x-1)^2 e^{-\int \left(\frac{1}{x} + \frac{2}{x-1}\right)dx} dx$

$= \frac{1}{x-1}\int (x-1)^2 e^{-\ln(x(x-1)^2)} dx$

$= \frac{1}{x-1}\int (x-1)^2 \cdot \frac{1}{x(x-1)^2} dx$

$= \frac{1}{x-1}\int \frac{1}{x} dx = \frac{\ln x}{x-1}$

STEP 3 일반해 구하기

$y = \frac{c_1}{x-1} + \frac{c_2 \ln x}{x-1} = \frac{1}{x-1}(c_1 + c_2 \ln x)$,

$y' = -\frac{1}{(x-1)^2}(c_1 + c_2 \ln x) + \frac{c_2}{x(x-1)}$이다.

초기조건 $y\left(\frac{1}{2}\right) = 0$, $y'\left(\frac{1}{2}\right) = -12$에서

$c_1 = c_2 \ln 2$, $-c_1 + c_2(\ln 2 - 1) = -3$이므로

$c_1 = 3\ln 2$, $c_2 = 3$이다.

따라서 $y(x) = \frac{1}{x-1}(3\ln 2 + 3\ln x)$

STEP 4 $y\left(\frac{1}{4}\right)$의 값 구하기

$y\left(\frac{1}{4}\right) = \frac{1}{\frac{1}{4} - 1}\left(3\ln 2 + 3\ln \frac{1}{4}\right)$

$= -\frac{4}{3}(3\ln 2 - 6\ln 2) = 4\ln 2$

고득점 KEY

차수 축소법

(1) 하나의 해를 알고 있을 때 이 해와 일차독립인 두 번째 해를 구하는 방법

(2) 2계 선형미분방정식 $y'' + P(x)y' + Q(x)y = 0$에 대하여 $P(x)$와 $Q(x)$는 어떤 구간 I에서 연속이다. $y_1(x)$를 구간 I에서 주어진 미분방정식의 알려진 해라고 하고 구간 I의 모든 x에 대하여 $y_1(x) \neq 0$이라 하면 두 번째 해는 다음과 같다.

$y_2 = y_1(x)\int \frac{e^{-\int P(x)dx}}{y_1^2(x)}dx$

57 다변수 미적분

$u = xy$, $v = yz$, $w = zx$로 변수변환하면

$$|J| = \frac{1}{\left\| \begin{matrix} y & x & 0 \\ 0 & z & y \\ z & 0 & x \end{matrix} \right\|} = \frac{1}{2\sqrt{uvw}}$$

이고

$1 \leq u \leq 4$, $4 \leq v \leq 16$, $1 \leq w \leq 9$이다.

$$V = \iiint_T 1\, dxdydz$$
$$= \frac{1}{2} \int_1^4 \int_4^{16} \int_1^9 (uvw)^{-\frac{1}{2}} dudvdw$$
$$= \frac{1}{2} \int_1^4 u^{-\frac{1}{2}} du \int_4^{16} v^{-\frac{1}{2}} dv \int_1^9 w^{-\frac{1}{2}} dw$$
$$= 4 \left[u^{\frac{1}{2}} \right]_1^4 \left[v^{\frac{1}{2}} \right]_4^{16} \left[w^{\frac{1}{2}} \right]_1^9$$
$$= 4(2-1)(4-2)(3-1) = 16$$

58 적분법

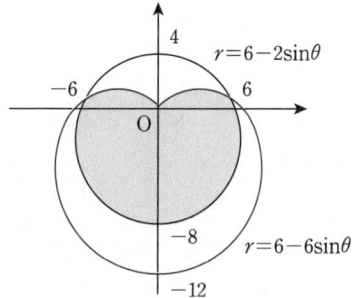

극곡선 $r = 6 - 6\sin\theta$과 $r = 6 - 2\sin\theta$를 연립하면
$6 - 6\sin\theta = 6 - 2\sin\theta \Leftrightarrow \sin\theta = 0$이므로 $\theta = 0$과 $\theta = \pi$이고 그래프를 그려보면 위와 같다.

따라서 곡선 $r = 6 - 6\sin\theta$의 내부와 곡선 $r = 6 - 2\sin\theta$의 내부에 공통으로 포함되는 부분의 넓이를 A라고 하면

A
$$= \left\{ \frac{1}{2} \int_0^{\frac{\pi}{2}} (6 - 6\sin\theta)^2 d\theta + \frac{1}{2} \int_\pi^{\frac{3}{2}\pi} (6 - 2\sin\theta)^2 d\theta \right\} \times 2$$
$$= \int_0^{\frac{\pi}{2}} (36 - 72\sin\theta + 36\sin^2\theta) d\theta$$
$$\qquad + \int_\pi^{\frac{3}{2}\pi} (36 - 24\sin\theta + 4\sin^2\theta) d\theta$$
$$= 36 \times \frac{\pi}{2} - 72 + 36 \times \frac{\pi}{4} + 36 \times \frac{\pi}{2} - 24 \times (-1) + 4 \times \frac{\pi}{4}$$
$$= 46\pi - 48$$

따라서 $a = 46$, $b = 48$이고 $a + b = 94$이다.

59 공학수학

$y' + \frac{4}{x}y = 3y^2$에서 $u = y^{-1}$으로 치환하면

$u' - \frac{4}{x}u = -3$는 일계선형미분방정식이므로

$$u = e^{\int \frac{4}{x} dx} \left[\int (-3) e^{-\int \frac{4}{x} dx} dx + C \right]$$
$$= e^{4\ln x} \left[\int (-3) e^{-4\ln x} dx + C \right]$$
$$= x^4 \left[\int -\frac{3}{x^4} dx + C \right]$$
$$= x^4 (x^{-3} + C) = x + Cx^4$$
$$\Rightarrow y = \frac{1}{x + Cx^4}$$

초기조건 $y(1) = \frac{1}{3}$에서 $C = 2$

따라서 $y(x) = \frac{1}{x + 2x^4} \Rightarrow y(2) = \frac{1}{34}$

$\therefore p + q = 35$

60 선형대수

$$A = \begin{pmatrix} 1 & -1 \\ 1 & 1 \end{pmatrix} \begin{pmatrix} \cos\theta & -\sin\theta \\ \sin\theta & \cos\theta \end{pmatrix}$$
$$= \sqrt{2} \begin{pmatrix} \cos\frac{\pi}{4} & -\sin\frac{\pi}{4} \\ \sin\frac{\pi}{4} & \cos\frac{\pi}{4} \end{pmatrix} \begin{pmatrix} \cos\theta & -\sin\theta \\ \sin\theta & \cos\theta \end{pmatrix}$$
$$= \sqrt{2} \begin{pmatrix} \cos\left(\frac{\pi}{4}+\theta\right) & -\sin\left(\frac{\pi}{4}+\theta\right) \\ \sin\left(\frac{\pi}{4}+\theta\right) & \cos\left(\frac{\pi}{4}+\theta\right) \end{pmatrix}$$

이므로

$$\phi_A^{25}(\vec{v}) = 2^{\frac{25}{2}} \begin{pmatrix} \cos\left(\frac{\pi}{4}+\theta\right) & -\sin\left(\frac{\pi}{4}+\theta\right) \\ \sin\left(\frac{\pi}{4}+\theta\right) & \cos\left(\frac{\pi}{4}+\theta\right) \end{pmatrix}^{25} \vec{v}$$
$$= 2^{\frac{25}{2}} \begin{pmatrix} \cos\left(\frac{25\pi}{4}+25\theta\right) & -\sin\left(\frac{25\pi}{4}+25\theta\right) \\ \sin\left(\frac{25\pi}{4}+25\theta\right) & \cos\left(\frac{25\pi}{4}+25\theta\right) \end{pmatrix} \vec{v}$$

x축 위의 모든 점을 x축 위의 점으로 보낼 때 회전각은 $n\pi$이므로

$$\frac{25\pi}{4} + 25\theta = n\pi \Leftrightarrow \frac{\pi}{4} + 25\theta = n\pi$$
$$\Leftrightarrow \theta = \frac{1}{25}\left(n - \frac{1}{4}\right)\pi$$

를 만족한다. 그러므로 양수 θ의 최솟값은

$\theta = \frac{1}{25}\left(1 - \frac{1}{4}\right)\pi = \frac{3}{100}\pi$이고 $p + q = 103$이다.

61 공학수학   13

시각 t에서 소금의 양을 y라고 할 때,

조건에 의하여 $y(0)=2$이고 $y'=0.3-\dfrac{2}{10+t}y$를 만족한다.

또한 $y'=0.3-\dfrac{2}{10+t}y \Leftrightarrow y'+\dfrac{2}{10+t}y=0.3$은 1계 선형 미분방정식이므로 일반해는

$$\begin{aligned} y &= e^{-\int \frac{2}{10+t}dt}\left\{\int \frac{3}{10}e^{\int \frac{2}{10+t}dt}dt+c\right\} \\ &= e^{-2\ln(t+10)}\left\{\int \frac{3}{10}e^{2\ln(t+10)}dt+c\right\} \\ &= \frac{1}{(t+10)^2}\left\{\frac{1}{10}(t+10)^3+c\right\} \text{이다.} \end{aligned}$$

초기조건 $y(0)=2$을 대입하면 $c=100$이므로
$y=\dfrac{1}{10}(t+10)+\dfrac{100}{(t+10)^2}$ 이다.

따라서 수조의 물이 20L가 되는 순간 소금의 양은 $y(10)=\dfrac{9}{4}$이고 $p+q=13$이다.

2024학년도 한양대학교

문항 수: 영어 35문항, 수학 25문항 | 제한시간: 130분

TEST p. 82~89

36	③	37	①	38	②	39	⑤	40	③	41	②	42	④	43	②	44	③	45	④
46	⑤	47	③	48	④	49	①	50	②	51	④	52	④	53	①	54	①	55	③
56	13	57	29	58	256	59	56	60	120										

36 적분법 ③

$u' = \sec x \tan x$, $v = x$로 부분적분하면

$$\int_0^{\frac{\pi}{4}} x \sec x \tan x \, dx$$

$$= [x \sec x]_0^{\frac{\pi}{4}} - \int_0^{\frac{\pi}{4}} \sec x \, dx$$

$$= \frac{\sqrt{2}}{4}\pi - [\ln(\sec x + \tan x)]_0^{\frac{\pi}{4}}$$

$$= \frac{\sqrt{2}}{4}\pi - \ln(\sqrt{2}+1)$$

이므로 $a = \frac{\sqrt{2}}{4}$이고 $a^2 = \frac{2}{16} = \frac{1}{8}$

37 미분법 ①

$x = \frac{\pi}{6}$에서 Taylor 급수전개하자.

$f'(x) = \cos 2x - 2x \sin 2x$,
$f''(x) = -2\sin 2x - 2\sin 2x - 4x \cos 2x$
$\quad = -4\sin 2x - 4x \cos 2x$,
$f^{(3)}(x) = -8\cos 2x - 4\cos 2x + 8x \sin 2x$
$\quad = -12\cos 2x + 8x \sin 2x$

이고 $a_1 = f'(x) = \cos 2x - 2x \sin 2x$에서

$f'\left(\frac{\pi}{6}\right) = \frac{1}{2} - 2 \cdot \frac{\pi}{6} \cdot \frac{\sqrt{3}}{2} = \frac{1}{2} - \frac{\sqrt{3}}{6}\pi$

$a_3 = \frac{f^{(3)}(x)}{3!}$에서 $6a_3 = f^{(3)}(x)$이므로

$6a_3 = -12 \cdot \frac{1}{2} + 8 \cdot \frac{\pi}{6} \cdot \frac{\sqrt{3}}{2} = -6 + \frac{2}{3}\sqrt{3}\pi$

∴ $a_1 + 6a_3 = -\frac{11}{2} + \frac{\sqrt{3}}{2}\pi$

∴ $A + B = -11 + 2 = -9$

| 다른 풀이 |

$f(x) = x \cos 2x$이라 할 때,

$x - \frac{\pi}{6} = t$라고 치환하면

$f(t) = \left(t + \frac{\pi}{6}\right) \cos\left(2t + \frac{\pi}{3}\right)$

$= \left(t + \frac{\pi}{6}\right)\left(\cos 2t \cos\frac{\pi}{3} - \sin 2t \sin\frac{\pi}{3}\right)$

$= \left(t + \frac{\pi}{6}\right)\left(\frac{1}{2}\cos 2t - \frac{\sqrt{3}}{2}\sin 2t\right)$

$= \left(t + \frac{\pi}{6}\right)\left(\frac{1}{2} - \sqrt{3}t - t^2 + \frac{2\sqrt{3}}{3}t^3 + \cdots\right)$ 이므로

$a_1 = \frac{1}{2} - \frac{\sqrt{3}}{6}\pi$이고 $a_3 = -1 + \frac{\sqrt{3}}{9}\pi$이다.

그러므로

$a_1 + 6a_3 = \left(\frac{1}{2} - \frac{\sqrt{3}}{6}\pi\right) + 6\left(-1 + \frac{\sqrt{3}}{9}\right)\pi$

$= -\frac{11}{2} + \frac{\sqrt{3}}{2}\pi$

이고 $A + B = -11 + 2 = -9$이다.

38 다변수 미적분 ②

$f'(x) = 3x^2 - 6x + 2$이므로 $x = \frac{3 \pm \sqrt{3}}{3}$에서 임계점을 가지고, $f''(x) = 6x - 6$이므로 $f''\left(\frac{3 \pm \sqrt{3}}{3}\right) = \pm 2\sqrt{3}$이다.

따라서 임계수에서 곡률 값은

$\kappa\left(\frac{3 \pm \sqrt{3}}{3}\right) = \dfrac{\left|f''\left(\frac{3 \pm \sqrt{3}}{3}\right)\right|}{\left[1 + \left\{f'\left(\frac{3 \pm \sqrt{3}}{3}\right)\right\}^2\right]^{\frac{3}{2}}} = 2\sqrt{3}$ 이다.

39 다변수 미적분 ⑤

$f_x(x,y) = -6x + 7y$, $f_y(x,y) = 7x + 6y - 6y^2$이므로

임계점은 $(x,y) = (0,0)$과 $(x,y) = \left(\frac{595}{216}, \frac{85}{36}\right)$이다.

또 $f_{xx}(x,y) = -6$, $f_{xy}(x,y) = 7$, $f_{yy}(x,y) = 6 - 12y$

이므로 점 $(0,0)$에서

$|f_{xx}(0,0)f_{yy}(0,0)-\{f_{xy}(0,0)\}^2|=85$이고

점 $\left(\dfrac{595}{216},\dfrac{85}{36}\right)$에서

$\left|f_{xx}\left(\dfrac{595}{216},\dfrac{85}{36}\right)f_{yy}\left(\dfrac{595}{216},\dfrac{85}{36}\right)-\left\{f_{xy}\left(\dfrac{595}{216},\dfrac{85}{36}\right)\right\}^2\right|=85$

이다. 그러므로 모든 임계점에서의

$|f_{xx}f_{yy}-(f_{xy})^2|$의 값들의 합은 $85+85=170$이다.

40 다변수 미적분 ③

구면 좌표계와 같으므로

$(x,y,z)=\left(\dfrac{1}{8},\dfrac{\sqrt{3}}{8},\dfrac{\sqrt{3}}{4}\right)$이면 $(u,v,w)=\left(\dfrac{1}{2},\dfrac{\pi}{6},\dfrac{\pi}{3}\right)$

이고

$\dfrac{\partial(x,y,z)}{\partial(u,v,w)}=u^2\sin v$이므로

$(x,y,z)=\left(\dfrac{1}{8},\dfrac{\sqrt{3}}{8},\dfrac{\sqrt{3}}{4}\right)$에서

$\left|\dfrac{\partial(x,y,z)}{\partial(u,v,w)}\right|=|u^2\sin v|_{\left(\frac{1}{2},\frac{\pi}{6},\frac{\pi}{3}\right)}=\dfrac{1}{4}\times\dfrac{1}{2}=\dfrac{1}{8}$이다.

41 다변수 미적분 ②

$f(x,y,z)=x^2+y^2-z$라고 할 때,

$\nabla f(x,y,z)=(2x,2y,-1)\Rightarrow\nabla f(1,1,2)=(2,2,-1)$

이므로 접평면의 방정식은 $2x+2y-z=2$이다.

$\therefore a+b+c=3$

42 공학수학 ④

벡터장 $F(x,y)=(6xy+e^x,3x^2)$에 대하여

$\dfrac{\partial}{\partial x}(3x^2)=6x=\dfrac{\partial}{\partial y}(6xy+e^x)$이므로

보존적 벡터장이다. 그러므로 선적분의 값은

$\int_C F\cdot dr=\left[3x^2y+e^x\right]_{(0,0)}^{(-1,3)}=8+e^{-1}$이고

$8+e^{-1}$과 가장 가까운 정수는 8이다.

43 적분법 ②

$\int_0^{2\pi}\cos^4\theta d\theta = 4\times\int_0^{\frac{\pi}{2}}\cos^4\theta d\theta$

$= 4\times\dfrac{3}{4}\times\dfrac{1}{2}\times\dfrac{\pi}{2}$

$= \dfrac{3}{4}\pi$ ($\because$ wallis 공식)

이므로 가장 가까운 정수는 2이다.

44 선형대수 ③

ㄱ. $U_1\oplus U_2=W_1\oplus W_2$이면 $U_1\cap U_2=\{\vec{O}\}$이고

$W_1\cap W_2=\{\vec{O}\}$이므로

$\dim(U_1\oplus U_2)=\dim(W_1\oplus W_2)$

$\Leftrightarrow \dim(U_1)+\dim(U_2)=\dim(W_1)+\dim(W_2)$

를 만족한다. 또한 $U_1\leq W_1,\ U_2\leq W_2$이면

$\dim(U_1)\leq\dim(W_1),\ \dim(U_2)\leq\dim(W_2)$

이 성립한다. 따라서

$\dim(U_1)+\dim(U_2)=\dim(W_1)+\dim(W_2)$과

$\dim(U_1)\leq\dim(W_1),\ \dim(U_2)\leq\dim(W_2)$

이 성립하려면

$\dim(U_1)=\dim(W_1),\ \dim(U_2)=\dim(W_2)$이다.

그러므로 $U_1=W_1,\ U_2=W_2$이다. (참)

ㄴ. 행렬 A와 B가 행동등(row equivalent)일 때, 행렬 A의 1, 3, 4, 5열이 열공간의 기저를 이루지만 행렬 A의 1열과 2열이 평행하므로 행렬 A의 2, 3, 4, 5열은 열공간의 기저를 이룰 수 있다. (참)

ㄷ. [반례] $T(x,y,z)=(y+z,0,0)$이라 하면

$\text{Im}\,T=\text{span}\langle(1,0,0)\rangle$이고

$\ker T=\langle(1,0,0),(0,1,-1)\rangle$이므로

$\text{Im}\,T\cap\ker T=\{(1,0,0)\}\neq\vec{O}$이다. 따라서,

$V=\ker T\oplus\text{Im}\,T$이 성립하지 않는다. (거짓)

ㄹ. 3×3행렬 A의 고윳값이 1, 2, 3이면 A는 가역행렬이고 A의 역행렬의 고윳값은 $1,\dfrac{1}{2},\dfrac{1}{3}$이다. (참)

45 선형대수 ④

$T(0,1,1)=1(0,1,1)+0(0,1,0)+0(1,1,0)$
$\quad\quad\quad\quad=(0,1,1)$

$T(0,1,0)=-6(0,1,1)+3(0,1,0)+5(1,1,0)$
$\quad\quad\quad\quad=(5,2,-6)$

$T(1,1,0)=-4(0,1,1)+0(0,1,0)+2(1,1,0)$
$\quad\quad\quad\quad=(2,-2,-4)$

이므로

$T(3,3,1)=T\{(0,1,1)-(0,1,0)+3(1,1,0)\}$
$\quad\quad\quad=T(0,1,1)-T(0,1,0)+3T(1,1,0)$
$\quad\quad\quad=(0,1,1)-(5,2,-6)+3(2,-2,-4)$
$\quad\quad\quad=(1,-7,-5)$

이다. 따라서 $|p|+|q|+|r|=1+7+5=13$

46 선형대수 ⑤

행렬 B는 행렬 A와 닮은 대각행렬이므로
행렬 P는 행렬 A에 대한 고유벡터를 열로 받아 만든 행렬이다.

따라서 행렬 A의 고윳값 2에 대응하는 고유벡터는 행렬 P의 2열과 같으므로 $\langle 0, 5, 1, -2 \rangle$이다. 그러므로
$a^2+b^2+c^2 = 0+25+4 = 29$이다.

47 선형대수 ③

$W = span\{\langle 1,1,0,0 \rangle, \langle 1,1,1,0 \rangle\}$
$\quad = span\{\langle 1,1,0,0 \rangle, \langle 0,0,1,0 \rangle\}$

이므로
$proj_W \langle 4,3,2,1 \rangle$
$= proj_{\langle 1,1,0,0 \rangle}\langle 4,3,2,1 \rangle + proj_{\langle 0,0,1,0 \rangle}\langle 4,3,2,1 \rangle$
$= \dfrac{7}{2}\langle 1,1,0,0 \rangle + \dfrac{2}{1}\langle 0,0,1,0 \rangle$
$= \left\langle \dfrac{7}{2}, \dfrac{7}{2}, 2, 0 \right\rangle$

이다. 따라서
$proj_{W^\perp}\langle 4,3,2,1 \rangle = \langle 4,3,2,1 \rangle - proj_W \langle 4,3,2,1 \rangle$
$\qquad\qquad\qquad\quad = \langle 4,3,2,1 \rangle - \left\langle \dfrac{7}{2}, \dfrac{7}{2}, 2, 0 \right\rangle$
$\qquad\qquad\qquad\quad = \left\langle \dfrac{1}{2}, -\dfrac{1}{2}, 0, 1 \right\rangle$

이고 $10(a^2+b^2+c^2+d^2) = 10\left(\dfrac{1}{4}+\dfrac{1}{4}+0+1\right) = 15$이다.

48 신유형 & 고난도 선형대수 ④

STEP 1 $p(A) = O$를 만족하는 다항식 $p(x)$ 구하기

(나)에서
$A^4 - 4A^3 + 5A^2 - 8A + 6I = O$ 이므로
케일리-해밀턴 정리에 의하여
$p(x) = x^4 - 4x^3 + 5x^2 - 8x + 6 = 0$

STEP 2 차수가 가장 낮은 다항식 $m(x)$ 구하기

$A^4 - 4A^3 + 5A^2 - 8A + 6I = O$
$\Leftrightarrow (A-3I)(A-I)(A^2+2I) = O$

이고 (다)에 의하여
$(A-3I)(A-I)(A^2+2I) = O$
$\Rightarrow (A-I)(A^2+2I) = O$

이 성립한다.
(가)에 의하여
$A \neq I$, $A^2 \neq -2I$이므로
행렬 A의 최소다항식은 $m(x) = (x-1)(x^2+2)$이다.

STEP 3 $m(3)$의 값 구하기

$m(3) = 2 \times 11 = 22$이다.

고득점 KEY

최소다항식

$n \times n$ 행렬 A와 다항식 $m(x)$가 다음 조건을 만족한다고 하자.
① $m(x)$의 최고차항의 계수는 1이다.
② $m(x)$는 $m(A) = O$를 만족하도록 하는 다항식 중 차수가 가장 작은 다항식이다.

그러면 $m(x)$를 $n \times n$ 행렬 A의 최소다항식이라 정의한다.

49 신유형 & 고난도 선형대수 ①

STEP 1 행렬 A의 고윳값 구하기

최소다항식 $m(x) = (x-1)(x^2+2)$ 이므로 고윳값은 1과 $\pm\sqrt{2}i$이다.

STEP 2 특성다항식 구하기

$\dim(E(1)) = (A-I)$의 열의 수$) - rank(A-I) > 1$
즉, 고윳값이 1에 대한 고유공간의 차원(기하적 중복도)이 1보다 크므로 대수적 중복도도 1보다 크다.
특성다항식 $f(x)$의 차수가 5이므로
$f(x) = (x-1)^3(x^2+2)$이다.
그러므로 $f(2) = 1 \times 6 = 6$이다.

고득점 KEY

최소다항식과 특성다항식의 관계

$n \times n$ 행렬 A의 특성다항식이
$p(x) = \prod_{i=1}^{k}(x-\lambda_i)^{m_i}$ (이때, $m_i \geq 1$)

일 때, 최소다항식은
$m(x) = \prod_{i=1}^{k}(x-\lambda_i)^{d_i}$ (단, $1 \leq d_i \leq m_i$)

50 공학수학 ②

$\dfrac{dy}{dx} = 4+6x+2y+3xy \Leftrightarrow \dfrac{dy}{dx} - (3x+2)y = 4+6x$

는 1계 선형 미분방정식이므로 일반해는
$y = e^{\int(3x+2)dx}\left\{\int(4+6x)e^{-\int(3x+2)dx}dx + c\right\}$
$\Leftrightarrow y = e^{\frac{3}{2}x^2+2x}\left\{\int(4+6x)e^{-\left(\frac{3}{2}x^2+2x\right)}dx + c\right\}$
$\Leftrightarrow y = -2 + ce^{\frac{3}{2}x^2+2x}$

이다. 초기 조건 $y(0) = 3$을 대입하면 $c=5$이므로
$y = -2 + 5e^{\frac{3}{2}x^2+2x}$

따라서 $y(1) = -2 + 5e^{\frac{7}{2}}$이다.

51 공학수학 ⑤

$y\dfrac{dy}{dx}=3x+\dfrac{y^2}{x} \Leftrightarrow (3x^2+y^2)dx-(xy)dy=0$은

동차 미분 방정식이므로 $y=ux$로 치환하면
$(3x^2+y^2)dx-(xy)dy=0$
$\Rightarrow \{3x^2+u^2x^2\}dx-\{x(ux)\}\{xdu+udx\}=0$
$\Leftrightarrow \{3x^2+u^2x^2-u^2x^2\}dx-ux^3du=0$
$\Leftrightarrow 3x^2dx-ux^3du=0$
$\Leftrightarrow 3\dfrac{1}{x}dx-udu=0$

이 성립한다. 또한 $3\dfrac{1}{x}dx-udu=0$은 변수분리형이므로 일반해는

$3\ln x-\dfrac{1}{2}u^2=c \Leftrightarrow 6\ln x+c=u^2$
$\Leftrightarrow \left(\dfrac{y}{x}\right)^2=6\ln x+c$
$\Leftrightarrow y^2=x^2(6\ln x+c)$

이다. 초기 조건 $y(1)=5$를 대입하면
$c=25$이고 $y=x\sqrt{6\ln x+25}$이다.
그러므로 $y(e)=e\sqrt{31}$이다.

52 공학수학 ④

$x-1=w$라고 치환하면
$(x-1)^2\dfrac{d^2y}{dx^2}-3(x-1)\dfrac{dy}{dx}+3y=0$
$\Rightarrow w^2\dfrac{d^2y}{dw^2}-3w\dfrac{dy}{dw}+3y=0$

이고, 특성 방정식은
$t(t-1)-3t+3=0 \Leftrightarrow (t-1)(t-3)=0$
이므로 일반해는
$y(w)=c_1w+c_2w^3 \Rightarrow y(x)=c_1(x-1)+c_2(x-1)^3$
초기 조건 $y(2)=1$, $y(3)=14$을 대입하면
$c_1=-1$, $c_2=2$이므로
$y(x)=-(x-1)+2(x-1)^3$이다.
그러므로 $y(0)=1-2=-1$이고 $y(4)=-3+54=51$이므로
$y(0)+y(4)=50$이다.

53 공학수학 ①

(ⅰ) $y_p=\dfrac{1}{D^2+24}\{\cos 7t\}$
$=Re\left[\dfrac{1}{D^2+24}\{e^{7it}\}\right]$
$=Re\left[-\dfrac{1}{25}\{e^{7it}\}\right]$
$=Re\left[-\dfrac{1}{25}\{\cos 7t+i\sin 7t\}\right]$
$=-\dfrac{1}{25}\cos 7t$

(ⅱ) $y_p=\dfrac{1}{D^2+24}\{\sin 7t\}$
$=Im\left[\dfrac{1}{D^2+24}\{e^{7it}\}\right]$
$=Im\left[-\dfrac{1}{25}\{e^{7it}\}\right]$
$=Im\left[-\dfrac{1}{25}\{\cos 7t+i\sin 7t\}\right]$
$=-\dfrac{1}{25}\sin 7t$

(ⅰ), (ⅱ)에 의하여

$\dfrac{d^2y}{dt^2}+24y=\cos 7t-\sin 7t$의 특수해는

$y_p=-\dfrac{1}{25}(\cos 7t-\sin 7t)$
$=-\dfrac{\sqrt{2}}{25}\cos\left(7t+\dfrac{\pi}{4}\right)$이고,

$A=-\dfrac{\sqrt{2}}{25}$, $\alpha=-\dfrac{\pi}{4}$이므로

$A+\alpha=-\dfrac{\sqrt{2}}{25}-\dfrac{\pi}{4}$이다.

54 공학수학 ①

2계 선형 미분방정식의 해는 일차독립인 두 제차해와 특수해의 일차결합으로 나타난다. 따라서, $L[y]=f(x)$의 3개의 해가
$y_1(x)=2e^x+e^{x^2}$, $y_2(x)=3e^x+e^{x^2}$,
$y_3(x)=4e^x+e^{x^2}+5e^{-x^3}$이므로
일반해는 $y=c_1e^x+c_2e^{-x^3}+e^{x^2}$이다.
초기 조건 $y(0)=-3$, $y'(0)=1$을 대입하면
$c_1=1$, $c_2=-5$이므로 $y=e^x-5e^{-x^3}+e^{x^2}$이다.
$\therefore y(1)+y(-1)=(e-5e^{-1}+e)+(e^{-1}-5e+e)$
$=-2e-4e^{-1}$

55 공학수학 ③

제차방정식 $y''-4y=0$의 보조방정식은
$t^2-4=0 \Leftrightarrow (t+2)(t-2)=0$이므로 보조해는
$y=c_1e^{2t}+c_2e^{-2t}$이다.

(ⅰ) $\dfrac{d^2y}{dt^2}-4y=t$에 대한 특수해를 y_{p_1}이라 하면

$y_{p_1}=\dfrac{1}{D^2-4}\{t\}=-\dfrac{1}{4}\dfrac{1}{1-\dfrac{D^2}{4}}\{t\}$

$$= -\frac{1}{4}\left(1 + \frac{D^2}{4} + \cdots\right)\{t\}$$
$$= -\frac{1}{4}t$$

(ii) $\dfrac{d^2y}{dt^2} - 4y = te^t$에 대한 특수해를 y_{p_2}라고 하면

$$y_{p_2} = \frac{1}{(D+2)(D-2)}\{te^t\}$$
$$= e^t \frac{1}{(D+3)(D-1)}\{t\}$$
$$= e^t \frac{1}{D^2 + 2D - 3}\{t\}$$
$$= -\frac{1}{3}e^t \frac{1}{1 - \frac{2}{3}D - \frac{1}{3}D^2}\{t\}$$
$$= -\frac{1}{3}e^t\left\{1 + \left(\frac{2}{3}D + \frac{1}{3}D^2\right) + \cdots\right\}\{t\}$$
$$= -\frac{1}{3}e^t\left(t + \frac{2}{3}\right)$$

따라서, $\dfrac{d^2y}{dt^2} - 4y = t + te^t$의 일반해는

$$y = c_1 e^{2t} + c_2 e^{-2t} - \frac{1}{4}t - \frac{1}{3}te^t - \frac{2}{9}e^t \text{이다.}$$

초기조건 $y(0) = -\dfrac{2}{9}$, $y'(0) = \dfrac{4}{9}$을 대입하면

$c_1 = \dfrac{5}{16}$, $c_2 = -\dfrac{5}{16}$이므로

$$y = \frac{5}{16}e^{2t} - \frac{5}{16}e^{-2t} - \frac{1}{4}t - \frac{1}{3}te^t - \frac{2}{9}e^t \text{이다.}$$

$$\therefore y(1) = \frac{5}{16}e^2 - \frac{5}{16}e^{-2} - \frac{1}{4} - \frac{1}{3}e - \frac{2}{9}e$$
$$= \frac{5}{16}(e^2 - e^{-2}) - \frac{5}{9}e - \frac{1}{4}$$

56 공학수학   13

곡선 $r(t) = (\cos t, \sin t, 4 - \cos t)$은 $x^2 + y^2 = 1$과 평면 $z = 4 - x$가 만나서 생기는 곡선이고

$$curl F = \begin{vmatrix} \vec{i} & \vec{j} & \vec{k} \\ \frac{\partial}{\partial x} & \frac{\partial}{\partial y} & \frac{\partial}{\partial z} \\ y^6 & x^5 & z^3 \end{vmatrix}$$
$$= \vec{i} \cdot 0 - \vec{j} \cdot 0 + \vec{k} \cdot (5x^4 - 6y^5)$$

에서 $ndS = (1, 0, 1)dA$이므로 스토크스 정리에 의하여

$$\int_0^{2\pi} F(r(t)) \cdot r'(t) dt$$
$$= \iint_S curl F \cdot n dS$$
$$= \iint_D (0, 0, 5x^4 - 6y^5) \cdot (1, 0, 1) dA$$
$$= \iint_D (5x^4 - 6y^5) dA$$

$$= \int_0^1 \int_0^{2\pi} (5r^4 \cos^4\theta - 6\sin^5\theta) r dr d\theta$$
$$= \int_0^1 \int_0^{2\pi} (5r^5 \cos^4\theta - 6r^6 \sin^5\theta) d\theta dr$$
$$= \frac{5}{6} \times 4 \times \frac{3}{4} \times \frac{1}{2} \times \frac{\pi}{2} - \frac{6}{7} \times 0 = \frac{5}{8}\pi$$

그러므로 $a + b = 8 + 5 = 13$이다.

| 다른 풀이 |

선적분의 정의에 의해

$$\int_0^{2\pi} (\sin^6 t, \cos^5 t, (4 - \cos t)^3)$$
$$\cdot (-\sin t, \cos t, \sin t) dt$$
$$= \int_0^{2\pi} \{-\sin^7 t + \cos^6 t + \sin t(4 - \cos t)^3\} dt$$
$$= \int_0^{2\pi} \cos^6 t dt \quad (\because -\sin^7 t, \sin t(4 - \cos t)\text{는 기함수})$$
$$= 4 \times \frac{5}{6} \cdot \frac{3}{4} \cdot \frac{1}{2} \cdot \frac{\pi}{2} = \frac{5}{8}\pi$$

57 공학수학   29

구면 $x^2 + y^2 + z^2 = 1$의 내부 영역을 T라고 할 때, 영역 T에서 벡터장 $F(x, y, z)$가 해석적이므로 가우스 발산정리에 의하여

$$\iint_S F \cdot n dS = \iiint_T \text{div} F dV$$
$$= \iiint_T (6x^2 + 6y^2 + 6z^2) dV$$
$$= 6 \int_0^{2\pi} \int_0^{\pi} \int_0^1 \rho^2 \rho^2 \sin\phi d\rho d\phi d\theta$$
$$= 6 \times 2\pi \times 2 \times \frac{1}{5}$$
$$= \frac{24}{5}\pi$$

이다. 그러므로 $a + b = 5 + 24 = 29$이다.

58 선형대수   256

$adj A = |A| A^{-1}$이므로

$|adj(adj A)| = ||adj A|(adj A)^{-1}| = |A|^{(n-1)^2}$이다.

또한 $A = \begin{pmatrix} 2 & -4 & 6 \\ 1 & -1 & -2 \\ 4 & -8 & 14 \end{pmatrix}$에 대하여

$|A| = \begin{vmatrix} 2 & -4 & 6 \\ 1 & -1 & -2 \\ 4 & -8 & 14 \end{vmatrix} = \begin{vmatrix} 2 & -2 & 10 \\ 1 & 0 & 0 \\ 4 & -4 & 22 \end{vmatrix} = 4$이므로

$|adj(adj A)| = 4^4 = 2^8 = 256$이다.

59 선형대수   56

$4x^2 - 2\sqrt{2}\,xy + 3y^2 - 20 = 0$

$\Leftrightarrow (x\ y)\begin{pmatrix} 4 & -\sqrt{2} \\ -\sqrt{2} & 3 \end{pmatrix}\begin{pmatrix} x \\ y \end{pmatrix} = 20$

이고 행렬 $\begin{pmatrix} 4 & -\sqrt{2} \\ -\sqrt{2} & 3 \end{pmatrix}$에 대하여

$\begin{vmatrix} 4-\lambda & -\sqrt{2} \\ -\sqrt{2} & 3-\lambda \end{vmatrix} = \lambda^2 - 7\lambda + 10 = (\lambda-2)(\lambda-5)$

이므로 주축정리에 의하여

$4x^2 - 2\sqrt{2}\,xy + 3y^2 - 20 = 0$

$\Rightarrow 2x^2 + 5y^2 = 20 \Leftrightarrow \dfrac{x^2}{10} + \dfrac{y^2}{4} = 1$

이 성립한다.

따라서 타원 $4x^2 - 2\sqrt{2}\,xy + 3y^2 - 20 = 0$의

장축의 길이는 $2\sqrt{10}$, 단축의 길이는 4이므로

$a^2 + b^2 = 40 + 16 = 56$이다.

60 공학수학   120

(ⅰ) 보조 방정식이

  $t^3 - 7t + 6 = 0 \Leftrightarrow (t-1)(t-2)(t+3) = 0$이므로

  보조해는 $y = c_1 e^t + c_2 e^{2t} + c_3 e^{-3t}$이다.

  초기 조건 $y(0) = 1$, $y'(0) = 2$, $y''(0) = 3$을

  대입하면 $c_1 = \dfrac{1}{4}$, $c_2 = \dfrac{4}{5}$, $c_3 = -\dfrac{1}{20}$이므로

  $y = \dfrac{1}{4}e^t + \dfrac{4}{5}e^{2t} - \dfrac{1}{20}e^{-3t}$이다.

  그러므로 $y(1) = \dfrac{1}{4}e + \dfrac{4}{5}e^2 - \dfrac{1}{20}e^{-3}$이다.

(ⅱ) $y''' - 7y' + 6y = 0 \Leftrightarrow y''' = 7y' - 6y$이므로

  $Y'(t) = AY(t)$

  $\Leftrightarrow \begin{pmatrix} y'(t) \\ y''(t) \\ y'''(t) \end{pmatrix} = \begin{pmatrix} 0 & 1 & 0 \\ 0 & 0 & 1 \\ -6 & 7 & 0 \end{pmatrix}\begin{pmatrix} y(t) \\ y'(t) \\ y''(t) \end{pmatrix}$

  이다. 따라서, $\det A = -6$이다.

(ⅰ), (ⅱ)에 의하여

$20 \times y(1) \times \det A = 20 \times \left(\dfrac{1}{4}e + \dfrac{4}{5}e^2 - \dfrac{1}{20}e^{-3}\right) \times -6$

$\qquad\qquad = -30e - 96e^2 + 6e^{-3}$

이므로 $|p+q+r| = |-30-96+6| = 120$이다.

2023학년도 한양대학교

TEST p. 90~97

02	③	03	①	04	①	05	④	06	③	07	③	08	①	09	②	10	②	11	⑤
12	③	13	⑤	14	②	15	⑤	16	②	17	④	18	②	19	②	20	④	21	⑤
22	32	23	189	24	6	25	5	26	15										

02 미분법   ③

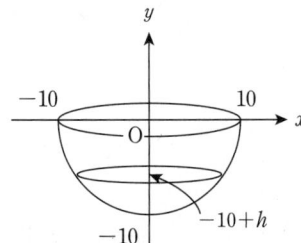

t초일 때, 반구 모양의 수조에 담긴 물의 부피를 V, 높이를 h라 하면 물이 차오르는 속도 $v = \dfrac{dh}{dt}$ 이다.

$V = \displaystyle\int_{-10}^{-10+h} \pi x^2 \, dy = \int_{-10}^{-10+h} \pi(100 - y^2) \, dy$

$\Rightarrow \dfrac{dV}{dt} = \pi\{100 - (-10+h)^2\} \cdot \dfrac{dh}{dt}$

$\Rightarrow 3 = \pi(100 - 25)\dfrac{dh}{dt} \quad (\dfrac{dV}{dt} = 3, \, h = 5)$

$\therefore v = \dfrac{dh}{dt} = \dfrac{3}{75\pi} = \dfrac{1}{25\pi}$

따라서 $\dfrac{1}{v\pi} = 25$ 이다.

03 적분법   ①

$f(x) = \displaystyle\sum_{n=0}^{\infty} (-1)^n \dfrac{x^{2n+1}}{n!} = \sum_{n=0}^{\infty} \dfrac{x \cdot (-x^2)^n}{n!}$

$\qquad = x \cdot e^{-x^2}$

이다.

$\displaystyle\int_0^{\sqrt{\ln 4}} f(x)\,dx = \int_0^{\sqrt{\ln 4}} xe^{-x^2}\,dx$

$\qquad = \displaystyle\int_0^{\ln 4} \dfrac{1}{2}e^{-t}\,dt \quad (x^2 = t \text{ 치환})$

$\qquad = -\dfrac{1}{2}\big[e^{-t}\big]_0^{\ln 4} = -\dfrac{1}{2}(e^{-\ln 4} - 1)$

$\qquad = -\dfrac{1}{2}\left(\dfrac{1}{4} - 1\right) = \dfrac{3}{8}$

04 다변수 미적분   ①

$g(s, t) = f(s^3 - t^3, \, t^3 - s^3)$

$\Leftrightarrow g = f(x, y), \, x = s^3 - t^3, \, y = t^3 - s^3$ 이다.

$g_s(1, 2) = g_x \cdot x_s + g_y \cdot y_s \big|_{(s,t)=(1,2)}$

$\qquad = g_x \cdot 3s^2 + g_y \cdot (-3s^2) \big|_{(s,t)=(1,2)}$

$\qquad = g_x(1, 2) \cdot 3 + g_y(1, 2) \cdot (-3)$

$\qquad = 3g_x(1, 2) - 3g_y(1, 2) = 3$

이므로 $g_x(1, 2) - g_y(1, 2) = 1$ 이다.

$\dfrac{\partial g}{\partial t}(1, 2)$는 다음과 같다.

$\dfrac{\partial g}{\partial t}(1, 2) = g_x \cdot x_t + g_y \cdot y_t \big|_{(s,t)=(1,2)}$

$\qquad = g_x \cdot (-3t^2) + g_y \cdot (3t^2) \big|_{(s,t)=(1,2)}$

$\qquad = -12g_x(1, 2) + 12g_y(1, 2)$

$\qquad = -12\{g_x(1, 2) - g_y(1, 2)\}$

$\qquad = -12$

05 다변수 미적분   ④

곡면을 매개화 하면

$r(\phi, \theta) = ((2 + \cos\phi)\cos\theta, \, (2 + \cos\phi)\sin\theta, \, \sin\phi)$,

$\qquad\qquad\qquad\qquad (0 < \phi, \theta < 2\pi)$

$(x, y, z) = \left(\dfrac{5\sqrt{3}}{4}, \dfrac{5}{4}, \dfrac{\sqrt{3}}{2}\right)$ 일 때,

$\phi = \dfrac{\pi}{3}, \, \theta = \dfrac{\pi}{6}$ 이다.

$r_\phi = (-\sin\phi\cos\theta, \, -\sin\phi\sin\theta, \, \cos\phi)\big|_{(\phi,\theta)=\left(\frac{\pi}{3}, \frac{\pi}{6}\right)}$

$\qquad = \left(-\dfrac{3}{4}, \, -\dfrac{\sqrt{3}}{4}, \, \dfrac{1}{2}\right)$

r_θ

$= ((2+\cos\phi)(-\sin\theta), \, (2+\cos\phi)\cos\theta, \, 0)\big|_{(\phi,\theta)=\left(\frac{\pi}{3}, \frac{\pi}{6}\right)}$

$= \left(-\dfrac{5}{4}, \, \dfrac{5\sqrt{3}}{4}, \, 0\right)$

이므로 법선벡터는
$$r_\phi \times r_\theta = \left(-\frac{5\sqrt{3}}{8}, -\frac{5}{8}, -\frac{5\sqrt{3}}{4}\right)$$
$$// \left(-\frac{\sqrt{3}}{4}, -\frac{1}{4}, -\frac{\sqrt{3}}{2}\right)$$
이다.

따라서 $|2a+b-c| = \frac{1}{4}$ 이다.

06 다변수 미적분 ③

$u = y+x$, $v = y-x$ 에 대한 변수 변환을 이용하여 구하자.
$$J = \frac{1}{\begin{vmatrix} u_x & u_y \\ v_x & v_y \end{vmatrix}} = \frac{1}{\begin{vmatrix} 1 & 1 \\ -1 & 1 \end{vmatrix}} = \frac{1}{2},$$

$1 \leq u \leq 2$, $-u \leq v \leq u$ 이다.

$$\iint_D e^{\frac{y-x}{y+x}} dA = \int_1^2 \int_{-u}^u e^{\frac{v}{u}} \cdot \frac{1}{2} dv du$$
$$= \frac{1}{2} \int_1^2 \left[ue^{\frac{v}{u}}\right]_{-u}^u du$$
$$= \frac{1}{4}(e-e^{-1})[u^2]_1^2$$
$$= \frac{3}{4}(e-e^{-1})$$

이므로 $p=4$, $q=3$이다.
따라서 $p \times q = 12$이다.

07 공학수학 ③

$$\int_C f(x,y,z) ds$$
$$= \int_0^{\frac{\pi}{2}} f(\alpha(t)) \cdot |\alpha'(t)| dt$$
$$= \int_0^{\frac{\pi}{2}} 15 \cdot 8\sin^3 t \cdot 4\cos^2 t$$
$$\cdot \sqrt{(2\cos t)^2 + (-2\sin t)^2 + 1} \, dt$$
$$= 480\sqrt{5} \int_0^{\frac{\pi}{2}} \sin^3 t \cos^2 t \, dt$$
$$= 480\sqrt{5} \int_0^{\frac{\pi}{2}} \sin^3 t (1-\sin^2 t) \, dt$$
$$= 480\sqrt{5} \int_0^{\frac{\pi}{2}} (\sin^3 t - \sin^5 t) \, dt$$
$$= 480\sqrt{5} \left(\frac{2}{3} - \frac{4}{5} \cdot \frac{2}{3}\right)$$
$$= 64\sqrt{5}$$

08 공학수학 ①

$$curl F = \begin{vmatrix} \vec{i} & \vec{j} & \vec{k} \\ \frac{\partial}{\partial x} & \frac{\partial}{\partial y} & \frac{\partial}{\partial z} \\ y^3 & 3xy^2 + 2ye^z & y^2 e^z \end{vmatrix} = 0 \text{ 이므로 } F \text{ 는 보존적}$$

벡터장이다.
따라서 선적분의 기본정리에 의해 다음과 같다.
$$\int_C F \cdot dr = [xy^3 + y^2 e^z]_{(0,1,0)}^{(0,-e^\pi,\pi)} = e^{2\pi} \cdot e^\pi - 1$$
$$= e^{3\pi} - 1$$

09 공학수학 ②

벡터장 F 의 각 성분들은 곡선 C 를 포함하는 개영역에서 연속인 편도함수를 갖는다.
$$curl F = \begin{vmatrix} \vec{i} & \vec{j} & \vec{k} \\ \frac{\partial}{\partial x} & \frac{\partial}{\partial y} & \frac{\partial}{\partial z} \\ y^3 & x & z^4 \end{vmatrix} = (0, 0, 1-3y^2)$$

스토크스 정리를 이용하여 선적분을 구하면 다음과 같다.
$$\int_C F \cdot dr$$
$$= \iint_S curl F \cdot n \, dS \quad (S: y+z=2)$$
$$= \iint_D (0, 0, 1-3y^2) \cdot (0,0,1) dA \quad (D: x^2+y^2 \leq 1)$$
$$= \iint_D (1-3y^2) dA = \iint_D 1 dA - 3\iint_D y^2 dA$$
$$= \pi - 3 \int_0^{2\pi} \int_0^1 r^2 \sin^2\theta \cdot r \, dr \, d\theta$$
$$= \pi - 3 \cdot \pi \cdot \frac{1}{4} = \frac{\pi}{4}$$

10 선형대수 ②

$T(x^3+x^2) = 2x^2+x-1$
$\qquad = 0(x^3+x^2) + 2(x^2) + 1(x+1) - 2 \cdot 1$
$T(x^2) = 2x^2 - 1$
$\qquad = 0(x^3+x^2) + 2(x^2) + 0(x+1) - 1 \cdot 1$
$T(x+1) = 2x^3 - x + 3$
$\qquad = 2(x^3+x^2) - 2(x^2) - 1(x+1) + 4 \cdot 1$
$T(1) = x^3 - x$
$\qquad = 1(x^3+x^2) - 1(x^2) - 1(x+1) + 1 \cdot 1$

이므로 표현행렬은 다음과 같다.
$$\begin{pmatrix} 0 & 0 & 2 & 1 \\ 2 & 2 & -2 & -1 \\ 1 & 0 & -1 & -1 \\ -2 & -1 & 4 & 1 \end{pmatrix}$$

따라서 두 번째 행의 모든 성분의 합은 1 이다.

11 선형대수   ⑤

$$A = \begin{pmatrix} 1 & 2 & 1 & 0 \\ 2 & -1 & 0 & 1 \\ 1 & -3 & -1 & 1 \\ 2 & 9 & 4 & -1 \end{pmatrix} \sim \begin{pmatrix} 1 & 2 & 1 & 0 \\ 0 & -5 & -2 & 1 \\ 0 & -5 & -2 & 1 \\ 0 & 5 & 2 & -1 \end{pmatrix}$$

$$\sim \begin{pmatrix} 1 & 2 & 1 & 0 \\ 0 & -5 & -2 & 1 \\ 0 & 0 & 0 & 0 \\ 0 & 0 & 0 & 0 \end{pmatrix} \sim \begin{pmatrix} 1 & 0 & \frac{1}{5} & \frac{2}{5} \\ 0 & -5 & -2 & 1 \\ 0 & 0 & 0 & 0 \\ 0 & 0 & 0 & 0 \end{pmatrix}$$

$$\begin{pmatrix} 1 & 0 & \frac{1}{5} & \frac{2}{5} \\ 0 & -5 & -2 & 1 \\ 0 & 0 & 0 & 0 \\ 0 & 0 & 0 & 0 \end{pmatrix} \begin{pmatrix} x \\ y \\ z \\ w \end{pmatrix} = \begin{pmatrix} 0 \\ 0 \\ 0 \\ 0 \end{pmatrix}$$

$$\Rightarrow x = -\frac{1}{5}z - \frac{2}{5}w, \quad y = -\frac{2}{5}z + \frac{1}{5}w$$

$$\Rightarrow \begin{pmatrix} x \\ y \\ z \\ w \end{pmatrix} = z \begin{pmatrix} -\frac{1}{5} \\ -\frac{2}{5} \\ 1 \\ 0 \end{pmatrix} + w \begin{pmatrix} -\frac{2}{5} \\ \frac{1}{5} \\ 0 \\ 1 \end{pmatrix}$$

따라서 해공간의 기저는 $\left\{ \begin{pmatrix} -1 \\ -2 \\ 5 \\ 0 \end{pmatrix}, \begin{pmatrix} -2 \\ 1 \\ 0 \\ 5 \end{pmatrix} \right\}$ 이다.

따라서 $\dfrac{b}{a} + \dfrac{d}{c} = 2 - \dfrac{1}{2} = \dfrac{3}{2}$ 이다.

12 선형대수   ③

$A_1 = (1)$, $B = \begin{pmatrix} 0 & -9 \\ 1 & -6 \end{pmatrix}$, $A_2 = (-2)$ 라 하면

$A = \begin{pmatrix} A_1 & O & O \\ O & B & O \\ O & O & A_2 \end{pmatrix}$ 이다.

$\vec{v} = \begin{pmatrix} 0 \\ 1 \\ 0 \\ 0 \end{pmatrix}$ 와 4×4 행렬의 곱 연산은 4×4 행렬의 2열이다. 행렬 $A = (a_{ij})$에 대하여 $a_{12} = a_{14} = 0$ 이므로 $A^3 \vec{v} = a_1 A \vec{v} + a_0 \vec{v}$에서 a_0, a_1의 값은 행렬 B의 연산과 관련된다. 즉, $B^3 \vec{v} = a_1 B \vec{v} + a_0 \vec{v}$를 만족하는 a_0, a_1 찾으면 된다.

B의 특성다항식 $P(x) = x^2 + 6x + 9$ 이므로 케일리 해밀턴 정리에 의하여

$B^2 + 6B + 9I_2 = O$ (I_2는 2×2 단위행렬)

$\Rightarrow B^2 = -6B - 9I$

$\Rightarrow B^3 = -6B^2 - 9B$
$\qquad = -6(-6B - 9I) - 9B$
$\qquad = 27B + 54I$

이다.

따라서 $a_0 = 54$, $a_1 = 27$ 이고, $a_0 - a_1 = 27$ 이다.

13 선형대수   ⑤

$|A - \lambda I| = \begin{vmatrix} 2-\lambda & 1 & 0 \\ 1 & 2-\lambda & 0 \\ 0 & 0 & 2-\lambda \end{vmatrix} = (2-\lambda)(\lambda^2 - 4\lambda + 3)$

$\qquad = (2-\lambda)(\lambda-1)(\lambda-3) = 0$

$\therefore \lambda = 1, 2, 3$

(i) $\lambda = 1$ 일 때,

$\begin{pmatrix} 1 & 1 & 0 \\ 1 & 1 & 0 \\ 0 & 0 & 1 \end{pmatrix} \begin{pmatrix} x \\ y \\ z \end{pmatrix} \sim \begin{pmatrix} 1 & 1 & 0 \\ 0 & 0 & 0 \\ 0 & 0 & 1 \end{pmatrix} \begin{pmatrix} x \\ y \\ z \end{pmatrix} = \begin{pmatrix} 0 \\ 0 \\ 0 \end{pmatrix}$ 에서

$x + y = 0$, $z = 0$ 이므로 $\begin{pmatrix} x \\ y \\ z \end{pmatrix} = y \begin{pmatrix} -1 \\ 1 \\ 0 \end{pmatrix}$ 이다.

따라서 $\lambda = 1$ 의 대응 고유벡터는 $\begin{pmatrix} \frac{1}{\sqrt{2}} \\ -\frac{1}{\sqrt{2}} \\ 0 \end{pmatrix}$ 이다.

(ii) $\lambda = 2$ 일 때,

$\begin{pmatrix} 0 & 1 & 0 \\ 1 & 0 & 0 \\ 0 & 0 & 0 \end{pmatrix} \begin{pmatrix} x \\ y \\ z \end{pmatrix} = \begin{pmatrix} 0 \\ 0 \\ 0 \end{pmatrix}$ 에서

$x = y = 0$ 이므로 $\begin{pmatrix} x \\ y \\ z \end{pmatrix} = z \begin{pmatrix} 0 \\ 0 \\ 1 \end{pmatrix}$ 이다.

따라서 $\lambda = 2$ 의 대응 고유벡터는 $\begin{pmatrix} 0 \\ 0 \\ 1 \end{pmatrix}$ 이다.

(iii) $\lambda = 3$ 일 때,

$\lambda = 1$의 대응 고유벡터와 수직인 벡터는 $\begin{pmatrix} \frac{1}{\sqrt{2}} \\ \frac{1}{\sqrt{2}} \\ 0 \end{pmatrix}$ 이다.

따라서 $U = \begin{pmatrix} \frac{1}{\sqrt{2}} & 0 & \frac{1}{\sqrt{2}} \\ -\frac{1}{\sqrt{2}} & 0 & \frac{1}{\sqrt{2}} \\ 0 & 1 & 0 \end{pmatrix}$ 이다.

따라서 $a + b + c + d = \dfrac{1}{\sqrt{2}} - \dfrac{1}{\sqrt{2}} + \dfrac{1}{\sqrt{2}} + \dfrac{1}{\sqrt{2}} = \sqrt{2}$

14 선형대수   ④

A의 고윳값은 $1, 2, 3$ 이므로 A^{2023}의 고윳값은 $1, 2^{2023}, 3^{2023}$ 이고, 대응 고유벡터는

$\vec{v_1} = \begin{pmatrix} \frac{1}{\sqrt{2}} \\ -\frac{1}{\sqrt{2}} \\ 0 \end{pmatrix}$, $\vec{v_2} = \begin{pmatrix} 0 \\ 0 \\ 1 \end{pmatrix}$, $\vec{v_3} = \begin{pmatrix} \frac{1}{\sqrt{2}} \\ \frac{1}{\sqrt{2}} \\ 0 \end{pmatrix}$

이므로 스펙트럼 분해는 다음과 같다.

$A^{2023} = 1 \cdot \vec{v_1} \vec{v_1}^T + 2^{2023} \cdot \vec{v_2} \vec{v_2}^T + 3^{2023} \cdot \vec{v_3} \vec{v_3}^T$ 이다.

따라서 $\det(Q_1) = |\vec{v_1}\,\vec{v_1}^T| = \begin{vmatrix} \frac{1}{2} & -\frac{1}{2} & 0 \\ -\frac{1}{2} & \frac{1}{2} & 0 \\ 0 & 0 & 0 \end{vmatrix} = 0$,

$\lambda_2 = 2$, $\mu_3 = 3^{2023}$ 이므로

$\det(Q_1) - \lambda_2 + \mu_3 = 3^{2023} - 2$ 이다.

15 선형대수 ⑤

$\begin{vmatrix} 3 & 0 & 0 & 0 & 0 & 2 \\ 0 & 0 & 0 & 0 & 3 & 2 \\ 0 & 0 & 0 & 4 & 3 & 3 \\ 0 & 0 & 5 & 4 & 4 & 4 \\ 0 & 6 & 5 & 5 & 5 & 5 \\ 1 & 0 & 0 & 0 & 0 & 1 \end{vmatrix} = \begin{vmatrix} 0 & 0 & 0 & 0 & 0 & -1 \\ 0 & 0 & 0 & 0 & 3 & 2 \\ 0 & 0 & 0 & 4 & 3 & 3 \\ 0 & 0 & 5 & 4 & 4 & 4 \\ 0 & 6 & 5 & 5 & 5 & 5 \\ 1 & 0 & 0 & 0 & 0 & 1 \end{vmatrix}$

$= - \begin{vmatrix} -1 & 0 & 0 & 0 & 0 & 0 \\ 2 & 3 & 0 & 0 & 0 & 0 \\ 3 & 3 & 4 & 0 & 0 & 0 \\ 4 & 4 & 4 & 5 & 0 & 0 \\ 5 & 5 & 5 & 5 & 6 & 0 \\ 1 & 1 & 0 & 0 & 0 & 1 \end{vmatrix}$

$= -(-1) \times 3 \times 4 \times 5 \times 6 \times 1$
$= 360$

16 공학수학 ②

$\frac{\partial}{\partial x}(2y + 2x^2) = 4x = \frac{\partial}{\partial y}(3x^2 + 4xy)$ 이므로
완전미분방정식이다.
따라서 일반해는 $x^3 + 2x^2 y + y^2 = C$ (C는 상수) 이고,
$y(0) = 1$ 이므로 $C = 1$ 이다.
$x^3 + 2x^2 y + y^2 = 1$ 에 $x = 2$ 를 대입하면
$8 + 8y(2) + \{y(2)\}^2 = 1$
$\Rightarrow \{y(2)\}^2 + 8y(2) = -7$ 이다.

17 공학수학 ④

(i) $y_c = (c_1 + c_2 t)e^{-t}$

(ii) $y_p = \frac{1}{(D+1)^2}\{e^{-t}\} = \frac{t^2}{2!}e^{-t}$

이므로 해는 $y(t) = e^{-t}(c_1 + c_2 t) + \frac{t^2}{2}e^{-t}$ 꼴이고,
$y(0) = 3$, $y'(0) = 3$ 이므로
$c_1 = 3$, $c_2 = 6$ 이다.

따라서 $y(t) = (3 + 6t)e^{-t} + \frac{t^2}{2}e^{-t}$ 이고,

$y(1) = \frac{19}{2}e^{-1}$ 이다.

18 신유형 & 고난도 공학수학 ②

STEP 1 열방정식의 해 나타내기

열방정식 $k \cdot \frac{\partial u^2}{\partial x^2} = \frac{\partial u}{\partial t}$ (x는 위치, t는 시간, k는 열 확산율)의 해 $u(x,t)$ 의 경계 조건 $u(0,t) = 0$, $u(1,t) = 0$ 에서
해는 $u(x,t) = \sum_{n=1}^{\infty} A_n \cdot \sin(n\pi x) \cdot e^{-k \cdot n^2 \cdot \pi^2 \cdot t}$ 이다.

STEP 2 초기조건 대입하여 해 구하기

초기조건 $u(x,0) = 2\sin(3\pi x) + 5\sin(8\pi x)$ 이므로
$A_3 = 2$, $A_8 = 5$, $A_n = 0$ ($n \neq 3, 5$) 이고,

열 확산율 $k = \frac{1}{\pi^2}$ 이므로 해는

$u(x,t) = 2\sin(3\pi x) \cdot e^{-9t} + 5\sin(8\pi x) \cdot e^{-64t}$ 이다.

STEP 3 $u\left(\frac{1}{2}, 1\right)$ 의 값 구하기

따라서
$u\left(\frac{1}{2}, 1\right) = 2\sin\frac{3}{2}\pi \cdot e^{-9} + 5\sin 4\pi \cdot e^{-64} = -2e^{-9}$

고득점 KEY

1차원 공간에서 열 방정식
$u(x,t)$를 위치 x와 시간 t에 따른 온도, α를 열 확산율이라 하면 열방정식은

$\frac{\partial u}{\partial t} = \alpha \frac{\partial^2 u}{\partial x^2}$

이때, 길이가 L인 막대에 대하여 경계조건
$u(0,t) = u(L,t) = 0$일 때, 해는

$u(x,t) = \sum_{n=1}^{\infty} A_n \sin\left(\frac{n\pi x}{L}\right) e^{-\alpha \left(\frac{n\pi}{L}\right)^2 t}$

19 공학수학 ②

$x = e^t$ 라 치환하면

$y''(t) + y(t) = t$, $y(0) = e$, $y\left(\frac{\pi}{2}\right) = \pi$ 이다.

이제, $y(\pi)$ 의 값을 구하면 된다.
$y_c = c_1 \cos t + c_2 \sin t$,
$y_p = \frac{1}{1 + D^2}\{t\} = (1 - D^2 + D^4 - \cdots)\{t\} = t$

이므로 $y = c_1 \cos t + c_2 \sin t + t$ 이다.

초기조건에 의하여 $c_1 = e$, $c_2 = \frac{\pi}{2}$ 이다.

따라서 $y = e\cos t + \frac{\pi}{2}\sin t + t$ 이고,
$y(\pi) = -e + \pi$ 이다.

20 공학수학 ④

$ty'' - ty' + y = 2$

$\Rightarrow -(\mathcal{L}\{y''\})' + (\mathcal{L}\{y'\})' + \mathcal{L}\{y\} = \mathcal{L}\{2\}$

$\Rightarrow -\{s^2Y - s\cdot y(0) - y'(0)\}' + \{sY - y(0)\}' + Y = \dfrac{2}{s}$

($Y = \mathcal{L}\{y\}$ 라 치환)

$\Rightarrow -(s^2Y - 2s + 4)' + (sY - 2)' + Y = \dfrac{2}{s}$

$\Rightarrow -(2sY + s^2Y' - 2) + (Y + sY') + Y = \dfrac{2}{s}$

$\Rightarrow (-s^2 + s)Y' + (-2s + 2)Y = \dfrac{2}{s} - 2$

$\Rightarrow s(s-1)Y' + 2(s-1)Y = \dfrac{2(s-1)}{s}$

$\Rightarrow Y' + \dfrac{2}{s}Y = \dfrac{2}{s^2}$

$\Rightarrow Y = e^{-\int \frac{2}{s}ds}\left\{\int \dfrac{2}{s^2}e^{\int \frac{2}{s}ds}ds + C\right\}$

$\quad = \dfrac{1}{s^2}(2s + c) = \dfrac{2}{s} + \dfrac{C}{s^2}$

$\Rightarrow y = 2 + Ct$

$y(0) = 2$, $y'(0) = -4$ 이므로 $c = -4$ 이다.

따라서 $y(5) = -18$, $y(-5) = 22$ 이다.

따라서 $y(-5) + y(5) = 4$ 이다.

21 공학수학 ⑤

미분방정식 $y' - 0.02y = 10^5 \sin t$ 는 1계 선형
미분방정식이므로

$y = e^{\int 0.02 dt}\left\{\int 10^5 \sin t \cdot e^{\int -0.02 dt}dt + C\right\}$

$\quad = e^{0.02t}\left\{\dfrac{10^5 e^{-0.02t}}{(0.02)^2 + 1^2}(-0.02\sin t - \cos t) + C\right\}$

$\quad = \dfrac{10^9}{10004}(-0.02\sin t - \cos t) + Ce^{0.02t}$

$y(0) = 10^6$ 이므로 $C = 10^6 + \dfrac{10^9}{10004}$ 이다.

따라서

$\lim\limits_{t\to\infty}\dfrac{y(t)}{10^5 \times e^{0.02t}}$

$= \lim\limits_{t\to\infty}\dfrac{\dfrac{10^9}{10004}(-0.02\sin t - \cos t) + \left(10^6 + \dfrac{10^9}{10004}\right)\cdot e^{0.02t}}{10^5 \cdot e^{0.02t}}$

$= 10 + \dfrac{10^4}{10004} = \dfrac{27510}{2501}$

22 적분법 32

$\displaystyle\int_0^\pi e^x \sin^2 x\, dx = \int_0^\pi e^x \cdot \dfrac{1}{2}(1 - \cos 2x)\, dx$

$\quad = \displaystyle\int_0^\pi \dfrac{1}{2}(e^x - e^x \cos 2x)\, dx$

$\quad = \dfrac{1}{2}\left[e^x - \dfrac{e^x}{1^2 + 2^2}(\cos 2x + 2\sin 2x)\right]_0^\pi$

$\quad = \dfrac{1}{2}\left(e^\pi - \dfrac{e^\pi}{5} - 1 + \dfrac{1}{5}\right)$

$\quad = \dfrac{2}{5}e^\pi - \dfrac{2}{5}$

$\therefore (a^2 + b^2) \times 100 = \left(\dfrac{4}{25} + \dfrac{4}{25}\right) \times 100 = 32$

23 공학수학 189

곡면 S 는 유계인 폐곡면이므로 발산정리를 이용할 수 있다.

$\displaystyle\iint_S F\cdot ds = \iiint_E div F dv$

(E는 곡면 S를 경계로 갖는 영역)

$\quad = \displaystyle\iiint_E (2y^2 + 3y^2)dV$

$\quad = \displaystyle\int_{-1}^1 \int_0^{1-x^2}\int_0^{2-z} 5y^2 dydzdx$

$\quad = \displaystyle\int_{-1}^1 \int_0^{1-x^2} \dfrac{5}{3}[y^3]_0^{2-z}dzdx$

$\quad = \displaystyle\int_{-1}^1 \int_0^{1-x^2} \dfrac{5}{3}(2-z)^3 dzdx$

$\quad = -\dfrac{5}{12}\displaystyle\int_{-1}^1 [(2-z)^4]_0^{1-x^2}dx$

$\quad = -\dfrac{5}{12}\displaystyle\int_{-1}^1 \{(1+x^2)^4 - 16\}dx$

$\quad = \dfrac{1856}{189}$

$\therefore p = 189$

24 선형대수 6

B 와 A 는 닮음이고,

B 의 고윳값이 $2, -1, 1, 3$ 이므로 A 의 고윳값도

$2, -1, 1, 3$ 이다.

따라서 $A + 2I$ 의 고윳값은 $4, 1, 3, 5$ 이므로

특성다항식은 $f(x) = (x-4)(x-1)(x-3)(x-5)$ 이다.

따라서 $f(2) = (-2)\cdot 1\cdot(-1)\cdot(-3) = -6$ 이고,

$|f(2)| = 6$ 이다.

25 선형대수 5

$D = \begin{pmatrix} 1 & 0 & 0 \\ 0 & 2 & 0 \\ 0 & 0 & 3 \end{pmatrix}$, $P = \begin{pmatrix} 1 & 1 & 1 \\ 0 & 1 & 1 \\ 0 & 0 & 1 \end{pmatrix}$ 라 하여 대각화 하면

$A = PDP^{-1}$
$= \begin{pmatrix} 1 & 1 & 1 \\ 0 & 1 & 1 \\ 0 & 0 & 1 \end{pmatrix} \begin{pmatrix} 1 & 0 & 0 \\ 0 & 2 & 0 \\ 0 & 0 & 3 \end{pmatrix} \begin{pmatrix} 1 & -1 & 0 \\ 0 & 1 & -1 \\ 0 & 0 & 1 \end{pmatrix} = \begin{pmatrix} 1 & 1 & 1 \\ 0 & 2 & 1 \\ 0 & 0 & 3 \end{pmatrix}$

이므로 $c+f+i = 5$ 이다.

26 공학수학 15

$A = \begin{pmatrix} 7 & -1 & 6 \\ -10 & 4 & -12 \\ -2 & 1 & -1 \end{pmatrix}$

A의 고윳값은 $2, 3, 5$ 이고 대응 고유벡터는

$\begin{pmatrix} 1 \\ -1 \\ -1 \end{pmatrix}, \begin{pmatrix} 1 \\ -2 \\ -1 \end{pmatrix}, \begin{pmatrix} 3 \\ -6 \\ -2 \end{pmatrix}$ 이므로

해는 $\begin{pmatrix} x \\ y \\ z \end{pmatrix} = c_1 \begin{pmatrix} 1 \\ -1 \\ -1 \end{pmatrix} e^{2t} + c_2 \begin{pmatrix} 1 \\ -2 \\ -1 \end{pmatrix} e^{3t} + c_3 \begin{pmatrix} 3 \\ -6 \\ -2 \end{pmatrix} e^{5t}$ 꼴이다.

초기조건 $\begin{pmatrix} x(0) \\ y(0) \\ z(0) \end{pmatrix} = \begin{pmatrix} -1 \\ 4 \\ 2 \end{pmatrix}$ 에 의해

$c_1 = 2, c_2 = -6, c_3 = 1$ 이다.

따라서 해는

$\begin{pmatrix} x \\ y \\ z \end{pmatrix} = 2\begin{pmatrix} 1 \\ -1 \\ -1 \end{pmatrix} e^{2t} - 6\begin{pmatrix} 1 \\ -2 \\ -1 \end{pmatrix} e^{3t} + 1\begin{pmatrix} 3 \\ -6 \\ -2 \end{pmatrix} e^{5t}$ 이다.

$x(1) + y(1) + z(1) = -2e^2 + 12e^3 - 5e^5$ 이므로
$a+b+c+l+m+n = 15$ 이다.

2022학년도 한양대학교

문항 수: 25문항 | 제한시간: 70분

TEST p. 98~105

02	③	03	⑤	04	④	05	②	06	④	07	②	08	①	09	②	10	③	11	④
12	②	13	⑤	14	①	15	②	16	①	17	②	18	⑤	19	④	20	⑤	21	삭제
22	50	23	11	24	6	25	61	26	22										

02 미분법 ③

$f(x) = \tan^{-1}(\sin^{-1}(\sqrt{x}))$ 일 때,

$f'(x) = \dfrac{1}{1+\{\sin^{-1}(\sqrt{x})\}^2} \times \dfrac{1}{\sqrt{1-x}} \times \dfrac{1}{2\sqrt{x}}$ 이고

$f'\left(\dfrac{1}{4}\right) = \dfrac{1}{1+\left\{\dfrac{\pi}{6}\right\}^2} \times \dfrac{1}{\sqrt{\dfrac{3}{4}}} \times \dfrac{1}{2\sqrt{\dfrac{1}{4}}}$

$= \dfrac{1}{\dfrac{36+\pi^2}{36}} \times \dfrac{2}{\sqrt{3}} \times \dfrac{1}{1} = \dfrac{72}{36+\pi^2}\dfrac{1}{\sqrt{3}}$

이므로 $a+b = 72+36 = 108$ 이다.

03 적분법 ⑤

$x=2$에서 $x=\pi+2$까지의 곡선 $y=\sin(x-2)$와 x축으로 둘러싸인 영역을 y축 중심으로 회전하여 얻은 입체의 부피를 V_y라고 할 때,

$V_y = 2\pi \int_2^{\pi+2} x\sin(x-2)dx$

$= 2\pi[x\{-\cos(x-2)\}-(-\sin(x-2))]_2^{\pi+2}$

$= 2\pi[-x\cos(x-2)+\sin(x-2)]_2^{\pi+2}$

$= 2\pi\{-(\pi+2)\cos\pi - (-2\cos 0)\}$

$= 2\pi\{(\pi+2)+2\}$

$= 2\pi\{\pi+4\}$

04 적분법 ④

$\int_{\frac{\pi}{3}}^{\frac{\pi}{2}} \dfrac{1}{\cos x - 1} dx$

$= \int_{\frac{1}{\sqrt{3}}}^{1} \dfrac{1}{\dfrac{1-t^2}{1+t^2}-1} \dfrac{2}{1+t^2} dt$ $\left(\tan\dfrac{x}{2}=t\text{라고 치환}\right)$

$= 2\int_{\frac{1}{\sqrt{3}}}^{1} \dfrac{1}{1-t^2-(1+t^2)} dt$

$= 2\int_{\frac{1}{\sqrt{3}}}^{1} \dfrac{1}{-2t^2} dt$

$= \left[\dfrac{1}{t}\right]_{\frac{1}{\sqrt{3}}}^{1} = 1-\sqrt{3}$

05 다변수 미적분 ②

① $a_n = \dfrac{(x-3)^n}{n}$ 이라 할 때,

$\lim_{n\to\infty}\left|\dfrac{a_{n+1}}{a_n}\right| = |x-3|$ 이므로 비율판정법에 의하여

$\sum_{n=1}^{\infty} \dfrac{(x-3)^n}{n}$ 은 $|x-3|<1$ 일 때, 수렴한다.

② $a_n = \dfrac{(-1)^n x^{2n}}{2^{2n}(n!)^2}$ 이라 할 때,

$\lim_{n\to\infty}\left|\dfrac{a_{n+1}}{a_n}\right| = \lim_{n\to\infty}\dfrac{|x^2|}{4(n+1)^2} = 0$ 이므로 비율판정법에 의하여 $\sum_{n=0}^{\infty}\dfrac{(-1)^n x^{2n}}{2^{2n}(n!)^2}$ 은 모든 실수에 대하여 수렴한다.

③ $a_n = x^n$ 이라 할 때, $\lim_{n\to\infty}\left|\dfrac{a_{n+1}}{a_n}\right| = |x|$ 이므로 비율판정법에 의하여 $\sum_{n=0}^{\infty} x^n$ 은 $|x|<1$ 일 때, 수렴한다.

④ $a_n = (-1)^n \dfrac{x^{2n+1}}{2n+1}$ 이라 할 때, $\lim_{n\to\infty}\left|\dfrac{a_{n+1}}{a_n}\right| = |x^2|$ 이므로 비율 판정법에 의하여 $\sum_{n=0}^{\infty}(-1)^n\dfrac{x^{2n+1}}{2n+1}$ 은 $|x|<1$ 일 때, 수렴한다.

⑤ $a_n = (-1)^{n-1}\dfrac{x^n}{n}$ 이라 할 때,

$\lim_{n\to\infty}\left|\dfrac{a_{n+1}}{a_n}\right| = |x|$ 이므로 비율판정법에 의하여

$\sum_{n=1}^{\infty}(-1)^{n-1}\dfrac{x^n}{n}$ 은 $|x|<1$ 일 때, 수렴한다.

06 미분법 ④

$$f(x)=\frac{1}{\sqrt{1-x}}=(1-x)^{-\frac{1}{2}}$$

$$=1+\left(-\frac{1}{2}\right)(-x)+\frac{\left(-\frac{1}{2}\right)\left(-\frac{3}{2}\right)}{2!}(-x)^2$$

$$+\frac{\left(-\frac{1}{2}\right)\left(-\frac{3}{2}\right)\left(-\frac{5}{2}\right)}{3!}(-x)^3+\cdots$$

$$=1+\left(\frac{x}{2}\right)+\frac{1\cdot 3}{2!}\left(\frac{x}{2}\right)^2+\frac{1\cdot 3\cdot 5}{3!}\left(\frac{x}{2}\right)^3+\cdots$$

$$=1+\sum_{n=1}^{\infty}\frac{1\cdot 3\cdot\cdots\cdot(2n-1)}{n!}\left(\frac{x}{2}\right)^n$$

$$=1+\sum_{n=1}^{\infty}\frac{1\cdot 3\cdot\cdots\cdot(2n-1)}{n!\,2^n}x^n$$

이므로 x^3의 계수는 $\frac{1\cdot 3\cdot 5}{3!\,2^3}=\frac{5}{16}$이다.

따라서 $a_3=16$, $b_3=5$이고 $|a_3|+|b_3|=21$이다.

07 다변수 미적분 ②

곡선 $r(t)=(2\cos t,\,2\sin t,\,t^2)$는 $t=0$일 때,
점 $(2,0,0)$을 지나고
$r'(t)=(-2\sin t,\,2\cos t,\,2t)\Rightarrow r'(0)=(0,2,0)$,
$r''(t)=(-2\cos t,\,-2\sin t,\,2)\Rightarrow r''(0)=(-2,0,2)$
이므로 점 $(2,0,0)$에서 곡률은

$$\kappa(0)=\frac{\|r'(0)\times r''(0)\|}{\|r'(0)\|^3}=\frac{\left\|\begin{matrix} i & j & k \\ 0 & 2 & 0 \\ -2 & 0 & 2\end{matrix}\right\|}{2^3}$$

$$=\frac{|i(4)-j(0)+k(4)|}{8}=\frac{4\sqrt{2}}{8}=\frac{1}{\sqrt{2}}$$

08 다변수 미적분 ①

$(x,y)=(0,e)$일 때, $ez=z^2\Leftrightarrow z(z-e)=0$이므로 $z=e$이고 $f(x,y,z)=yz+x\ln y-z^2$이라 할 때, 음함수 미분법에 의하여

$$\frac{\partial z}{\partial y}=-\frac{f_y}{f_z}=-\frac{z+\frac{x}{y}}{y-2z}$$

$$\Rightarrow \left.\frac{\partial z}{\partial y}\right|_{(0,e,e)}=-\frac{e}{e-2e}=1$$이다.

09 다변수 미적분 ②

$f(x,y,z)=2x^2+3y^2-5z^2-6$이라 할 때,
$\nabla f(x,y,z)=(4x,6y,-10z)$
$\Rightarrow \nabla f(2,1,1)=(8,6,-10)$

이고 접평면의 법선 벡터는
$\nabla f(2,1,1)=(8,6,-10)\Rightarrow (4,3,-5)$와 평행하다.

10 선형대수 ③

$$\begin{vmatrix} 4-\lambda & 0 & 1 \\ -2 & 1-\lambda & 0 \\ -2 & 0 & 1-\lambda \end{vmatrix}=(1-\lambda)(\lambda^2-5\lambda+6)$$

$$=(1-\lambda)(\lambda-2)(\lambda-3)$$

(i) $\lambda=1$일 때,

$$\begin{pmatrix} 3 & 0 & 1 \\ -2 & 0 & 0 \\ -2 & 0 & 0 \end{pmatrix}\begin{pmatrix} a_1 \\ 1 \\ a_3 \end{pmatrix}=\begin{pmatrix} 0 \\ 0 \\ 0 \end{pmatrix}\Leftrightarrow 3a_1+a_3=0,\,-2a_1=0$$

이므로 $a_1=0$, $a_3=0$이다.

(ii) $\lambda=2$일 때,

$$\begin{pmatrix} 2 & 0 & 1 \\ -2 & -1 & 0 \\ -2 & 0 & -1 \end{pmatrix}\begin{pmatrix} b_1 \\ b_2 \\ 2 \end{pmatrix}=\begin{pmatrix} 0 \\ 0 \\ 0 \end{pmatrix}$$

$$\Leftrightarrow 2b_1+2=0,\,-2b_1-b_2=0$$

이므로 $b_1=-1$, $b_2=2$이다.

(iii) $\lambda=3$일 때,

$$\begin{pmatrix} 1 & 0 & 1 \\ -2 & -2 & 0 \\ -2 & 0 & -2 \end{pmatrix}\begin{pmatrix} 3 \\ c_2 \\ c_3 \end{pmatrix}=\begin{pmatrix} 0 \\ 0 \\ 0 \end{pmatrix}$$

$$\Leftrightarrow 3+c_3=0,\,-6-2c_2=0$$

이므로 $c_3=-3$, $c_2=-3$이다.

그러므로 $\lambda_1+\lambda_2+\lambda_3+a_1+b_2+c_3=6+0+2+(-3)=5$

11 선형대수 ④

$$3x^2-4xy+3y^2+5z^2=(x\ y\ z)\begin{pmatrix} 3 & -2 & 0 \\ -2 & 3 & 0 \\ 0 & 0 & 5 \end{pmatrix}\begin{pmatrix} x \\ y \\ z \end{pmatrix}$$

이고

$$\begin{vmatrix} 3-\lambda & -2 & 0 \\ -2 & 3-\lambda & 0 \\ 0 & 0 & 5-\lambda \end{vmatrix}=(5-\lambda)(\lambda^2-6\lambda+5)$$

$$=-(\lambda-5)^2(\lambda-1)$$

이므로 $\lambda=1=a$, $\lambda=5=b$이다.

(i) $\lambda=1$일 때,

$$\begin{pmatrix} 2 & -2 & 0 \\ -2 & 2 & 0 \\ 0 & 0 & 3 \end{pmatrix}\begin{pmatrix} x \\ y \\ z \end{pmatrix}=\begin{pmatrix} 0 \\ 0 \\ 0 \end{pmatrix}$$이므로 고유벡터가 $\begin{pmatrix} 1 \\ 1 \\ 0 \end{pmatrix}$과

평행하고 크기가 1이어야 하므로 $\frac{1}{\sqrt{2}}\begin{pmatrix} 1 \\ 1 \\ 0 \end{pmatrix}$이다.

(ii) $\lambda=5$일 때,

$$\begin{pmatrix} -2 & -2 & 0 \\ -2 & -2 & 0 \\ 0 & 0 & 0 \end{pmatrix}\begin{pmatrix} x \\ y \\ z \end{pmatrix}=\begin{pmatrix} 0 \\ 0 \\ 0 \end{pmatrix}$$이므로 고유벡터가

$\begin{pmatrix} -1 \\ 1 \\ 0 \end{pmatrix}$, $\begin{pmatrix} 0 \\ 0 \\ 1 \end{pmatrix}$과 평행하고 크기가 1이어야 하므로

$\dfrac{1}{\sqrt{2}}\begin{pmatrix} -1 \\ 1 \\ 0 \end{pmatrix}$, $\begin{pmatrix} 0 \\ 0 \\ 1 \end{pmatrix}$이다.

또한 고유벡터를 열로 받아 만든 행렬을

$P = \dfrac{1}{\sqrt{2}}\begin{pmatrix} 1 & -1 & 0 \\ 1 & 1 & 0 \\ 0 & 0 & \sqrt{2} \end{pmatrix}$,

변경 전 좌표벡터를 $V = \begin{pmatrix} x \\ y \\ z \end{pmatrix}$, 변경 후 좌표벡터를

$V' = \begin{pmatrix} X \\ Y \\ Z \end{pmatrix}$라고 할 때,

$\begin{pmatrix} x \\ y \\ z \end{pmatrix} = \dfrac{1}{\sqrt{2}}\begin{pmatrix} 1 & -1 & 0 \\ 1 & 1 & 0 \\ 0 & 0 & \sqrt{2} \end{pmatrix}\begin{pmatrix} X \\ Y \\ Z \end{pmatrix}$

$\Rightarrow \begin{pmatrix} X \\ Y \\ Z \end{pmatrix} = \dfrac{1}{\sqrt{2}}\begin{pmatrix} 1 & 1 & 0 \\ -1 & 1 & 0 \\ 0 & 0 & \sqrt{2} \end{pmatrix}\begin{pmatrix} x \\ y \\ z \end{pmatrix}$이므로

$X = \dfrac{1}{\sqrt{2}}x + \dfrac{1}{\sqrt{2}}y$이다.

그러므로 $a^2 + b^2 + \alpha^2 + \beta^2 + \gamma^2 = 1 + 25 + 1 = 27$

12 선형대수 ②

$T\begin{pmatrix} 1 & 0 \\ 0 & 0 \end{pmatrix} = \begin{pmatrix} 1 & 3 \\ 2 & -1 \end{pmatrix}\begin{pmatrix} 1 & 0 \\ 0 & 0 \end{pmatrix} = \begin{pmatrix} 1 & 0 \\ 2 & 0 \end{pmatrix}$

$= 1\begin{pmatrix} 1 & 0 \\ 0 & 0 \end{pmatrix} + 0\begin{pmatrix} 0 & 1 \\ 0 & 0 \end{pmatrix} + 2\begin{pmatrix} 0 & 0 \\ 1 & 0 \end{pmatrix} + 0\begin{pmatrix} 0 & 0 \\ 0 & 1 \end{pmatrix}$

$T\begin{pmatrix} 0 & 1 \\ 0 & 0 \end{pmatrix} = \begin{pmatrix} 1 & 3 \\ 2 & -1 \end{pmatrix}\begin{pmatrix} 0 & 1 \\ 0 & 0 \end{pmatrix} = \begin{pmatrix} 0 & 1 \\ 0 & 2 \end{pmatrix}$

$= 0\begin{pmatrix} 1 & 0 \\ 0 & 0 \end{pmatrix} + 1\begin{pmatrix} 0 & 1 \\ 0 & 0 \end{pmatrix} + 0\begin{pmatrix} 0 & 0 \\ 1 & 0 \end{pmatrix} + 2\begin{pmatrix} 0 & 0 \\ 0 & 1 \end{pmatrix}$

$T\begin{pmatrix} 0 & 0 \\ 1 & 0 \end{pmatrix} = \begin{pmatrix} 1 & 3 \\ 2 & -1 \end{pmatrix}\begin{pmatrix} 0 & 0 \\ 1 & 0 \end{pmatrix} = \begin{pmatrix} 3 & 0 \\ -1 & 0 \end{pmatrix}$

$= 3\begin{pmatrix} 1 & 0 \\ 0 & 0 \end{pmatrix} + 0\begin{pmatrix} 0 & 1 \\ 0 & 0 \end{pmatrix} - 1\begin{pmatrix} 0 & 0 \\ 1 & 0 \end{pmatrix} + 0\begin{pmatrix} 0 & 0 \\ 0 & 1 \end{pmatrix}$

$T\begin{pmatrix} 0 & 0 \\ 0 & 1 \end{pmatrix} = \begin{pmatrix} 1 & 3 \\ 2 & -1 \end{pmatrix}\begin{pmatrix} 0 & 0 \\ 0 & 1 \end{pmatrix} = \begin{pmatrix} 0 & 3 \\ 0 & -1 \end{pmatrix}$

$= 0\begin{pmatrix} 1 & 0 \\ 0 & 0 \end{pmatrix} + 3\begin{pmatrix} 0 & 1 \\ 0 & 0 \end{pmatrix} + 0\begin{pmatrix} 0 & 0 \\ 1 & 0 \end{pmatrix} - \begin{pmatrix} 0 & 0 \\ 0 & 1 \end{pmatrix}$

이므로

$P = \begin{pmatrix} 1 & 0 & 2 & 0 \\ 0 & 1 & 0 & 2 \\ 3 & 0 & -1 & 0 \\ 0 & 3 & 0 & -1 \end{pmatrix}^T$

$= \begin{pmatrix} 1 & 0 & 3 & 0 \\ 0 & 1 & 0 & 3 \\ 2 & 0 & -1 & 0 \\ 0 & 2 & 0 & -1 \end{pmatrix}$

그러므로 $p_{13} + p_{24} = 3 + 3 = 6$이다.

13 신유형 & 고난도 선형대수 ⑤

STEP 1 부분공간 W의 기저를 열벡터로 묶은 행렬 A 구하기

W의 기저 $\begin{pmatrix} 1 & 0 \\ 0 & 0 \end{pmatrix}$, $\begin{pmatrix} 1 & 1 \\ 1 & 0 \end{pmatrix}$을 열벡터로 세워 행렬 A를 구하면

$A = \begin{pmatrix} 1 & 1 \\ 0 & 1 \\ 0 & 1 \\ 0 & 0 \end{pmatrix}$

STEP 2 사영행렬 P 구하기

$P = A(A^T A)^{-1} A^T$

$= \begin{pmatrix} 1 & 1 \\ 0 & 1 \\ 0 & 1 \\ 0 & 0 \end{pmatrix}\left\{\begin{pmatrix} 1 & 0 & 0 & 0 \\ 1 & 1 & 1 & 0 \end{pmatrix}\begin{pmatrix} 1 & 1 \\ 0 & 1 \\ 0 & 1 \\ 0 & 0 \end{pmatrix}\right\}^{-1}\begin{pmatrix} 1 & 0 & 0 & 0 \\ 1 & 1 & 1 & 0 \end{pmatrix}$

$= \begin{pmatrix} 1 & 1 \\ 0 & 1 \\ 0 & 1 \\ 0 & 0 \end{pmatrix}\begin{pmatrix} 1 & 1 \\ 1 & 3 \end{pmatrix}^{-1}\begin{pmatrix} 1 & 0 & 0 & 0 \\ 1 & 1 & 1 & 0 \end{pmatrix}$

$= \begin{pmatrix} 1 & 1 \\ 0 & 1 \\ 0 & 1 \\ 0 & 0 \end{pmatrix}\dfrac{1}{2}\begin{pmatrix} 3 & -1 \\ -1 & 1 \end{pmatrix}\begin{pmatrix} 1 & 0 & 0 & 0 \\ 1 & 1 & 1 & 0 \end{pmatrix}$

$= \dfrac{1}{2}\begin{pmatrix} 2 & 0 \\ -1 & 1 \\ -1 & 1 \\ 0 & 0 \end{pmatrix}\begin{pmatrix} 1 & 0 & 0 & 0 \\ 1 & 1 & 1 & 0 \end{pmatrix}$

$= \dfrac{1}{2}\begin{pmatrix} 2 & 0 & 0 & 0 \\ 0 & 1 & 1 & 0 \\ 0 & 1 & 1 & 0 \\ 0 & 0 & 0 & 0 \end{pmatrix}$

STEP 3 W 위로의 정사영 구하기

$\dfrac{1}{2}\begin{pmatrix} 2 & 0 & 0 & 0 \\ 0 & 1 & 1 & 0 \\ 0 & 1 & 1 & 0 \\ 0 & 0 & 0 & 0 \end{pmatrix}\begin{pmatrix} 4 \\ 2 \\ 3 \\ 1 \end{pmatrix} = \dfrac{1}{2}\begin{pmatrix} 8 \\ 5 \\ 5 \\ 0 \end{pmatrix}$이므로

$T(C) = \dfrac{1}{2}\begin{pmatrix} 8 & 5 \\ 5 & 0 \end{pmatrix}$이다.

따라서 $\alpha + \beta + \gamma + \delta = \dfrac{1}{2}(8 + 5 + 5 + 0) = 9$

고득점 KEY

직교 사영행렬

(1) 어떤 부분공간 $W \subset \mathbb{R}^n$ 위로의 직교 사영행렬 P는 임의의 벡터 $\vec{v} \in \mathbb{R}^n$에 대하여

① $P\vec{v} \in W$
② $\vec{v} - P\vec{v}$는 W에 수직이다.

(2) k-차원 부분공간 W에 대하여 W의 기저를 열벡터로 하는 $n \times k$행렬 A에 대하여

$P = A(A^T A)^{-1} A^T$

14 신유형 & 고난도 선형대수   ①

STEP 1 행렬 P의 대각성분의 합 구하기

문제 13 에서 구한 사영행렬 $P=\dfrac{1}{2}\begin{pmatrix} 2 & 0 & 0 & 0 \\ 0 & 1 & 1 & 0 \\ 0 & 1 & 1 & 0 \\ 0 & 0 & 0 & 0 \end{pmatrix}$ 이므로

$p_{11}+p_{22}+p_{33}+p_{44}=2$

STEP 2 행렬 P의 행렬식 구하기

행렬 P의 열벡터 중 영벡터를 포함하므로 $\det(P)=0$

STEP 3 $p_{11}+p_{22}+p_{33}+p_{44}+\det(P)$ 구하기

$p_{11}+p_{22}+p_{33}+p_{44}+\det(P)=2$

15 선형대수   ②

행렬 A가 직교행렬일 때 A^{2021}도 직교행렬이고 $(A^{2021}\vec{x})\cdot(A^{2021}\vec{y})=\vec{x}\cdot\vec{y}$가 성립한다.

따라서

$A\vec{x}=\vec{z}=\begin{pmatrix} \frac{\sqrt{3}}{2} & 0 & -\frac{1}{2} \\ 0 & -1 & 0 \\ \frac{1}{2} & 0 & \frac{\sqrt{3}}{2} \end{pmatrix}\begin{pmatrix} 0 \\ 1 \\ 1 \end{pmatrix}=\begin{pmatrix} -\frac{1}{2} \\ -1 \\ \frac{\sqrt{3}}{2} \end{pmatrix}$

라고 하면

$(A^{2022}\vec{x})\cdot(A^{2021}\vec{y})=(A^{2021}\vec{z})\cdot(A^{2021}\vec{y})=\vec{z}\cdot\vec{y}$

$=\begin{pmatrix} -\frac{1}{2} \\ -1 \\ \frac{\sqrt{3}}{2} \end{pmatrix}\cdot\begin{pmatrix} -\frac{1}{2} \\ 0 \\ \frac{\sqrt{3}}{2} \end{pmatrix}=\dfrac{1}{4}+\dfrac{3}{4}=1$

16 선형대수   ①

$A=\begin{pmatrix} B & 0 \\ 0 & C \end{pmatrix}$ 라고 하면 $A^n=\begin{pmatrix} B^n & 0 \\ 0 & C^n \end{pmatrix}$ 이며

$B=\begin{pmatrix} 0 & -1 \\ 1 & -2 \end{pmatrix}$ 일 때, $\begin{vmatrix} -\lambda & -1 \\ 1 & -2-\lambda \end{vmatrix}=\lambda^2+2\lambda+1$ 이므로

$B^2+2B+I=O$ 가 성립한다.

$3B^7+7B^6+13B^3+5B^2-4B$
$=(B^2+2B+I)(3B^5+B^4-5B^3+9B^2-4I)+(4B+4I)$
$=4(B+I)=4\begin{pmatrix} 1 & -1 \\ 1 & -1 \end{pmatrix}=\begin{pmatrix} 4 & -4 \\ 4 & -4 \end{pmatrix}$

이다. 그러므로

$(3A^7+7A^6+13A^3+5A^2-4A)\vec{v}$

$=\begin{pmatrix} 4 & -4 & 0 & 0 \\ 4 & -4 & 0 & 0 \\ 0 & 0 & a & b \\ 0 & 0 & c & d \end{pmatrix}\begin{pmatrix} 1 \\ 0 \\ 0 \\ 0 \end{pmatrix}=\begin{pmatrix} 4 \\ 4 \\ 0 \\ 0 \end{pmatrix}$

이고 $p+q+r+s=8$이다.

17 공학수학   ③

$t^2 x'(t)+2(1+t)x(t)=\dfrac{1}{t^2}e^{\frac{2}{t}}$

$\Leftrightarrow x'(t)+2\dfrac{1+t}{t^2}x(t)=\dfrac{1}{t^4}e^{\frac{2}{t}}$

은 1계 선형 미분방정식이므로

$x(t)=e^{-2\int\frac{1+t}{t^2}dt}\left\{\int\dfrac{1}{t^4}e^{\frac{2}{t}}e^{2\int\frac{1+t}{t^2}dt}dt+c\right\}$

$=e^{-2\int\left(\frac{1}{t^2}+\frac{1}{t}\right)dt}\left\{\int\dfrac{1}{t^4}e^{\frac{2}{t}}e^{2\int\left(\frac{1}{t^2}+\frac{1}{t}\right)dt}dt+c\right\}$

$=e^{-2\left(-\frac{1}{t}+\ln t\right)}\left\{\int\dfrac{1}{t^4}e^{\frac{2}{t}}e^{2\left(-\frac{1}{t}+\ln t\right)}dt+c\right\}$

$=e^{\frac{2}{t}-2\ln t}\left\{\int\dfrac{1}{t^4}e^{\frac{2}{t}}e^{-\frac{2}{t}+2\ln t}dt+c\right\}$

$=e^{\frac{2}{t}}e^{-2\ln t}\left\{\int\dfrac{1}{t^4}e^{2\ln t}dt+c\right\}=\dfrac{1}{t^2}e^{\frac{2}{t}}\left\{\int\dfrac{1}{t^4}t^2 dt+c\right\}$

$=\dfrac{1}{t^2}e^{\frac{2}{t}}\left\{\int\dfrac{1}{t^2}dt+c\right\}=\dfrac{1}{t^2}e^{\frac{2}{t}}\left\{-\dfrac{1}{t}+c\right\}$

이다. 초기조건 $x(1)=2e^2$을 대입하면 $c=3$이므로

$x(t)=\dfrac{1}{t^2}e^{\frac{2}{t}}\left\{-\dfrac{1}{t}+3\right\}$ 이다.

따라서 $x(2)=\dfrac{1}{4}e\left(-\dfrac{1}{2}+3\right)=\dfrac{1}{4}e\left(\dfrac{5}{2}\right)=\dfrac{5}{8}e$ 이다.

18 공학수학   ⑤

$x'(t)=x(t)(3-4x(t)) \Leftrightarrow x'(t)=3x(t)-4\{x(t)\}^2$
$\Leftrightarrow x'(t)-3x(t)=-4\{x(t)\}^2$

$\{x(t)\}^2$으로 양변을 나누면

$\dfrac{1}{\{x(t)\}^2}x'(t)-\dfrac{3}{x(t)}=-4$

$\dfrac{1}{x(t)}=u(t)$ 라고 치환하면

$-u'(t)-3u(t)=-4 \Leftrightarrow u'(t)+3u(t)=4$

이므로 1계 선형 미분방정식이므로 일반해는

$u(t)=e^{-3t}\left\{\int 4e^{3t}dt+c\right\}=e^{-3t}\left\{\dfrac{4}{3}e^{3t}+c\right\}$

$=\dfrac{4}{3}+ce^{-3t}=\dfrac{4e^{3t}+c}{3e^{3t}}=\dfrac{1}{x(t)}$

이므로 $x(t)=\dfrac{3e^{3t}}{4e^{3t}+c}$ 이다.

초기 조건 $x(0)=3$을 대입하면 $c=-3$이므로

$x(t)=\dfrac{3e^{3t}}{4e^{3t}-3}$ 이고 $x(3)=\dfrac{3e^9}{4e^9-3}=\dfrac{e^9}{\dfrac{4}{3}e^9-1}$ 이다.

19 공학수학 ④

$y'(t) = \dfrac{2t^2 + y(t)^2}{ty(t)} \Leftrightarrow \{2t^2 + y(t)^2\}dt - ty(t)dy = 0$

일 때, $\dfrac{-y(t) - 2y(t)}{-ty(t)} = \dfrac{3}{t}$ 이므로 적분인자는

$\lambda(t) = e^{-\int \frac{3}{t}dt} = e^{-3\ln t} = \dfrac{1}{t^3}$ 이다.

$\{2t^2 + y(t)^2\}dt - ty(t)dy = 0$에서 양변을 $\dfrac{1}{t^3}$ 으로 나누면

$\left(\dfrac{2}{t} + \dfrac{y(t)^2}{t^3}\right)dt - \dfrac{y(t)}{t^2}dy = 0$ 이고

$\left(\dfrac{2}{t} + \dfrac{y(t)^2}{t^3}\right)dt - \dfrac{y(t)}{t^2}dy = 0$ 은 $\dfrac{2y(t)}{t^3} = \dfrac{2y(t)}{t^3}$ 이므로

완전 미분방정식이다.

따라서 일반해는

$2\ln t - \dfrac{1}{2}\dfrac{y(t)^2}{t^2} = c \Leftrightarrow -4t^2 \ln t + y(t)^2 = ct^2$
$\Leftrightarrow y(t)^2 = ct^2 + 4t^2 \ln t$
$\Leftrightarrow y(t) = t\sqrt{4\ln t + c}$

이고 초기 조건 $y(1) = 6$을 대입하면 $c = 36$이므로
$y(t) = t\sqrt{4\ln t + 36}$ 이다.

그러므로 $y(e) = e\sqrt{40} = 2e\sqrt{10}$ 이다.

20 공학수학 ⑤

$\begin{cases} x'(t) = y(t) \\ y'(t) = -x(t) - 2y(t) \end{cases}$ 이면

$x''(t) = -x(t) - 2x'(t)$
$\Leftrightarrow x''(t) + 2x'(t) + x(t) = 0$

이고 $x''(t) + 2x'(t) + x(t) = 0$의 보조방정식이

$D^2 + 2D + 1 = 0 \Leftrightarrow (D+1)^2 = 0$이므로

$x(t) = c_1 e^{-t} + c_2 t e^{-t}$이고 $x(0) = 1$을 대입하면

$x(t) = e^{-t} + c_2 t e^{-t}$이다.

또한 $y(t) = x'(t) = -e^{-t} + c_2(e^{-t} - te^{-t})$이고

$y(0) = 2$를 대입하면 $c_2 = 3$이다.

따라서 $x(t) = e^{-t} + 3te^{-t}$, $y(t) = 2e^{-t} - 3te^{-t}$이고

$x(t) + y(t) = 3e^{-t}$이다.

그러므로 $x(2) + y(2) = 3e^{-2}$이다.

21 문항삭제 — 전원 정답 처리

22 적분법 50

$(x-15)^2 + y^2 = 5^2 \Leftrightarrow x = 15 + \sqrt{25 - y^2}$ 을 y축을 중심으로 회전하여 얻은 곡면의 넓이를 S_y라고 하면

$S_y = 2\pi \int_0^{\frac{5}{2}} (15 + \sqrt{25 - y^2})\sqrt{1 + \left(\dfrac{-2y}{2\sqrt{25-y^2}}\right)^2}\, dy$

$= 2\pi \int_0^{\frac{5}{2}} (15 + \sqrt{25 - y^2})\sqrt{1 + \dfrac{y^2}{25 - y^2}}\, dy$

$= 2\pi \int_0^{\frac{5}{2}} (15 + \sqrt{25 - y^2})\sqrt{\dfrac{25 - y^2 + y^2}{25 - y^2}}\, dy$

$= 2\pi \int_0^{\frac{5}{2}} (15 + \sqrt{25 - y^2})\dfrac{5}{\sqrt{25 - y^2}}\, dy$

$= 2\pi \int_0^{\frac{5}{2}} \dfrac{15 \times 5}{\sqrt{25 - y^2}} + 5\, dy$

$= 2\pi \left[75 \sin^{-1}\dfrac{y}{5} + 5y\right]_0^{\frac{5}{2}}$

$= 2\pi \left\{75\left(\dfrac{\pi}{6}\right) + \dfrac{25}{2}\right\} = 25\pi + 25\pi^2$

그러므로 $a = 25$, $b = 25$이고 $a + b = 50$이다.

23 공학수학 11

$\text{curl } F = \begin{vmatrix} \vec{i} & \vec{j} & \vec{k} \\ \dfrac{\partial}{\partial x} & \dfrac{\partial}{\partial y} & \dfrac{\partial}{\partial z} \\ \sin y & x\cos y + \cos z & -y\sin z \end{vmatrix}$

$= \vec{i}(-\sin z + \sin z) - \vec{j}(0 - 0) + \vec{k}(\cos y - \cos y)$
$= (0, 0, 0)$

이므로 $F(x, y, z) = (\sin y, x\cos y + \cos z, -y\sin z)$은 보존적 벡터장이다.

따라서 $\displaystyle\int_C F \cdot dr = [x\sin y + y\cos z]_{(0,0,0)}^{(1, \frac{\pi}{2}, \pi)} = 1 - \dfrac{\pi}{2}$ 이다.

그러므로 $a = 1$, $b = -2$이고 $a + b + 12 = -1 + 12 = 11$이다.

24 선형대수 6

$\begin{vmatrix} 2 & -1 & 0 & 0 & 0 \\ -1 & 2 & -1 & 0 & 0 \\ 0 & -1 & 2 & -1 & 0 \\ 0 & 0 & -1 & 2 & -1 \\ 0 & 0 & 0 & -1 & 2 \end{vmatrix}$

$= \begin{vmatrix} 0 & 3 & -2 & 0 & 0 \\ -1 & 2 & -1 & 0 & 0 \\ 0 & -1 & 2 & -1 & 0 \\ 0 & 0 & -1 & 2 & -1 \\ 0 & 0 & 0 & -1 & 2 \end{vmatrix} = \begin{vmatrix} 3 & -2 & 0 & 0 \\ -1 & 2 & -1 & 0 \\ 0 & -1 & 2 & -1 \\ 0 & 0 & -1 & 2 \end{vmatrix}$

$= \begin{vmatrix} 0 & 4 & -3 & 0 \\ -1 & 2 & -1 & 0 \\ 0 & -1 & 2 & -1 \\ 0 & 0 & -1 & 2 \end{vmatrix} = \begin{vmatrix} 4 & -3 & 0 \\ -1 & 2 & -1 \\ 0 & -1 & 2 \end{vmatrix}$

$= \begin{vmatrix} 0 & 5 & -4 \\ -1 & 2 & -1 \\ 0 & -1 & 2 \end{vmatrix} = \begin{vmatrix} 5 & -4 \\ -1 & 2 \end{vmatrix} = 6$

25 공학수학   61

$f(x) = x^4 + \int_0^x \sin(x-t)f(t)dt$의 양변에 라플라스 변환을 취하면

$\mathcal{L}\{f(x)\} = \mathcal{L}\left\{x^4 + \int_0^x \sin(x-t)f(t)dt\right\}$

$\Leftrightarrow \mathcal{L}\{f(x)\} = \mathcal{L}\{x^4\} + \mathcal{L}\left\{\int_0^x \sin(x-t)f(t)dt\right\}$

$\Leftrightarrow \mathcal{L}\{f(x)\} = \mathcal{L}\{x^4\} + \mathcal{L}\{\sin x * f(x)\}$

$\Leftrightarrow \mathcal{L}\{f(x)\} = \mathcal{L}\{x^4\} + \mathcal{L}\{\sin x\}\mathcal{L}\{f(x)\}$

$\Leftrightarrow \mathcal{L}\{f(x)\}(1 - \mathcal{L}\{\sin x\}) = \mathcal{L}\{x^4\}$

$\Leftrightarrow \mathcal{L}\{f(x)\}\left(1 - \dfrac{1}{s^2+1}\right) = \dfrac{4!}{s^5}$

$\Leftrightarrow \mathcal{L}\{f(x)\}\left(\dfrac{s^2}{s^2+1}\right) = \dfrac{4!}{s^5}$

$\Leftrightarrow \mathcal{L}\{f(x)\} = \dfrac{4!}{s^5}\dfrac{s^2+1}{s^2}$

$\Leftrightarrow \mathcal{L}\{f(x)\} = \left(\dfrac{4!}{s^5} + \dfrac{4!}{s^7}\right)$

다시 양변에 역라플라스 변환을 취하면 $f(x) = \mathcal{L}^{-1}\left\{\dfrac{4!}{s^5} + \dfrac{4!}{s^7}\right\}$

$\Leftrightarrow f(x) = \mathcal{L}^{-1}\left\{\dfrac{4!}{s^5} + \dfrac{1}{6 \times 5}\dfrac{6!}{s^7}\right\} = t^4 + \dfrac{1}{30}t^6$이다.

그러므로 $f(1) = 1 + \dfrac{1}{30} = \dfrac{31}{30}$이고 $p + q = 61$이다.

| 다른 풀이 |

라이프니츠 공식

$\dfrac{d}{dx}\int_{h(x)}^{g(x)} f(x, t)dt$
$= f(x, g(x))g'(x) - f(x, h(x))h'(x)$
$\qquad\qquad\qquad + \int_{h(x)}^{g(x)} \dfrac{\partial}{\partial x}f(x, t)dt$

에 의해

$f'(x) = 4x^3 + \int_0^x \cos(x-t)f(t)dt$이고 ······ ㉠

$f''(x) = 12x^2 + \int_0^x \{-\sin(x-t)f(t)\}dt + f(x)$

이다.

여기서 $f(x) = x^4 + \int_0^x \sin(x-t)f(t)dt$이므로

$f''(x) = 12x^2 + x^4$이다.

즉 $f'(x) = 4x^3 + \dfrac{1}{5}x^5 + C_1$이고 ㉠에서 $f'(0) = 0$이므로 $C_1 = 0$이다.

따라서 $f'(x) = 4x^3 + \dfrac{1}{5}x^5 \Rightarrow f(x) = x^4 + \dfrac{1}{30}x^6 + C_2$

이고, $f(0) = 0$이므로 $C_2 = 0$이다.

$\therefore f(x) = x^4 + \dfrac{1}{30}x^6$

$\therefore f(1) = \dfrac{31}{30}$

$\therefore p + q = 61$

26 공학수학   22

$\dfrac{dP}{dt} = 1 + t^2 + P + t^2 P \Leftrightarrow \dfrac{dP}{dt} - (1+t^2)P = 1 + t^2$은

1계 선형 미분방정식이므로

$P(t) = e^{\int(1+t^2)dt}\left\{\int(1+t^2)e^{-\int(1+t^2)dt}dt + c\right\}$

$= e^{\left(t + \frac{1}{3}t^3\right)}\left\{\int(1+t^2)e^{-\left(t + \frac{1}{3}t^3\right)}dt + c\right\}$

$= e^{\left(t + \frac{1}{3}t^3\right)}\left\{-e^{-\left(t + \frac{1}{3}t^3\right)} + c\right\}$

$= -1 + ce^{\left(t + \frac{1}{3}t^3\right)}$

이고 초기 조건 $P(0) = 10$을 대입하면 $c = 11$이므로

$P(t) = -1 + 11e^{\left(t + \frac{1}{3}t^3\right)}$이다.

그러므로 $P(3) = -1 + 11e^{12}$이고

$\alpha + \beta + \gamma = 11 + 12 + (-1) = 22$이다.

… TEST p. 106~113

02	⑤	03	⑤	04	②	05	⑤	06	③	07	⑤	08	①	09	③	10	④	11	②
12	②	13	④	14	①	15	③	16	③	17	①	18	①	19	②	20	②	21	④
22	76	23	96	24	6	25	72	26	261										

02 다변수 미적분 ⑤

ㄱ. $\sum_{n=1}^{\infty} \frac{\ln(2n^3)}{1+n^2} < \sum_{n=1}^{\infty} \frac{2\ln(n^3)}{n^2} = \sum_{n=1}^{\infty} \frac{6\ln n}{n^2}$ 이고

$6\sum_{n=1}^{\infty} \frac{\ln n}{n^2}$ 은 적분 판정법에 의하여 수렴하므로 비교판정법에 의하여 $\sum_{n=1}^{\infty} \frac{\ln(2n^3)}{1+n^2}$ 은 수렴한다.

ㄴ. $a_n = \frac{2^n \times n!}{n^n}$ 이라 하면

$\lim_{n \to \infty} \frac{a_{n+1}}{a_n} = \lim_{n \to \infty} 2\left(\frac{n}{n+1}\right)^n$

$= 2\lim_{n \to \infty}\left\{\left(1 - \frac{1}{n+1}\right)^{-(n+1)}\right\}^{-\frac{n}{n+1}} = \frac{2}{e} < 1$

이므로 비판정법에 의해 수렴한다.

ㄷ. $\sum_{n=1}^{\infty} \frac{\cos n\pi}{n} = \sum_{n=1}^{\infty} \frac{(-1)^n}{n}$ 이므로 교대급수판정법에 의해 수렴한다.

03 다변수 미적분 ⑤

$f(x, y, z) = x + 3y^2 + z^4 - 5$ 라 하면
$\nabla f_{(1,1,1)} = <1, 6y, 4z^3>|_{(1,1,1)} = <1, 6, 4>$ 이므로
접평면의 방정식은
$(x-1) + 6(y-1) + 4(z-1) = 0 \Rightarrow x + 6y + 4z = 11$
이다. 따라서 $-2 + 6a + 4b = 11 \Rightarrow 6a + 4b = 13$
$g(a, b) = 6a + 4b - 13$이라 하면 제약조건 $g(a, b)$ 하에서
$f(a, b) = a^2 + b^2$의 최솟값을 구하면 된다.
$\nabla f = \lambda \nabla g$ 에서 $<2a, 2b> = \lambda <6, 4>$이므로
$\lambda = \frac{a}{3} = \frac{b}{2}$ 이다. 즉 $2a = 3b$이므로 $6a + 4b = 13$에 대입하면
$b = 1, a = \frac{3}{2}$ 이다.

∴ $a^2 + b^2 = \frac{9}{4} + 1 = \frac{13}{4}$

| 다른 풀이 |

코시 슈바르츠 정리에 의하여
$(ax + by)^2 \leq (a^2 + b^2)(x^2 + y^2)$ ($x = 6$, $y = 4$을 대입)
$\Rightarrow (6a + 4b)^2 \leq (a^2 + b^2)(6^2 + 4^2)$
$\Leftrightarrow (6a + 4b)^2 \leq 52(a^2 + b^2)$
$\Leftrightarrow \frac{13^2}{52} \leq a^2 + b^2$
$\Leftrightarrow \frac{13}{4} \leq a^2 + b^2$

이므로 $a^2 + b^2$의 최솟값은 $\frac{13}{4}$ 이다.

04 미분법 ②

$f(x) = \frac{\sin x}{2 + e^x}$

$= \frac{x - \frac{1}{3!}x^3 + \frac{1}{5!}x^5 - \cdots}{2 + \left(1 + x + \frac{1}{2!}x^2 + \frac{1}{3!}x^3 + \frac{1}{4!}x^4 + \cdots\right)}$

$= \frac{x - \frac{1}{3!}x^3 + \frac{1}{5!}x^5 - \cdots}{3 + x + \frac{1}{2!}x^2 + \frac{1}{3!}x^3 + \frac{1}{4!}x^4 + \cdots}$

$= \frac{1}{3}x - \frac{1}{9}x^2 - \frac{2}{27}x^3 + \frac{2}{81}x^4 + \cdots$

이므로 $p(x) = \frac{1}{3}x - \frac{1}{9}x^2 - \frac{2}{27}x^3 + \frac{2}{81}x^4$ 이고

$p(1) = \frac{1}{3} - \frac{1}{9} - \frac{2}{27} + \frac{2}{81} = \frac{27 - 9 - 6 + 2}{81} = \frac{14}{81}$ 이다.

05 적분법 ⑤

$V_y = 2\pi \int_1^5 \frac{3x^2}{1+x^3} dx = 2\pi \left[\ln|1+x^3|\right]_1^5$

$= 2\pi \ln 63$

06 적분법 ③

$$S = 2 \times \frac{1}{2} \int_0^{\frac{\pi}{3}} \{(4\cos\theta)^2 - (1+2\cos\theta)^2\} d\theta$$

$$= \int_0^{\frac{\pi}{3}} (12\cos^2\theta - 4\cos\theta - 1) d\theta$$

$$= \left[12\left(\frac{\theta}{2} + \frac{1}{4}\sin 2\theta\right) - 4\sin\theta - \theta \right]_0^{\frac{\pi}{3}}$$

$$= \frac{5}{3}\pi - \frac{\sqrt{3}}{2} = \frac{10\pi - 3\sqrt{3}}{6}$$

07 다변수 미적분 ⑤

$$\int_0^2 \int_{2y}^4 \frac{1}{\sqrt{1+x^2}} dx\,dy$$

$$= \int_0^4 \int_0^{\frac{x}{2}} \frac{1}{\sqrt{1+x^2}} dy\,dx$$

$$= \int_0^4 \frac{x}{2\sqrt{1+x^2}} dx$$

$$= \frac{1}{4} \left[2\sqrt{1+x^2} \right]_0^4 = \frac{1}{2}(\sqrt{17}-1)$$

08 다변수 미적분 ①

$$\int_0^2 \int_0^{2x-x^2} \int_0^{2y} x\,dz\,dy\,dx$$

$$= \int_0^2 \int_0^{2x-x^2} 2xy\,dy\,dx$$

$$= \int_0^2 x\left[y^2\right]_0^{2x-x^2} dx$$

$$= \int_0^2 x^3(2-x)^2 dx$$

$$= \left[\frac{1}{6}x^6 - \frac{4}{5}x^5 + x^4 \right]_0^2$$

$$= \frac{16}{15}$$

09 공학수학 ③

곡면 σ로 둘러싸인 영역을 E라 하면, 벡터장 F가 E에서 해석적이므로 발산정리를 사용하면

$$\iint_\sigma F \cdot n\,dS = \iiint_D \nabla F(x,y,z)\,dV$$

$$= 3\iiint_E dV$$

$$= 3 \times \frac{4}{3}\pi \cdot 1 \cdot 2 \cdot 3 = 24\pi$$

10 선형대수 ④

사상 T를 행렬로 나타내고 가우스 소거법을 사용하면

$$\begin{pmatrix} 1 & 2 & 1 \\ 1 & 1 & 1 \\ 2 & 7 & a \\ 3 & 5 & b \end{pmatrix} \sim \begin{pmatrix} 1 & 1 & 1 \\ 1 & 2 & 1 \\ 2 & 7 & a \\ 3 & 5 & b \end{pmatrix} \sim \begin{pmatrix} 1 & 1 & 1 \\ 0 & 1 & 0 \\ 0 & 5 & a-2 \\ 0 & 2 & b-3 \end{pmatrix} \sim \begin{pmatrix} 1 & 1 & 1 \\ 0 & 1 & 0 \\ 0 & 0 & a-2 \\ 0 & 0 & b-3 \end{pmatrix}$$

$Im\,T$ 즉 열공간의 차원이 2이므로 핵공간의 차원은 $c=1$ 이고 $rank\,T = 2$ 이어야 하므로 $a=2, b=3$ 이다.
$\therefore a+b+c = 6$

11 선형대수 ②

(i) $\begin{cases} a_{1j} + a_{2j} + a_{3j} = 0 & (j=1,2,3) \\ a_{i1} + a_{i2} + a_{i3} = 0 & (i=1,2,3) \\ a_{11} + a_{22} + a_{33} = 0 \\ a_{13} + a_{22} + a_{31} = 0 \end{cases}$

을 만족하는 3×3 행렬을 $A = \begin{pmatrix} a & b & c \\ d & e & f \\ g & h & i \end{pmatrix}$ 라 할 때,

$a+b+c=0$, $d+e+f=0$, $g+h+i=0$,
$a+d+g=0$, $b+e+h=0$, $c+f+i=0$,
$a+e+i=0$, $c+e+g=0$

이므로 이를 연립하면

$$A = \begin{pmatrix} a & b & c \\ d & e & f \\ g & h & i \end{pmatrix} = \begin{pmatrix} a & -2a-d & a+d \\ d & 0 & -d \\ -a-d & 2a+d & -a \end{pmatrix}$$ 이고

$\dim(U) = 2$이다.

(ii) $a_{ij} = -a_{ji}$을 만족하는 3×3 행렬을 $B = \begin{pmatrix} a & b & c \\ d & e & f \\ g & h & i \end{pmatrix}$ 라고

할 때, $a=e=i=0, d=-b, g=-c, h=-f$ 이

므로 이를 연립하면 $B = \begin{pmatrix} a & b & c \\ d & e & f \\ g & h & i \end{pmatrix} = \begin{pmatrix} 0 & b & c \\ -b & 0 & f \\ -c & -f & 0 \end{pmatrix}$ 이

고 $\dim(W) = 3$이다.

(iii) (i), (ii)를 동시에 만족하는 3×3 행렬을

$C = \begin{pmatrix} a & b & c \\ d & e & f \\ g & h & i \end{pmatrix}$ 라고 할 때, $a=e=i=0$,

$c=-b, d=-b, f=b$,

$g=b, h=-b$ 이므로 $C = \begin{pmatrix} 0 & b & -b \\ -b & 0 & b \\ b & -b & 0 \end{pmatrix}$ 이고

$\dim(U \cap W) = 1$ 이다.

$\therefore \dim(U+W) = \dim(U) + \dim(W) - \dim(U \cap W)$
$\qquad = 2+3-1 = 4$

12 신유형 & 고난도 선형대수   ②

STEP 1 가장 작은 T-불변 부분공간 구하기

$T: V \to V$에 대하여 V의 가장 작은 T-불변 부분공간을 W라 하자.

$\vec{v} = (0, 1, 0, 0, 0) \in W$에 대하여

$T(\vec{v}) = (1, 1, 0, 0, 0)$,

$T(T(\vec{v})) = (2, 1, 0, 0, 0)$,

$\vdots$

$T^{(n)}(\vec{v}) = (n, 1, 0, 0, 0)$

$\vdots$

이고 자연수 n에 대하여 $T^{(n)}(\vec{v}) \in W$이다.

$W = \{(x, 1, 0, 0, 0) \mid x \in \mathbb{R}\}$

STEP 2 부분공간 W의 차원 구하기

$W = span\{(0, 1, 0, 0, 0), (1, 1, 0, 0, 0)\}$이므로 차원은 2이다.

고득점 KEY

T-불변 부분공간

선형사상 T가 벡터공간 V에서 정의될 때, V의 부분공간 W에 대하여 $T(W) \subseteq W$인 W를 V의 T-불변 부분공간이라고 한다. 즉 모든 $\vec{v} \in W$에 대하여 $T(\vec{v}) \in W$이다.

13 선형대수   ④

$|A - xI| = \begin{vmatrix} 3-x & 0 & 0 & 0 \\ 1 & 3-x & 0 & 0 \\ 0 & 0 & 3-x & 2 \\ 0 & 0 & 0 & 3-x \end{vmatrix} = (3-x)^4 = 0$

에서 A의 고윳값은 3이고,

$\begin{pmatrix} 0 & 0 & 0 & 0 \\ 1 & 0 & 0 & 0 \\ 0 & 0 & 0 & 2 \\ 0 & 0 & 0 & 0 \end{pmatrix} \begin{pmatrix} x_1 \\ x_2 \\ x_3 \\ x_4 \end{pmatrix} = \begin{pmatrix} 0 \\ 0 \\ 0 \\ 0 \end{pmatrix}$에서 고유벡터는

$<0, 1, 0, 0>^T$, $<0, 0, 1, 0>^T$이다.

따라서 조르당 표준형으로 나타내면 $\begin{pmatrix} 3 & 1 & 0 & 0 \\ 0 & 3 & 0 & 0 \\ 0 & 0 & 3 & 1 \\ 0 & 0 & 0 & 3 \end{pmatrix}$이다.

$|B - xI| = \begin{vmatrix} 3-x & 0 & 0 & 0 \\ 5 & 3-x & 0 & 0 \\ 0 & 0 & 3-x & 0 \\ 0 & 0 & 0 & 3-x \end{vmatrix} = (3-x)^4 = 0$

이므로 B의 고윳값은 3이고,

$\begin{pmatrix} 0 & 0 & 0 & 0 \\ 5 & 0 & 0 & 0 \\ 0 & 0 & 0 & 0 \\ 0 & 0 & 0 & 0 \end{pmatrix} \begin{pmatrix} x_1 \\ x_2 \\ x_3 \\ x_4 \end{pmatrix} = \begin{pmatrix} 0 \\ 0 \\ 0 \\ 0 \end{pmatrix}$에서 고유벡터는 $<0, 1, 1, 1>^T$,

$<0, 0, 1, 0>^T$, $<0, 0, 0, 1>^T$

이므로 조르당 표준형은 다음과 같다.

$\begin{pmatrix} 3 & 1 & 0 & 0 \\ 0 & 3 & 0 & 0 \\ 0 & 0 & 3 & 0 \\ 0 & 0 & 0 & 3 \end{pmatrix}$

ㄱ. $f_A(x) = f_B(x) = (x-3)^4$ (참)

ㄴ. $(A-3I)^2 = \begin{bmatrix} 0 & 0 & 0 & 0 \\ 1 & 0 & 0 & 0 \\ 0 & 0 & 0 & 2 \\ 0 & 0 & 0 & 0 \end{bmatrix}^2 = O$이므로

$m_A(x) = (x-3)^2$

$(B-3I)^2 = \begin{bmatrix} 0 & 0 & 0 & 0 \\ 5 & 0 & 0 & 0 \\ 0 & 0 & 0 & 0 \\ 0 & 0 & 0 & 0 \end{bmatrix}^2 = O$이므로

$m_B(x) = (x-2)^2$이다. (참)

ㄷ. 고유공간의 차원이 다르므로 닮음이 아니다. (거짓)

ㄹ. $g(x) = (x-3)^2$ (참)

14 선형대수   ①

영벡터를 제외한 $\mathbb{R}^3$의 모든 벡터가 고유벡터이므로 고유공간의 기저는 $<1, 0, 0>$, $<0, 1, 0>$, $<0, 0, 1>$이다. 서로 다른 세 개의 고유벡터를 가지므로 대각화 가능하다. 닮음인 행렬을 B라 하면

$A = PBP^{-1} = \begin{pmatrix} 1 & 0 & 0 \\ 0 & 1 & 0 \\ 0 & 0 & 1 \end{pmatrix} \begin{pmatrix} \lambda_1 & 0 & 0 \\ 0 & \lambda_2 & 0 \\ 0 & 0 & \lambda_3 \end{pmatrix} \begin{pmatrix} 1 & 0 & 0 \\ 0 & 1 & 0 \\ 0 & 0 & 1 \end{pmatrix}^{-1}$

$= \begin{pmatrix} \lambda_1 & 0 & 0 \\ 0 & \lambda_2 & 0 \\ 0 & 0 & \lambda_3 \end{pmatrix}$

이므로 $A = \begin{pmatrix} a & 0 & 0 \\ 0 & e & 0 \\ 0 & 0 & i \end{pmatrix}$이고 이때,

$\dim(E_\lambda) = 3 - rank(A - \lambda I) = 3$이므로

$rank(A - \lambda I) = 0$ 즉, $\lambda_1 = \lambda_2 = \lambda_3$이다. 따라서 $aei = 8$이므로 $a = e = i = 2$이고 $a + e + i = 6$이다.

15 선형대수   ③

ㄱ. $B = |A|A^{-1} = |A|\dfrac{1}{|A|}adj(A) = adj(A)$이고 A는

4×4 가역행렬이므로 $|adj A| = |A|^3 = |A^3|$ (참)

ㄴ. 홀수 차 반대칭 행렬이므로 행렬식의 값은 0이다. (참)

ㄷ. [반례] $V = \mathbb{R}^3 = \{(a, b, c) \mid a, b, c \in R\}$,

$W_1 = span\{(1, 0, 0)\}$, $W_2 = span\{(0, 1, 0)\}$,

$W_3 = span\{(1, 1, 0)\}$이라 할 때,

$(W_1 + W_2) \cap W_3 = span\{(1, 1, 0)\}$이고

$(W_1 \cap W_3) + (W_2 \cap W_3) = \{\vec{0}\}$이므로

$(W_1+W_2)\cap W_3 \neq (W_1 \cap W_3)+(W_2 \cap W_3)$이다.
(거짓)

16 공학수학 ③

$$x(t) = e^{-\int 3dt}\left(\int 4e^{\int 3dt}dt + C\right) = Ce^{-3t} + \frac{4}{3}$$

초기조건 $x(0) = 5$에서 $C = \frac{11}{3}$이므로

$$\lim_{t\to\infty}\left(\frac{11}{3}e^{-t} + \frac{4}{3}\right) = \frac{4}{3}$$

17 공학수학 ①

Bernoulli 방정식 $x'(t) + 2x(t) = e^t\{x(t)\}^{\frac{1}{2}}$에서
$u = x^{1-\frac{1}{2}} = x^{\frac{1}{2}}$, $2u\,du = dx$로 놓으면
$u'(t) + u(t) = \frac{1}{2}e^t$

$\Rightarrow u(t) = e^{-\int dt}\left[\int \frac{1}{2}e^t e^{\int dt}dt + C\right]$

$\qquad = e^{-t}\left[\frac{1}{4}e^{2t} + C\right] = \frac{1}{4}e^t + Ce^{-t}$

$\therefore \sqrt{x(t)} = \frac{1}{4}e^t + \frac{C}{e^t}$

$x(0) = 4$에서 $C = \frac{7}{4}$이므로 $x(t) = \left(\frac{1}{4}e^t + \frac{7}{4e^t}\right)^2$이다.

$\therefore x(1) = \left(\frac{e}{4} + \frac{7}{4e}\right)^2$

18 공학수학 ①

양변을 x^2으로 나누면

$\frac{x''}{x^2} - \left(\frac{x'}{x}\right)^2 - 2t = 0$

양변을 t에 관하여 적분하면

$\frac{x'}{x} - t^2 = c \quad \left(\because \left(\frac{x'}{x}\right)' = \frac{x''x - (x')^2}{x^2}\right)$

$\Rightarrow \frac{x'}{x} = t^2 + c_1$

$\Rightarrow \ln|x| = \frac{1}{3}t^3 + c_1 t + c_2$

$\Rightarrow x = c_3 e^{\frac{1}{3}t^3 + c_1 t} \quad (e^{c_2} = c_3)$

초기조건 $x(0) = 2$에서 $c_3 = 2$,
$x'(0) = 2$에서 $c_1 = 1$이므로 $x(t) = 2e^{\frac{1}{3}t^3 + t}$

$\therefore x(3) = 2e^{12}$

19 공학수학 ②

특성방정식 $t^2 + 5t + 6 = 0$에서 $t = -2, -3$이므로
$x(t) = c_1 e^{-2t} + c_2 e^{-3t}$이고 초기조건에서
$x(0) = c_1 + c_2 = 5\times 10^{21}$,
$x'(0) = -2c_1 - 3c_2 = -8\times 10^{21}$이므로 두 식을 연립하여
풀면 $c_1 = 7\times 10^{21}$, $c_2 = -2\times 10^{21}$이다.
따라서 $x(t) = 7\times 10^{21} \times e^{-2t} - 2\times 10^{21} \times e^{-3t}$,
$x(10) = 10^{21}(7e^{-20} - 2e^{-30})$

20 공학수학 ②

$\mathcal{L}^{-1}\{F(s)\}$

$= \frac{1}{\sqrt{3}}\mathcal{L}^{-1}\left\{\frac{\sqrt{3}}{s^2 + (\sqrt{3})^2}e^{-4s}\right\}$

$\qquad + \mathcal{L}^{-1}\left\{\frac{s-2}{(s-2)^2+3} + \frac{1}{(s-2)^2+3}\right\}$

$= \frac{1}{\sqrt{3}}U(t-4)\sin(\sqrt{3}(t-4))$

$\qquad + \left\{\frac{s}{s^2+3} + \frac{1}{s^2+3}\right\}_{s\to s-2}$

$= \frac{1}{\sqrt{3}}U(t-4)\sin(\sqrt{3}(t-4))$

$\qquad + e^{2t}\left(\cos\sqrt{3}t + \frac{1}{\sqrt{3}}\sin\sqrt{3}t\right)$

$\therefore \ln f\left(\frac{\sqrt{3}\pi}{9}\right) = \ln\left(e^{\frac{2\sqrt{3}\pi}{9}}\left(\cos\frac{\pi}{3} + \frac{1}{\sqrt{3}}\sin\frac{\pi}{3}\right)\right)$

$\qquad = \frac{2\sqrt{3}\pi}{9}$

21 공학수학 ④

미분연산자에 의한 소거법을 사용하면

$\begin{cases}(D-1)x(t) - y(t) = 2e^{-t} \\ -4x(t) + (D-1)y(t) = 4e^{-t}\end{cases}$

$\Rightarrow \begin{cases}(D-1)^2 x(t) - (D-1)y(t) = 2(D-1)e^{-t} \\ -4x(t) + (D-1)y(t) = 4e^{-t}\end{cases}$

두 식을 연립하면 $\{(D-1)^2 - 4\}x(t) = 0$

특성방정식의 근이 $m = -1, 3$이므로 $x = c_1 e^{-t} + c_2 e^{3t}$이고 이 식을 첫 번째 식에 대입하여 정리하면
$y(t) = -2(c_1 + 1)e^{-t} + 2c_2 e^{3t}$

초기조건 $x(0) = 3$, $y(0) = 6$에 의해 $c_1 = -\frac{1}{2}$, $c_2 = \frac{7}{2}$

$\therefore \begin{cases}x(t) = -\frac{1}{2}e^{-t} + \frac{7}{2}e^{3t} \\ y(t) = -e^{-t} + 7e^{3t}\end{cases}$

$\therefore 2x(\ln 2) + y(\ln 2) = 111$

22 다변수 미적분   76

법벡터를 $\vec{n} = F_u \times F_v$ 라 하면 곡면적은

$$\iint_D |F_u \times F_v| \, du dv = \int_0^3 \int_{\sqrt{3}}^{2\sqrt{2}} 4u\sqrt{u^2+1}\, du\, dv$$

$$= 3 \times \left[\frac{4}{3}(u^2+1)\sqrt{u^2+1}\right]_{\sqrt{3}}^{2\sqrt{2}}$$

$$= 76$$

23 다변수 미적분   96

$\lambda \langle 6x, 2y, 2z \rangle = \langle yz^3, xz^3, 3xyz^2 \rangle$ 에서
$6\lambda x = yz^3 \cdots ㉠$, $2\lambda y = xz^3 \cdots ㉡$,
$2\lambda z = 3xyz^2 \cdots ㉢$ 이다.

㉠ ÷ ㉡ 에서 $3\dfrac{x}{y} = \dfrac{y}{x} \Rightarrow 3x^2 = y^2$,

㉡ ÷ ㉢ 에서 $\dfrac{y}{z} = \dfrac{z}{3y} \Rightarrow z^2 = 3y^2$

두 식을 제약조건 $3x^2 + y^2 + z^2 = 20$에 대입하면
$5y^2 = 20 \Rightarrow y = \pm 2$

$\therefore x = \pm \dfrac{2}{\sqrt{3}},\ z = \pm 2\sqrt{3}$

따라서 xyz^3은 $\left(\pm \dfrac{2}{\sqrt{3}},\ \pm 2,\ 2\sqrt{3}\right)$ 또는

$\left(\pm \dfrac{2}{\sqrt{3}},\ \mp 2,\ -2\sqrt{3}\right)$에서 최댓값 96을 갖는다.

24 선형대수   6

기저 $\{\vec{v_1}, \vec{v_2}, \vec{v_3}, \vec{v_4}\}$에 대한 표현행렬이 $\begin{bmatrix} 2 & 0 & 0 & 0 \\ 1 & 2 & 0 & 0 \\ 0 & 1 & 2 & 0 \\ 0 & 0 & 0 & 2 \end{bmatrix}$

이므로

$T(\vec{v_1}) = 2\vec{v_1} + \vec{v_2},\ T(\vec{v_2}) = 2\vec{v_2} + \vec{v_3},\ T(\vec{v_3}) = 2\vec{v_3}$,
$T(\vec{v_4}) = 2\vec{v_4}$
$T^2(\vec{v_1}) = T(2\vec{v_1} + \vec{v_2}) = 2T(\vec{v_1}) + T(\vec{v_2})$
$\quad\quad\quad = 2(2\vec{v_1} + \vec{v_2}) + (2\vec{v_2} + \vec{v_3}) = 4\vec{v_1} + 4\vec{v_2} + \vec{v_3}$

V의 기저 $\{\vec{v_1}, \vec{v_2}, \vec{v_3}, \vec{v_4}\}$ 를 α,
기저 $\{\vec{v_1}, T(\vec{v_1}), T^2(\vec{v_1}), \vec{v_4}\}$ 를 β 라고 할 때,

β 에서 α 로의 기저 변환 행렬은 $P_{\beta \to \alpha} = \begin{bmatrix} 1 & 2 & 4 & 0 \\ 0 & 1 & 4 & 0 \\ 0 & 0 & 1 & 0 \\ 0 & 0 & 0 & 1 \end{bmatrix}$ 이고

α 에서 β 로의 기저 변환 행렬은

$P_{\alpha \to \beta} = (P_{\beta \to \alpha})^{-1} = \begin{pmatrix} 1 & -2 & 4 & 0 \\ 0 & 1 & -4 & 0 \\ 0 & 0 & 1 & 0 \\ 0 & 0 & 0 & 1 \end{pmatrix}$ 이므로

$A = [T]_\beta^\beta = P_{\alpha \to \beta}[T]_\alpha^\alpha P_{\beta \to \alpha}$

$= \begin{pmatrix} 1 & -2 & 4 & 0 \\ 0 & 1 & -4 & 0 \\ 0 & 0 & 1 & 0 \\ 0 & 0 & 0 & 1 \end{pmatrix}\begin{pmatrix} 2 & 0 & 0 & 0 \\ 1 & 2 & 0 & 0 \\ 0 & 1 & 2 & 0 \\ 0 & 0 & 0 & 2 \end{pmatrix}\begin{pmatrix} 1 & 2 & 4 & 0 \\ 0 & 1 & 4 & 0 \\ 0 & 0 & 1 & 0 \\ 0 & 0 & 0 & 1 \end{pmatrix}$

$= \begin{pmatrix} 0 & 0 & 8 & 0 \\ 1 & -2 & -8 & 0 \\ 0 & 1 & 2 & 0 \\ 0 & 0 & 0 & 2 \end{pmatrix}\begin{pmatrix} 1 & 2 & 4 & 0 \\ 0 & 1 & 4 & 0 \\ 0 & 0 & 1 & 0 \\ 0 & 0 & 0 & 1 \end{pmatrix}$

$= \begin{pmatrix} 0 & 0 & 8 & 0 \\ 1 & 0 & -12 & 0 \\ 0 & 1 & 6 & 0 \\ 0 & 0 & 0 & 2 \end{pmatrix}$

이다. 그러므로 행렬 A의 모든 성분의 합은 6이다.

25 선형대수   72

네 고윳값의 곱은 행렬식의 값이다.

$\begin{pmatrix} 1 & 1 & 1 & 1 \\ 1 & 2 & 4 & 8 \\ 1 & -2 & 4 & -8 \\ 1 & -1 & 1 & -1 \end{pmatrix} \sim \begin{pmatrix} 1 & 1 & 1 & 1 \\ 0 & 1 & 3 & 7 \\ 0 & -3 & 3 & -9 \\ 0 & -2 & 0 & -2 \end{pmatrix}$

$\sim \begin{pmatrix} 1 & 1 & 1 & 1 \\ 0 & 1 & 3 & 7 \\ 0 & 0 & 12 & 12 \\ 0 & 0 & 6 & 12 \end{pmatrix} \sim \begin{pmatrix} 1 & 1 & 1 & 1 \\ 0 & 1 & 3 & 7 \\ 0 & 0 & 12 & 12 \\ 0 & 0 & 0 & 6 \end{pmatrix}$

$\therefore \det(A) = 1 \times 1 \times 12 \times 6 = 72$

26 미분법   261

위에 놓인 작은 눈덩이를 a, 아래의 큰 눈덩이를 b라 하면, 두 눈덩이의 부피는 표면적에 정비례하는 비율로 감소하므로

$V_a = \dfrac{4}{3}\pi r_a^3 \Rightarrow \dfrac{dV_a}{dt} = 4\pi r_a^2 \dfrac{dr_a}{dt} = 4\pi r_a^2 k$,

$V_b = \dfrac{4}{3}\pi r_b^3 \Rightarrow \dfrac{dV_b}{dt} = 4\pi r_b^2 \dfrac{dr_b}{dt} = 4\pi r_b^2 k$

에서 $k = \dfrac{dr_a}{dt} = \dfrac{dr_b}{dt}$ 이다.

처음 눈사람의 키 $h_0 = 2(r_a + r_b)$ 이고 t 시간 후의 눈사람의 키를 $h(t)$ 라 하면

$h(t) = 2\{(r_a - kt) + (r_b - kt)\} = 2(r_a + r_b - 2kt)$

이므로 눈사람의 키가 $\dfrac{1}{2}$이 되는 것은

$2(r_a + r_b - 2kt) = r_a + r_b$에서 $t = \dfrac{r_a + r_b}{4k}$ 일 때이다.

여기서 $r_a = 2r,\ r_b = 3r$로 놓으면

$V_1 = \dfrac{4}{3}\pi\{(2r)^3 + (3r)^3\} = \dfrac{4}{3}\pi \cdot 35r^3$이고,

눈사람의 키가 $\dfrac{1}{2}$이 되는 것은 $t = \dfrac{5r}{4k}$ 일 때이므로

$V_2 = \dfrac{4}{3}\pi\left\{\left(2r - \dfrac{5r}{4}\right)^3 + \left(3r - \dfrac{5r}{4}\right)^3\right\} = \dfrac{4}{3}\pi \cdot \dfrac{185}{32}r^3$

$\therefore \dfrac{V_1}{V_2} = 35 \cdot \dfrac{32}{185} = \dfrac{224}{37}\quad \therefore p+q = 261$

MEMO

MEMO

MEMO